U0744990

新版前言

《海明威的一生》终于来到读者们中间，可喜可贺。

这是一九九六年台北版《海明威传》的再版，内容基本上一样，但有些差别。一个是繁体字竖排，一个是简体字横排。书中的人名、书名大体上相同，个别的略有不同。新版按大陆通行的习惯将译名改过来。附录中海明威的生平创作年表进行了充实，参考书目进一步规范化。但总的内容保持不变。

一九九六年六月，作为谢天振教授主编的外国文化名人传记之一，《海明威传》由台北市业强出版社出版。

《海明威传》问世后，受到台湾读者，尤其是许多青年读者的欢迎，也引起海峡两岸学术界的重视。著名海明威研究专家、中国社科院外文所学部委员董衡巽研究员说，这是海峡两岸中国学者写的第一部海明威传记，内容准确可靠，涵盖了海明威生平各个重要方面，无一遗漏，而且很有可读性。多位学界同仁和热心的读者纷纷建议：及早出大陆版，让大陆广大读者分享。

从一九九六年至今，二十多年过去了。由于种种原因，出大陆版的愿望一直难以实现。今天，在我校、院的大力支持下，《海明威传》将以新的书名《海明威的一生》由厦门大学出版社出版。这是多么令人开心的事！

海明威是个享有国际声誉的美国小说家。一九五四年他荣获诺贝尔文学奖,吸引了不少学者和作家想为他写传记,但遭到他的断然拒绝。他生前多次强调,只要他活着,就不允许任何人为他写传记。他认为,一个活着的人让人写传记歌功颂德是不妥当的。

一九六一年七月,海明威逝世了。他不许别人为他写传记的禁令自动消失了。他的遗孀玛丽邀请海明威研究专家、普林斯顿大学卡洛斯·贝克教授为海明威写一部传记。贝克欣然答应。经过七年的辛勤努力,卡洛斯·贝克于一九六八年推出《海明威的生平故事》(*Ernest Hemingway: A Life Story*)。这是美国学者写的第一部海明威传记,具有相当的权威性。它描述了海明威从诞生在橡树园一位医生家里的童年生活写到他在爱达荷太阳谷家中的戏剧性去世,展现了海明威成年后在巴黎、西班牙、基韦斯特、古巴、威尼斯、太阳谷、肯尼亚和阿尔卑斯山等地美丽景色中方方面面的生活和创作,海明威与多位美国著名作家菲兹杰拉德、庞德、斯坦因、安德森和多斯·帕索斯等人的来来往往以及他们之间的友情和恩怨。卡洛斯·贝克描绘了海明威多方面的复杂形象:从普通的高中毕业生到见习记者,从编辑到小说家和诺贝尔文学奖得主,在他笔下海明威又是个业余拳击手、捕鱼能手、好猎手、幽默家、求爱者、酒徒、爱交朋友的活动家和不怕危险的硬汉子。海明威成了比他自己小说中任何一个人物更富有传奇色彩的形象。全书结构严谨,实例丰富,细节准确,文笔流畅优美。《海明威的生平故事》出版后引起美国文艺界的轰动。它成了一本全国畅销书,保持了好长时间,曾入选"每月图书俱乐部"书目,《华尔街日报》指出:这本书"写得很棒,总是引人入胜……它是第一本全面的权威性传记,而且是一段时间内最好的传记"。它荣获美国普利策奖,受到美国国内外学者和读者的热烈欢迎。卡洛斯·贝克还出了经海明威本人过目的专著《海明威:作为艺术家的作家》和两本海明威评论集以及《掌权的朋友》等三部小说和一部诗集《一年和一天》。一九八〇年十一月,笔者在哈佛大学攻读博士后时曾有幸访问他,跟他交谈了两个多小时,获益良多。他热情而郑重地赠送我《海明威的生平故事》和《海明威:作为艺术家的作家》两本名著。后来,我们保持通信,直到一九八六年他去世。

海明威谢世后,他的亲友陆续发表了许多精彩的回忆录:他母亲格拉斯的《给我的孩子们的遗产》(Heritage for My Children)、他姐姐玛士琳的《在海明威父母家里》(At the Hemingways)、他弟弟莱斯特的《我的哥哥海明威》(My Brother Ernest Hemingway)、他的遗孀玛丽的《怎么回事》(How It Was)、他儿子格里哥利的《回忆爸爸海明威》(Papa: A Personal Memoir)、他的前妻玛莎的《我与他旅行记》(Travel with Myself and Another)以及他的忘年之交霍茨纳的《回忆"爸爸"海明威》(Papa Hemingway: A Personal Memoir)等等。

这些丰富多彩的回忆录为新的海明威传记的写作创造了条件。八十年代涌现几部有份量的海明威传记,主要有:北卡罗莱纳大学麦克尔·雷诺兹教授的五卷本的海明威传记:《海明威的青年时代》(The Young Hemingway)、《海明威的巴黎岁月》(Hemingway: The Paris Years)、《海明威从欧洲回国》(Hemingway: The American Homecoming)、《海明威在30

年代》（*Hemingway：The 1930s*）和《海明威的最后年代》（*Hemingway：The Final Years*）。雷诺兹是卡洛斯·贝克教授指导的博士，名师出高徒，雷诺兹这套五卷本的海明威传系统而全面地从历史和文化的视角，详述了海明威毕生的活动和创作，揭示了海明威思想的发展过程和文学创作的起伏变化。五本传记分别结合不同的时代语境展示海明威在逆境中艰难奋进的硬汉子品格和坚持写真实的冰山原则。雷诺兹的评论不但涉及海明威各个时期的作品包括小说、非小说、诗歌、报道和信件，而且涉及海明威的遗作《曙光示真》《流动的盛宴》和《在乞力曼扎罗山下》等。二〇〇〇年，他又出了单卷本的《海明威传》（*Ernest Heminsway*），将五卷本的大传记浓缩为一卷，内容仍非常丰富，深受青年读者的喜爱。同年，雷诺兹还为林达·威格纳-马丁编写的《海明威的历史导读》写了《海明威小传》。由此可见，作为海明威研究专家，麦克尔·雷诺兹既重视系统的学术性理论研究，又很关注海明威作品的普及，不断扩大海明威的社会影响。

另一位海明威传记的作者是博士生彼德·格里芬。他原计划写一卷海明威传记作为博士学位论文，后来扩展为三卷，现已出版两卷。第一卷是《青年海明威的早年时期》（*Along with Youth：Hemingway, the Early Years*）；第二卷是《决不背信：海明威在巴黎》（*Less Than a Treason：Hemingway in Paris*）。其他重要的海明威传记还有肯尼思·林恩（Kenneth Lynn）的《海明威传》（*Hemingway*）。作者运用男子女性化的理论批评菲力普·扬的"创伤论"，清除了二十多年来"创伤论"在评价海明威其人其作中的影响，指出海明威作品中人物形象缺陷的根源。林恩的观点获得美国许多海明威学者的认同。

杰弗里·梅尔斯的《海明威传》(*Hemingway：A Biography*)颇有特色。这部传记是在他编辑的《海明威的批评遗产》(*Hemingway：The Critical Heritage*)的基础上写成的。内容比较丰富，视角新颖。《海明威的批评遗产》很受欢迎。它收入英美学者和作家一百一十八篇海明威评论和四篇悼念文章以及梅尔斯一篇很长的评介海明威的文章。二〇〇〇年，梅尔斯又出版《海明威：将生活融入艺术》(*Hemingway：Life into Art*)。这是先前问世的《海明威传》的姊妹篇，更准确地说是个有力的补充。梅尔斯以丰富的例证评述已出版的海明威传记方方面面忽略的地方，比如美国联邦调查局对海明威的严密监视，海明威与电影明星库柏和波加特的友谊，海明威与西班牙几位优秀斗牛士的交往，海明威对战争的描述，他的公共形象的变化，他的神话越传越广的原因。此书还对海明威一些著名的短篇小说和长篇小说《丧钟为谁而鸣》《过河入林》和《流动的盛宴》进行了深入的解读和评析。专著出版后受到各大报刊的热捧。《新闻日》认为它是一部"最好的单卷传记"。伦敦的《观察家》肯定它是"当年最佳图书"。《华盛顿书评》则指出：梅尔斯的论述审慎地证明，他能够揭穿不止几个海明威神话，解决了小说批评中一些令人困惑的问题。

此外，一九九二年还出现詹姆斯·梅尔洛的《海明威：没有结果的一生》(*Hemingway：A Life without Consquences*)。披露了海明威性格和作品里鲜为人知的缺陷。同年，彼特·梅森特出版了《海明威传》。罗立森发表了两本海明威第三任妻子玛莎的传记《勇者不出事》和《美丽的流放者：玛莎·盖尔虹》，展示了海明威和玛莎从相识到相爱的过程，从另一个侧面评述了海明威在西班牙内战特定时期生活和创作的得失和挑战。吉欧依亚·狄里伯托出版的海明威首任妻子《哈德莱传》则描述了早年哈德莱与海明威的生活以及她对海明威的影响，特别是巴黎俭朴的生活里帮他苦苦奋斗，从文坛上崛起。

新世纪以来，又出现新的海明威传记。最引人注目的是著名海明威研究专家、美国北卡罗莱纳大学的林达·威格纳-马丁教授的《海明威的文学传记》(*Ernest Hemingway: A Literary Life*)。全书共十八章，二百零一页。它用大量的资料，生动而细致地描述了海明威毕生的活动和写作，特别是以海明威一生四任妻子哈德莱、葆琳、玛莎和玛丽划分为他的重要创作阶段，将海明威的生活与创作密切结合起来，形成了一大特色。全书从海明威三岁时说过"我什么都不怕"，写到他最后举枪自尽的结局，充分地展示了海明威复杂的内心世界和刚强的性格。海明威热爱小动物，家里养过四十多只猫和狗，他曾为黑狗被古巴巴蒂斯塔独裁者的士兵抢杀而流泪，也曾让小猫陪在怀里写作，可在第一次大战、第二次大战和西班牙内战的炮火中，海明威不畏艰险到前线采访，在敌军围困的马德里写剧本，在炮声轰鸣的巴黎里茨饭店写诗。他是个充满矛盾的理想主义者。一方面他热爱写作，笔耕不辍，坚持创新，自立冰山原则，另一方面他渴望爱情和友谊。他一生结过四次婚，不论结婚或离婚都打不断他的写作。他结交了好几位年轻漂亮的姑娘。她们充满青春活力，热情奔放。她们的温柔美丽激发了他的创作灵感。他珍惜同她们的友谊，一时在亲友中传为佳话。

林达·威格纳-马丁是个闻名遐迩的海明威学者，论著甚丰,主要有:《海明威的历史导读》(*A Historical Guide to Ernest Hemingway*)、《海明威五十年评论集》、《海明威六十年评论集》、《海明威七十年评论集》和《海明威八十年评论集》(*Hemingway: Eight Decades of Crticism*)等,为青年读者梳理了各个时期重要的学术论文,方便他们开展海明威研究。所以,这些书很受大学生们的欢迎。

林达的重要论文有:《海明威的互文性》《骄傲、友好、温柔:海明威早期小说中的女性》《海明威公众形象的奥秘》《海明威小说的期待与浪漫》以及与麦克尔·雷诺兹合写的《海明威与传记的局限性》等。这些论文在学界影响不错。

一部海明威新传记的出现,往往引起美国学者、读者,尤其是传记作家的关注,也常常促进学术研究的发展。在传记文学不断繁荣的今天,新传记怎么新? 新在观点,新在资料,新在体例,新在方法。这正是美国学者们不断探索的。

二〇一七年,玛丽·狄尔波恩推出《海明威传》(*Ernest Hemingway: A Biography*)。这是最新出版的美国学者写的海明威传记。玛丽·狄尔波恩是个著名的传记作家,曾获哥伦比亚大学英国文学和比较文学博士,现任该校人文科学梅洛研究员,已出版多部传记,如《现代主义夫人:培基·古根汉姆传》(*Mistress of Modernism: The Life of Peggy Guggenheim*)、《梅勒传》(*Mailer: A Biography*)、《波希米亚女王:路易斯·布莱恩传》(*Queen of Bohemia: The Life of Louis Bryant*)、《活着最幸福的人:亨利·米勒传》(*The Happies Man Alive: A Biography of Henry Miller*)和《波卡洪塔斯的女儿们:美国文化中的性别和伦理》(*Pocahontas's Daughters: Gender and*

Ethnicity in American Culture）等。

　　玛丽·狄尔波恩的《海明威传》是单卷本的传记巨著。全书共三十二章七百三十八页。《国家图书评论》《纽约图书评论》《纽约时报书评》《里士满时报快讯》《圣路易斯邮报快讯》等多家报刊发表评论大加点赞，指出玛丽是在深入细致研究的基础上对海明威这位保持美国读者偶像的神奇、奥秘而复杂的性格进行了精细而有力的评析，展示了一幅新鲜而完整的海明威图像，令人信服又发人深思。书中引用了大量新资料，又做了合情合理的解读，使资料和评论达到难得的平衡，从传记的范围和细节上充分显示了海明威这位文学巨匠的艺术魅力。海明威的粉丝们将从中发现几乎每一页都有引人入胜的东西。

　　海明威的一生是不平凡的一生。他的成才和成名与家庭、学校和社会三者息息相关，也跟他本人的努力是分不开的。从他一生的经历中，我们可以得到许多有益的启迪。

　　在家里，海明威在六个姐妹弟弟中排行老二。父亲克拉伦斯·海明威医生和母亲格拉斯·海明威对他热情关怀，悉心指教。三岁时父亲就教他捕鱼，后来带他去打猎，开枪打飞鸟，参加阿加西兹俱乐部，学会做动植物标本。母亲常教他唱歌，学弹奏大提琴。海明威唱歌会跑调，仍坚持练唱。母亲常举办家庭音乐会，让小海明威演奏大提琴，还常在周末带海明威上芝加哥看歌剧和画展，听音乐会，参观博物馆，有一次带他去波士顿旅游，使他第一次见到大海，大开眼界，拓展视野。美国学者苏珊·比格认为，海明威从小在家中接受了父亲的理工知识和母亲的人文艺术熏陶，接近大自然的教育。他的童年生活还是幸福的，虽然后来因父亲自杀，他一直对母亲不满。

可是，海明威的父母对儿子的要求是很严格的，决不迁就。有一次海明威十六岁时外出开枪打死了人家牧场一只大苍鹰，准备拿回家烤着吃。后来牧场的人追上门，海明威母亲承认那个青年是自己的儿子，但海明威撒谎，到处躲避不敢回家，后来回到家里受到父亲批评，只好听父亲的话到法院认错，交了罚金才算了结。海明威深感内疚，他和父亲不一样，老医生总是以身作则，埋头苦干，既当医生，又忙家务和农活，精心培养儿子诚实、勇敢、耐心和实干的品德。

出现矛盾时，父母与子女要反复沟通，耐心解决。海明威高中毕业时怎么办？父母要他升大学，父亲要他学医，继承他的衣钵，母亲要他学音乐艺术。他本人想去从军，不升大学。后来，经过坦诚的沟通，父母同意海明威不升大学，海明威答应不去参军。双方达成完满的共识，最后由叔叔泰勒介绍他去堪萨斯市《星》报当见习记者。青年海明威走上了新的生活道路，开始了新的追求。

从小学到高中，海明威受到内容丰富的基础教育。他就读的橡树园河林高级中学，教学计划以人文科学为主，海明威进入英文部，接触了许多英国古典文学作品如莎士比亚戏剧、班扬、笛福、狄更斯和斯各特的小说以及乔叟、弥尔顿、拜伦、雪莱、柯勒律治、丁尼生的诗歌等，二年级偶尔读点美国文学作品，但以英国文学为主。此外还有演讲课和写作课。海明威很用功，埋头读书，成绩优秀，作文写作特别突出。经常受到任课老师的赞扬。英文课老师玛格丽特·狄克森小姐热情扶持海明威，她鼓励海明威大胆创新，写出自己独特而有趣的文章。

还有一位老师芬妮·比格斯更关心海明威，经常疏导他，帮他克服学习上的困难。鼓励他多为校刊投稿。两位老师热情地推荐海明威担任校刊《书板》的记者和编辑，后来又当上校文艺刊物《秋千》的记者和编辑。海明威如鱼得水，发表了四十五篇报道、诗歌和故事。同学们称他为"小拉德纳"。芬妮老师还常常帮海明威个别辅导，精心修改文章，令海明威感激不尽，毕业后还跟她保持联系，动身上意大利战场前给她写信，介绍他在堪萨斯《星》报当记者的收获。

橡树园河林高级中学文体活动丰富多彩，为学生的全面发展创造了条件。海明威非常活跃，曾主演了《罗宾汉》剧目，有时当乐团的伴奏，他又成为足球队、游泳队队员，参加了步行俱乐部，锻炼长距离步行的耐力，后来又学习拳击和射击。他身材高大、体格健壮，成为一位德、智、体全面发展的优秀生，深受老师和同学的喜爱。

从家庭到学校，海明威一帆风顺。青年时代，他还接触社会和了解社会。他父亲在华伦湖畔买地建造了一栋小木屋。后来又再买地办了一个小农场。每年暑假，他总是携一家大小去那里度假。海明威几乎每年必去。在那里度过了十七个暑假。他不是去闲逛，而是去参加体力劳动，在自家农场干活，也替人送菜送货，打工出力，赚点小钱零用。特别是让他有机会接触印第安人和黑人劳动者。他和印第安人、伐木工人尼克成了朋友，后来海明威将他进了小说。这使海明威从小平等对待少数族裔工人，消除种族歧视的偏见，也为他以后创作提供了素材。

海明威的一生是刻苦奋进的一生。他从小爱读书，放学后及时复习,做好作业,然后看连环画册。他爱听别人讲故事,又爱给别人讲他的见闻。三岁时他就说,他什么都不怕!他认真跟父亲学会钓鱼和打猎。有一次父子竟冒着大雨垂钓,小海明威乐得笑嘻嘻,全身湿透了仍站立不动。到了中学,他学习特别认真,作文很出色,深受老师的赞赏和同学的好评。但他从不自满,仍不断努力,追求更好。

海明威很早就有自己的幻想,明确奋斗的目标,并且实实在在地努力去干。他放弃升入大学,选择去当记者。他到了堪萨斯市后,起先住在叔叔家里,不久主动另租房独立生活,认真工作。后来他志愿加入红十字会救护队,到意大利前线服务。他被敌方奥军炮弹炸成重伤后,仍勇敢地背着另一个伤兵爬到救护站。他成了一个英勇的战地司机,受到意大利政府的表彰。回国养好伤后,他到多伦多市《星》报当记者。他严格要求自己,总是不辞劳苦地到现场采访,搜集第一手讯息,写了不少精彩报道。

一九二一年十二月,海明威携新婚不久的妻子哈德莱去巴黎。他决心圆自己的作家梦。在芝加哥时,他多次给报刊投稿遭到了退稿。没人指导,入门不易。但他并不灰心。他结识了成名作家舍伍德·安德森,向他学了不少写作知识,拿着他的介绍信去巴黎找斯坦因、庞德等作家。到了巴黎,海明威生活节俭,住房简陋环境嘈杂,有时一天仅吃两餐,但他虚心向庞德、斯坦因、菲兹杰拉德等作家学习,经常出席斯坦因的文学沙龙,欣赏塞尚、戈亚和毕加索等人的绘画,到比茨的莎士比亚公司借阅莎士比亚、托尔斯泰、巴尔扎克、契诃夫等人的文学名著,猛补自己的不足。他特别下苦功,反复练习写好每个陈述句。他善于安排生活，先后带妻子去西班牙、瑞士、意大利、奥地利和德国等地旅游，看斗牛、滑雪、钓鱼，还去采访重要的国际会议，丰富了知识，增添了阅历。他养成特殊的写作习惯，随身带着一台英文打字机，不论在火车上，在旅店里，在小咖啡馆里或在家中小孩的摇篮旁、在床上，他都可以写作。他广泛结交新闻界、出版界和文学界的朋友。在各界朋友的帮助下，他的处女作《三个短篇小说和十首诗》终于问世。在巴黎短短的六年中，他的长篇小说《太阳照常升起》顺利出版。随后，《永别了，武器》问世，奠定了他的小说家声誉。

成名后的海明威并不一帆风顺。三十年代初美国大萧条时期，许多作家深入工厂、农场与老百姓同呼吸，他却带着第二任妻子葆琳去非洲东部狩猎旅游。他受到了尖锐批评。不过后来他还是有所认识，在随后不久发生的西班牙内战期间，他作为一位战地记者，四次深入内战前线采访。他坚定地支持共和国一方，反对法西斯叛乱。战地见闻使他完成了政治上的转变，成为一位反法西斯的民主战士。他曾应邀在美国第二届作家代表大会上做了题为《法西斯主义是个骗局》的报告，受到人们的热烈欢迎。他那以西班牙为题材的《丧钟为谁而鸣》受到广泛好评，在二次大战中欧洲盟军里几乎人手一册，鼓舞了广大盟军官兵英勇杀敌，战胜德意法西斯。

可是海明威又遇到新的挫折。一九五〇年发表的长篇小说《过河入林》受到评论界的冷遇。有人甚至断言海明威已"江郎才尽"，再也写不出好作品了。面对着巨大的压力，海明威既不逃避，也不退缩，而是冷静思考再出发。一九五二年他的佳作《老人与海》问世，几乎获得了美国学者和读者的一致好评。

一九五三年它荣获普利策奖,一九五四年终于将海明威推上诺贝尔文学奖的领奖台!海明威毕生追求的幻想成了现实。

纵观海明威的一生,有起伏,也有浮沉。但他一直坚持往前走,在批评声中再崛起。成名之初,他虚心听取同仁的建议,《在我们的时代》,斯坦因认为排版上应改进,他马上通知出版社改正。《太阳照常升起》让菲兹杰拉德看了初稿,他认为开篇十五页应删去,海明威反复考虑后删去了二十二页,出版后小说很受欢迎。卡洛斯·贝克教授的专著《海明威:作为艺术家的作家》请海明威过目,海明威在书稿中所有提到"象征主义"的地方都打个大问号,但贝克坚持己见不改动,照样出版。海明威不再说什么,两人保持原先的友谊。成名后,海明威保持平易近人、助人为乐的作风。有一次在基韦斯特,有个大学生登门拜访,塞给他一篇文章请他修改,他耐心地读完文章,提了好多条建议,并且借给那大学生二十五美元当路费,让他满意地离去。在古巴哈瓦那近郊的瞭望田庄,他和当地许多渔民成了朋友。他慷慨捐款,资助修马路,建下水道,帮孩子们组建一支棒球队。渔民们常到他家听广播,跟他交流捕马林鱼的经验。他生日时,特别是荣获诺贝尔文学奖时,渔民们到他家共饮代基里酒,打面包战,彻夜狂欢。更令人难忘的是,卡斯特罗发动革命时,海明威瞭望田庄里的所有物品都让他使用,表现了海明威对卡斯特罗的全力支持。他为古巴独裁政权的垮台而欢欣鼓舞。

从一九二六年《太阳照常升起》的成功到一九六一年海明威去世的三十五年中,海明威经受了美国各种文学批评流派的检验和阐释,如新批评、左翼批评、心理分析批评、历史文化批评、女权主义批评、后现代主义批评和生态文学批评等。与美国其他当代作家不同，海明威乐于参与讨论他的作品。从一九四六年至一九五六年，他有十多次以口头或书面形式回答报刊记者的提问，受到舆论界的欢迎。但他对别人的批评往往很反感，甚至勃然大怒，失去控制。比如，一九二三年在巴黎时，他去比茨的莎士比亚公司读到温德汉姆·路易斯批评他作品的文章时大发脾气，竟随手拿起老板比茨办公桌上的郁金香花瓶往地上砸得粉碎。一九三五年，伊斯特曼批评海明威描写西班牙斗牛不准确。海明威有一次在纽约市斯克莱纳出版社帕金斯总编办公室时见到伊斯特曼，便上前抓住对方领口，两人在地板上大打出手，令纽约市文艺界同行大为震惊。菲力普·扬的"创伤论"使他十分反感，芬顿去采访他的弟妹，令他非常恼火。他本想不准他们二人引用他的作品，后经妻子玛丽反复劝说，他才改变态度，同意让他们二人引用。后来，海明威比较宽容，能接受劝告，尊重别人的意见。

对海明威作品的评价有褒有贬，这是很正常的。他的四大长篇小说《太阳照常升起》《永别了，武器》《丧钟为谁而鸣》和《老人与海》以及许多短篇小说受到批评界的充分肯定。但有些人指出海明威小说中女性形象软弱无力，驯服被动，也有人为之辩护。《有钱人和没钱人》和《过河入林》被认为写得不太成功。剧本《第五纵队》则基本上遭到否定。海明威也默认了。

海明威性格上的缺陷往往受到批评，主要表现在两个方面：首先是他对母亲格拉斯的怨恨，老父亲自杀，他怪母亲大手大脚，开支无度造成债台高筑，因此对她怀恨在心。海明威甚至一度威胁断绝经济接济母亲，还告诉他的朋友多斯·帕索斯等人,他恨他母亲。这也许有点过分了。其实,青少年时代,母亲格拉斯虽然批评过海明威的过失,对他的关照还是很不错的。

海明威与小妹妹卡洛尔从小关系密切,曾资助她去瑞士留学。卡洛尔曾到瞭望田庄帮忙照料孩子。一天,有个名叫约翰·加德纳的青年上门求海明威答应他跟卡洛尔正式结婚。海明威一听火冒三丈,当场回绝,并扬言如果小青年坚持己见,就打断他的门牙。小青年吓得赶快溜走。后来卡洛尔与加德纳结婚了。海明威一气之下竟断绝与小妹妹的一切来往。不久前,卡洛尔含蓄地批评哥哥:"我和加德纳都已经八十多岁了,我俩至今恩爱如初,生活美满,而我哥一生结过四次婚。"

其次,海明威对待安德森和斯坦因的态度受到批评。安德森教他懂得了许多写作常识,为他开书单,让他学习世界文学名著。举荐他到巴黎找诗人庞德、小说家斯坦因。可以说他是海明威从事文学创作的引路人。但海明威一九二六年成名后不久就写了《春潮》,嘲讽安德森的长篇小说《黑色的笑声》。第一任妻子哈德莱再三劝阻,他仍坚持发表。斯坦因是跟他母亲同辈的人。她曾指点过海明威的写作,让他经常参加在家中举办的文学沙龙,旁听几位成名作家和画家谈文学艺术创新。海明威承认收获多多。可是他在《流动的盛宴》里对斯坦因和安德森横加指责,甚至到了一九四〇年发表的《丧钟为谁而鸣》的文本里,海明威仍在戏仿斯坦因语言重复的名句"Rose is a rose is a rose is a rose"(玫瑰是一种玫瑰是一种玫瑰是一种玫瑰)。其实,从二十年代至当时,事情已过去十几年,海明威记恨这么深,难怪学术界许多人对他颇有微词。

从卡洛斯·贝克的第一本海明威传记《海明威的生平故事》问世至今已超过半个世纪了。美国学者和作家为海明威写了十多本传记,探索了他毕生的生活和创作,为读者提供一幅丰富多彩的海明威图像。海明威的一生充满传奇色彩。他到过北美洲、欧洲、亚洲和非洲许多国家和地区,参加过许多国际会议,选择法国、西班牙、意大利、古巴和美国作为他小说的背景,他成了到处受欢迎的"世界公民"。他亲身经历过一次大战、二次大战和西班牙内战的洗礼,在前线受过伤,冒着炮火去采访,见过法西斯杀人的凶残和平民冤死的惨状。他成了出生入死的反法西斯民主战士。他遭遇过多次汽车车祸和在非洲的两次空难,身受重伤,大难不死。养好伤后,他又继续写作。他的小说受到冷遇时,压力天大,他冷静对待再崛起,正如圣地亚哥所说的:"人能遭毁灭,但不能被打败。"在困难、危险和死亡的压力下一定要表现出人的尊严和体面,勇敢面对,决不退缩,即使失败了,牺牲了,也是虽败犹荣,虽死犹生。临终前,他百病缠身,脑袋不听使唤,仍坚持站着写作。他成了读者公认的顽强拼搏的硬汉子。他留给人类丰厚的文化遗产和宝贵的精神财富。学者们和作家们将会继续努力,在新时代写出海明威的新传记。

《海明威的一生》是我研习海明威的第一次尝试。一方面注意搜集和梳理海内外海明威研究的新成果,突出海明威的硬汉子经历,对他的作品略加介绍,不作细评;另一方面增设了专章,评述海明威和玛莎的中国战地蜜月行。这是其他海明威传记所没有的。我国读者也许对此感到特别亲切。

由于时间匆促,难以对如此繁杂的相关资料一一加以精选,评述中可能有遗漏或失误,恳请学界同仁和热心的读者不吝指教,多提宝贵意见,以便再版时斧正。

《海明威的一生》的问世得到各方面的支持和帮助。我要感谢我校社科处处长高和荣教授和我院副院长吴光辉教授的鼓励和支持;感谢我系胡永洪副教授和戴鸿斌教授在防控新冠肺炎的斗争中给予的特别帮助;也感谢霞辉安养中心为我提供了安全而宁静的环境。这一切使我在抗疫的严峻日子里顺利地完成了审校工作。

我还要感谢厦门大学出版社的大力支持。没有他们的密切配合和辛勤工作,本书就难以如期出版。我更要感谢北京胡永清编审的热情协助,使本书以漂亮的精装本与读者见面。

二〇二〇年四月七日
厦门大学九十九周年校庆

初版前言

从一九六八年卡洛斯·贝克教授发表了第一部海明威的传记以来,已经二十七年了。尽管美国文坛发生巨大的变化,海明威作品的魅力仍吸引着不少学者和读者。最近几年来,美国学者又陆续出版好几部海明威的传记和回忆录,其中,最引人注目的,恐怕是彼特·格里芬和麦克尔·雷诺兹撰写的传记了。前者的海明威传打算写三卷,已经出版了第一、二卷;后者的海明威传原计划写三卷,后来改为五卷,前三卷已问世。柯林斯、恩和梅尔斯写的海明威传也各有特色。随着传记文学近几年来在美国的兴起和发展,新的海明威传还会陆续出现。

海明威从一个普通的高中毕业生走进文艺殿堂,一九五四年荣获诺贝尔文学奖,达到他文学成就的巅峰。这漫长而曲折的道路处处留下他辛勤耕耘的血汗。高中毕业后,他没有升大学,去堪萨斯市《星》报当记者,年仅十八岁,后来主动要求到意大利战场当红十字会救护队司机,身负重伤时还不足十九岁。他回到家乡不久就与军中恋爱的护士阿格尼丝中断恋爱关系。后来他到芝加哥和多伦多当记者,二十二岁时与哈德莱结婚。同年他去巴黎任北美报业联盟驻欧洲记者。一九二三年八月,二十四岁生日后一个月,他出版了第一部作品《三个短篇小说和十首诗》。同年他当了父亲。该书出版后三个月,海明威写信给著名评论家艾德蒙·威尔逊说:"我终于走出来了,感到很高兴。"

　　但是,入门并不等于成名。他的第一部作品并未引起文坛上的注意。可是他并不气馁,而是请教成名作家斯坦因、庞德、乔伊斯、菲兹杰拉德等人,广泛结交文艺界、新闻界和出版界的朋友,多次到西班牙、瑞士、意大利、德国和奥地利等地,了解当地的风土人情,捕捉写作的灵感,发掘新鲜的素材,进行精心的创作。他在巴黎的阁楼上,在马德里的旅馆里,在里昂的火车上,在奥地利的滑雪场边,在家里小孩的摇篮旁,争分夺秒地记下自己的见闻和感受,写就后又反复修改,一心一意向文学的高峰攀登。

　　像美国著名作家马克·吐温和史蒂芬·克莱恩一样,海明威成为一位作家以前是个新闻工作者和战地记者。记者生涯给他提供了宝贵的写作经验和敏锐的观察力。他饶有兴趣地回顾了他在华伦湖畔的童年生活,用新的视角剖析平凡的生活,提出发人深省的生与死的问题。他从小受父亲影响,爱打猎,爱钓鱼,爱各种运动,爱跟印第安人在荒野的湖畔一起劳动和生活。第一次世界大战时,他在意大利前线目睹了残酷的战争,自己身上留下二百多个弹片和伤痕。他担任《多伦多之星》驻外记者时,亲眼见识希腊和土耳其的战争,希军的大撤退又使他重见战场血肉横飞的场面和难民逃难的惨状。他采访了热那亚和洛桑两个国际会议,了解了法德的鲁尔冲突;会见了英国首相劳埃德和意大利法西斯头目墨索里尼,看到了法西斯势力在意大利的崛起。作为一个驻外记者,他不但获得维持在巴黎的生活费用,而且走遍欧洲大陆好几个国家,接触了各色各样的人物。他的社会阅历和生活经验都大大丰富了。

　　然而,新闻记者和文学家之间仍有一道难以跨越的鸿沟。一九二三年,海明威接受斯坦因的建议,摆脱记者工作,专心从事文学创作。他住在巴黎的小阁楼上,楼下是锯木厂,终日噪声不绝于耳。他进出于小咖啡店,过着艰苦的生活。他帮助英国作家福德编辑《跨大西洋评论》,将主要精力集中于写作。继《在我们的时代》之后,他的第一部长篇小说《太阳照常升起》于一九二六年出版了。它奠定了海明威的作家声誉。一九二九年九月,《永别了,武器》(又译《战地春梦》)发表,获得文学界的一致好评。海明威从此跻身于美国名作家的行列。当时,他年仅三十岁。

　　海明威常在巴黎练拳击,到奥地利滑雪,去西班牙看斗牛,在墨西哥湾捕鱼。他兴趣广泛,知识丰富,具有冒险精神,他总是用这些活动来考验自己的勇气,锻炼自己的耐力。他的家庭从小教导他要有勇气,要能忍耐。他三岁时说过,他什么都不怕。他遇到困难,面临危险时从不回避,更不逃脱。第二次世界大战中作为一名战地记者,他随盟军挺进巴黎,多次深入法国、比利时和德国前线阵地采访。战后他受到美国政府的嘉奖,被授予铜星勋章。一九五三年,他带着妻子玛丽到非洲东部丛林狩猎,连续遭遇两次飞机失事,许多报刊为他俩登了讣告,他俩却意外地死里逃生。他住在医院里治疗,身体还没完全康复,就开始构思作品。晚年,他多种疾病缠身,仍坚持站着写作,有时一天仅能写几行,他感到莫大的痛苦。他将一切旅行和娱乐活动与写作巧妙地结合起来。他一分钟也不能停止写作,因为不能写作是他最大的痛苦。也许正是这种无法自拔的身体上和精神上的痛苦,使他最后走上自杀的道路。

尽管如此，海明威的硬汉子形象仍吸引了大量读者。他的主要作品与乔伊斯、劳伦斯和福德的小说不同，深受读者的喜爱。他年轻时在巴黎由菲兹杰拉德推荐给斯克莱纳出版社，后来成了该社最重要的作家。他的作品发行量都很大。《永别了，武器》初版时四个月内销售近八万册。至一九六一年作者去世时，共销出一百多万册。《丧钟为谁而鸣》（又译为《战地钟声》）发行时前半年内卖掉五十多万册。《老人与海》获得更大的成功。《生活》杂志发表时卖了五百五十万本，单行本刚问世就售出十五万多册，至今仍是海明威最畅销的作品。他去世后出版的《流动的盛宴》，从五月至十二月被列入畅销书目，其中有十九周连续居畅销书单的榜首。他的主要作品大都已改编成电影，如《永别了，武器》《丧钟为谁而鸣》《有钱人和没钱人》《杀人者》《麦康伯短暂的幸福生活》《乞力曼扎罗的雪》《太阳照常升起》《老人与海》《永别了，武器》和《湾流中的岛屿》。这些影片获得美国国内外观众的好评，并增加了海明威的经济收入，也使他与著名影星贾利·库柏和英格丽·褒曼成了好友。他的神话色彩更浓烈了，他的形象吸引了更多的观众。不久前，他的孙女成了好莱坞的电影明星，更扩大了海明威的影响。

但是，海明威和他的作品并不是一贯受评论界的好评的。他经历了曲折的道路。二十年代，他获得美国文艺界几乎一致的好评，一九二九年问世的《永别了，武器》更达到他的荣誉巅峰；但到了三十年代，他的作品却受到尖锐的批评，包括《死在午后》《胜者无所得》《非洲的青山》和《有钱人和没钱人》等，社会反应欠佳。但是，一九四〇年出版的《丧钟为谁而鸣》使海明威东山再起，深受各界的赞扬。四十年代期间，他却没有大作品问世。《过河入林》遭到评论界的普遍批评,不过,两年后与读者见面的《老人与海》获得空前的成功,使批评家们十分震惊。最后九年,海明威没发表新作。可是,他去世后出版的《流动的盛宴》又受到读者的热烈欢迎。从他一生的作品来看,他仍是20世纪美国最杰出的作家之一。

海明威的作品目前已译成四十多种语言,对现代欧洲作家影响很大。法国小说家萨特和卡缪、意大利作家维托里尼和基尔雪帕·伯托、德国作家伍尔夫冈·波索特和汉里茨·波尔,都受过海明威的影响。他的艺术技巧、人物塑造和揭示生活真实的创作原则,受到各国作家的赞赏。他在俄罗斯和独联体国家被视为一位反法西斯作家而受到广大读者的尊重和喜爱。他在抗日战争期间特别得到中国作家茅盾等人的推崇和青睐。他对美国现代作家达希尔·汉麦特、詹姆斯·法拉尔、约翰·奥哈拉、纳尔孙·阿尔格林、詹姆斯·约翰斯和诺曼·梅勒以及黑人作家拉尔夫·艾里森都有重大的影响。艾里森认为海明威是他写作的榜样,胜过黑人作家赖特对他的影响。

海明威素有"世界公民"的美称。他年轻时到过加拿大;第一次大战时志愿去意大利前线服务;西班牙内战时,他深入被围困的马德里等前线阵地采访;第二次大战时,他随盟军从诺曼底一直攻入巴黎,进入比利时和德国;抗日战争时,他携夫人玛莎来中国访问,他长期寄居古巴,两次到东非打猎。他的足迹遍及全世界,他的名篇佳作大都以法国、意大利、西班牙和古巴为背景,他小说中的人物大部分生活在国外,活跃在现代欧洲重大的历史事件中。他以独特的艺术风格揭示普通人的遭遇、苦恼和觉醒,反映他们在困难、危险和死亡压力下的硬汉子风度,获得各国读者的好评。海明威成为一位享有国际声誉的现代美国小说家。

海明威是最受我国读者欢迎的美国作家之一。早在二十年代末和三十年代初,他的短篇小说《杀人者》就被译介到中国来。四十年代初,他的两部主要长篇小说《永别了,武器》和《丧钟为谁而鸣》被译成中文,深受读者的厚爱。一九四九年以来,海明威的名篇佳作,除个别的以外,几乎都已重译或再版,有的出现多种译本。最近重庆出版社出版的"世界反法西斯文学书系"收有笔者译的海明威有关盟军光复巴黎的报道。海明威作品拍成的电影《永别了,武器》《丧钟为谁而鸣》《乞力曼扎罗的雪》和《士兵之家》等也陆续引进,与我国广大观众见面。

更令人难忘的是海明威偕第三任夫人玛莎一九四一年春的中国之行。海明威小时候,他叔叔威拉比从中国回美国休假,曾给他讲在中国山西行医传教的故事,他非常向往那神秘的东方异国他乡。青年时代,他一度想当个海员,到远东一览古老的东方文化的风采,但未能如愿。一九四一年春天,正是中国抗日战争最艰苦的年代。海明威在玛莎的恳求下,一道来中国采访抗日的消息,"收集写小说的材料"。海明威在香港待了一个月,接触中英社会名流,与三轮车夫、店员和平民交谈,了解人们对抗日战争的感触,熟悉中国的风土人情。后来,他们夫妇历尽艰辛访问韶关前线、桂林、重庆和成都等地,会见了蒋介石等国民党军政要员,秘密会见中共驻重庆代表周恩来,受到重庆九个抗日团体的盛大欢迎。海明威感到中国"太奇妙了"。

从一个平凡的高中毕业生,到荣获诺贝尔文学奖的大作家,海明威的一生充满传奇色彩。他的经历如此丰富,到过这么多国家,见过那么多战场,这恐怕是其他美国作家无法比拟的。因此,他吸引了许多专家学者,为他写传记。正如前面所说的,已出版的和即将出版的传记都很多,有一卷本的,有五卷本的。美国学者力图从不同的视角,剖析海明威神秘的一生和他奇特的作品,尽可能覆盖他不同时期的不同方面,揭示他复杂的性格、他小说丰富的内涵和美学价值。

在获得诺贝尔文学奖的当代美国作家中,有的上过大学,受过高等专业教育,如福克纳、斯坦贝克、索尔·贝娄和托妮·莫里森,也有像海明威这样的高中毕业生,靠自学成才攀上文学高峰。他从小勤奋好学,刻苦用功,勇于探索,多次亲临战场,深入生活,捕捉真切的自我感受,猎取第一手资料,经历起伏和挫折,终于写出不朽的名著。他的成长和成名来之不易,对我们是有益的启迪。

本书是一本通俗而平易的海明威传。它着重描述海明威自学成才的艰难过程和顽强进取的心路历程,描述家庭、学校和社会三方面对他的影响。它既不同于前面提到的美国几部综合性的海明威传,又区别于国内已出版的海明威评传。笔者尽量以生动的细节和大量的事实,展示海明威的硬汉子经历,给青年读者提供海明威真实而完整的形象。对他的重要作品,只作简单的介绍,不做详细的评论。但对他去世后的影响则作专章叙述,以加深读者的印象。海明威一生经历异常丰富,流动性很大,为了便于读者了解他的经历和感受,每章特别注明时间和地点,提供必要的背景知识。但有的时间相互交叉,难以衔接,如第二章"华伦湖畔"、第八章"回国安家"和第十六章

"顶峰的光与雾",海明威在美国各地或从美国到法国、意大利、西班牙和古巴等地进进出出,往返次数频繁。读者阅读时,请稍微留心些。

本书于一九九三年开始搜集资料,动笔构思。同年九月初,我作为富布赖特高级访问学者,到美国哈佛、杜克和印第安纳等大学访问一年,有幸利用这些大学图书馆的丰富资料。同时,我还抽空在老伴许宝瑞和儿子杨钟宁陪同下,专程访问橡树园和基韦斯特两地的海明威故居,受到这两地海明威博物馆馆长的热情接待。我多次到波士顿肯尼迪图书馆海明威藏书部借阅海明威的手稿和访华的照片,得到他们诚挚的帮助。现趁本书即将问世时,向他们表示深切的感谢。在成书过程中,谢天振先生多次来信来电关心和鼓励,谨向他致谢。

由于此书匆促写就,挂一漏万,在所难免,恳请海内外学者和读者不吝指教,以便再版时修正。

一九九五年七月
于厦门大学敬贤楼

目录

第一章 橡树园的"孪生姐妹"

橡树园 1899 年 7 月至 1913 年 8 月

七月二十一日上午八时,夏日炎炎、晴空万里,鸟儿在树上唱着甜美的歌。一个胖男孩在橡树园海明威医生家里诞生了。他,就是欧尼斯特·米勒·海明威。

橡树园是个美丽幽静的小城,位于美国中部名城芝加哥西南郊的茨塞罗镇。十九世纪末,它仅有一万多人口,有人称它"乡村"或"小镇"。镇上大部分居民住的都是英国维多利亚式的建筑。小镇教堂林立,分属不同的教派。教会里有几个出色的唱诗班。公共图书馆里珍藏着许多英国十八十九世纪的古典文学名著。有一所设备良好的公立学校、一家歌剧院、两家剧院和一个交响乐团。经济的繁荣促进了文化的发展。橡树园的生活是丰富多彩的。

一八七〇年的美国,清教徒的色彩浓重:实行禁酒,商店里不许卖酒;剧院按规定星期天关门。第一次世界大战前,橡树园的居民是清一色的白人,没有一家黑人,也不许犹太移民迁入居住。一八九九年,政府想将橡树园并入芝加哥,居民投票反对。两年后,他们又拒绝加

1

入原先所属的茨塞罗镇。橡树园人有自己的性格,他们保持着古老而独特的传统。

橡树园行政上自成一体,但经济上与芝加哥关系密切。它有铁路直通芝加哥闹市区,还有公路,可坐汽车或马车到芝加哥,交通十分方便。芝加哥的经济和文化相当发达,给橡树园带来深刻的影响。

克拉伦斯·艾德蒙·海明威和格拉斯·霍尔夫妇抱着刚出世的小子,抑不住心里的激动。这是他们的老二,十八个月前,他们有个女儿,名叫马士琳·海明威。格拉斯酷爱音乐,笃信宗教,盼望女儿长大学音乐,将来当个歌唱家,完成她未遂的心愿。克拉伦斯是个受人尊敬的医生,他想让儿子学医,往后办个更像样的私人诊所。他俩给孩子取名为欧尼斯特·米勒·海明威。欧尼斯特取自外祖父的名字,教名米勒来自外叔公的名字,姓当然是海明威医生的。格拉斯好不得意呀!海明威出生后两个多月,恰好是海明威夫妇结婚三周年纪念。他们兴冲冲地带小孩去圣公会教堂接受洗礼,给他正式命了名。仪式结束后,格拉斯虔诚地说:"他献给主,以获得他的名字,从此以后,他成了上帝的一只小绵羊。"

海明威的祖父安森参加过南北战争。战后回到芝加哥,担任基督教青年会的秘书,但收入微薄,难以维持生计。后来他改行搞房地产生意,赚了些钱,便在橡树园买地盖了楼。安森有六个子女,都进了奥伯林学院。安森的妻子阿德莱德比他大六岁,毕业于威顿学院的生物系。阿德莱德熟悉各种花卉的拉丁文名称,同意丈夫的道德观——意志力决定一切,勤奋是道德准则的基础,跳舞、玩牌、赌博、喝酒、说粗话和看坏书都与道德准则相违背。他们以此教育子女,克拉伦斯对此深信不疑。

安森夫妇的家刚好在格拉斯家的对街。两家是好邻居。格拉斯的父亲欧尼斯特·霍尔小时候在英国伦敦上过公立艺术学校,一度盼

2

望父亲送他升入牛津大学或剑桥大学。后来经济景况不好,他们举家迁来美国爱荷华州代尔斯维尔的农场定居。十六岁时,霍尔离家出走,跑去密西西比河下游当水手。内战爆发后,他加入骑兵四年,在战争中受伤。退伍还乡以后,霍尔到芝加哥做刀具生意,发了点财,迁居橡树园,买了自己的房子。霍尔的妻子卡罗莱娜·汉柯克是个英国船长的女儿,她有个金嗓子。母亲死后,卡罗莱娜曾随父亲的货轮绕过好望角。父亲去澳大利亚种田不如意,就搬到美国来,碰巧定居在爱荷华的代尔斯维尔,与霍尔一家相识。后来,卡罗莱娜与霍尔恋爱并结了婚,他俩有两个孩子——女儿格拉斯和儿子莱斯特。格拉斯比莱斯特大两岁。莱斯特上大学读过法律,在加利福尼亚工作,是个反对种族歧视的热心人。

格拉斯和克拉伦斯从小就认识,中学又是同班同学。高中时,克拉伦斯开始追求她。高中毕业时,克拉伦斯去上大学。格拉斯在家随妈妈训练语言和音色,想向歌剧演员发展,并教学生们唱歌。格拉斯的父母亲都爱好音乐,祖父是个英国著名的小提琴家,曾祖父是个牛津大学音乐博士、著名的作曲家。格拉斯从小生活在音乐世家,格外自豪。她父母在世时,常在地下室开家庭音乐会。可惜格拉斯七岁时得过猩红热,丧失视力达七个月之久,康复后眼睛对光线过敏,有时引起头疼,歌唱有障碍。卡罗莱娜得了癌症,克拉伦斯天天来探望,格拉斯与他的感情日益加深。他问她是否愿意跟他结婚,她回答:愿意考虑。他又问她是否放弃到纽约学音乐的打算,她生气地转过身去,不理睬他。

一八九五年秋天,格拉斯的妈妈去世了。那时格拉斯芳龄二十一岁,长得金发碧眼、楚楚动人、气质不凡,像个英国姑娘。到了冬天,格拉斯婉言谢绝了克拉伦斯的求婚,离开了悲痛的父亲,独自坐火车去纽约市参加考试,成了著名的声乐教授卢易莎的徒弟,住在纽约市学生艺术会所里日夜苦练独唱。卢易莎推荐她与纽约市演出公司签约。第二年春天,格拉斯在麦迪逊广场花园的音乐晚会上正式首演,成名的机会来了。不料,强烈的灯光使她受不了,她不得不失意地返回橡树园,起点的失败打破了她的歌唱梦。同年夏天,她陪父亲去欧洲旅游,消除心头的悲愁和烦恼。回国不久,一八九六年十月,格拉斯正式与克拉伦斯·海明威医生结婚。

婚礼结束后,格拉斯和克拉伦斯住进自己家里那栋维多利亚式的三层小楼——橡树园北路四百三十九号。她想,跟父亲在一块儿,可减少他的孤独感。况且,两家距离很近,来往方便。海明威医生在镇上行医,做些公益事业。格拉斯给周围的小朋友上音乐课。霍尔退休在家,脾气温和,笃信上帝。他经常主持全家的午祷和晚祷。全家跪在地毯上,闭着眼睛,听他念一段《圣经》,然后一块儿祈祷。霍尔跟安森一样,参加过内战,大腿上还留着个子弹头。安森喜欢给小孩讲内战的故事,霍尔却不许别人在他面前提起战争的事儿。他常常饭后关在家里的小图书室里抽烟,由连襟泰勒陪着。泰勒是个推销员,常来家看他。

第一个冬天,寒风凛冽,白雪茫茫。小海明威长得胖乎乎的。他性情温和,行为规矩,讨人喜欢。他爱跟妈妈在一块儿。晚上醒来时,总搂着他妈妈。吃午餐时也离不开妈妈。他喜欢玩具。第一个玩具是小保姆苏菲送他的北美印第安人橡皮娃娃。第二个玩具是父亲给的白色爱斯基摩人娃娃。他很调皮,到处爬来爬去。七个月时,他不慎跌断一颗小牙。他长得挺像姐姐马士琳,妈妈产生了奇特的想法:给他一身女儿装。春天,他们姐弟二人经常穿一样的粉红色花裙,留着长头发,戴着绣花宽边帽,宛如一对"孪生姐妹"。克拉伦斯打心里高兴,拿起照相机,给他们在室内、在野外拍了许多照片。从照片上看,海明威两岁以前的确像个女孩,跟姐姐长得一般高,真是一对不折不扣的"双胞胎"。

　　小海明威周岁生日前夕,父母带他去农场参加丰收宴会。一路上,他第一次自己走路,不要别人抱。他边走边笑,走得挺自在。他留着与姐姐一样的发型,穿着一样颜色的衣服。母亲买东西,总是同样的两件,姐姐一件,他一件,虽然有时尺寸不同。母亲要求他俩心里要有"孪生姐妹"的感觉,安排他俩晚上同睡一张床,白天玩一样的娃娃,有时一起玩一样的陶瓷茶具,两人拿着小杯子干杯,玩得很开心。

　　小海明威脾气温顺,倒有点像个女孩子。他平时从来不乱闹,上床睡觉时也不啰唆。母亲祷告时,他会跪在父亲膝盖下胡念一两句,然后一跃而起,大喊一声"阿门"。他爱吃切开的大苹果,特别爱吃鱼,总是边吃边说"hish"。他爱问人家:这个叫什么? 那个怎么叫? 没过多久,他就记住了各种肉的名称。

　　小海明威爱看画册,尤其是大型的《自然界的鸟类》(月刊)。每种鸟都看了好几遍。两岁时,他就认得七十三种鸟,使他母亲惊喜万分。他爱别人给他画动物素描,认出人家画的是老虎或大象,就哈哈大笑。母亲给他一个笔记本,他就拿起笔乱画,每页画上几笔。母亲分别给注明"鸟"、"马"、"小船"、"猎枪"和"长颈鹿"等,收集起来,在墙上钉成两排,让来访的亲友欣赏。儿子越画越高兴。有时,他拿了画册要妈妈讲故事,她一讲,他就坐着不动,听得津津有味。他最爱听父亲讲小黑马的故事。小黑马天天进进出出,给他父亲拉车,每天都有新鲜事儿。他也爱听猫头鹰的故事,重复几遍,他百听不厌,有时还拍拍手,夸猫头鹰好。

　　有时,他会开玩笑,逗人家乐。他爱给别人起外号。他管自己叫勒尼,称外公是"阿巴熊",祖母是"阿姆妈熊",保姆是"小熊"。他叫他妈妈"佛威蒂"。他还学会亲人家。有时他爬过来拍拍你,你不理他,他就亲你一下。三岁以后,父母带他去看演出,他会学西部牛仔的模样。看了杂技团表演,他会告诉他外祖父,大象怎么走,还学演员翻个筋斗。格拉斯说,海明威两岁时长得又圆又胖,像个五岁的小子那么壮,头发变黄,有点卷曲,眉毛浓黑,眼睛淡棕色,皮肤呈棕色。她叫他"荷兰娃娃"! 他生气地跺脚说:"我不是! 哼! 我开枪打'佛威蒂'!"他的别名还有"矮胖子"、"金花鼠"和"波比"。他会唱《三只瞎老鼠》和《我去看动物交易会》,但有些走调。他家在华伦湖畔盖了一栋小屋,格拉斯谱了一首华尔兹曲《可爱的华伦湖》,海明威改了词,唱得挺有劲,使父母感到意外的欣慰。

"你怕什么?"他母亲有一次问小海明威。

"什么也不怕!"他大声喊道。

小海明威要人家把他当男子汉看待。他会背几节英国诗人丁尼生的诗。他捡了好几块木头,有的当短枪,有的当步枪,有的当手枪,昂起胸膛快步走,俨然像个士兵。他父母亲觉得他很勇敢,又能忍耐,将来会有所作为。

小海明威还跟他母亲学针线活,总想缝点什么给父亲穿。他喜欢给爸爸补短裤。他虽然说什么都不怕,其实心肠很软。一只苍蝇死了,他哭得很伤心,想用糖水把它救活。他喜欢各种动物,尤其是野生动物。他会跟玩具谈话,将它们一个个拟人化。他盼望妈妈生个小弟弟,好跟他一起玩。一九○二年四月,妹妹厄秀拉诞生了。他很失望,一听到消息就哭了。

海明威的父母用心培养子女的兴趣,增长他们的知识。海明威的父亲每年总有两次抽空带孩子们上芝加哥看杂技表演,周末陪他们去参观自然历史博物馆。小海明威特别喜欢那里的非洲动物厅。那栩栩如生的狮子、大象、水牛、犀牛、野猪、黑羚和豹子竖立在橱窗里,它们的眼睛在昏暗的灯光下不停地闪动,好像在向他打招呼,把他给逗乐了。他贴近玻璃橱窗,小手指指画画,口中念念有词,好像有许多话要对它们说。

格拉斯特别注意培养子女对音乐和绘画的爱好。她常带他们去芝加哥艺术学院欣赏西班牙画家艾尔·葛雷柯等画家的画。学院办画展,她从不错过机会。芝加哥文化发达,经常有各种演出。那里的交响乐团和歌剧团水平很高,门票较贵,她舍得花钱陪孩子们听音乐,看歌剧。她酷爱音乐,兴趣广泛。她认为生活离不开音乐,孩子的成长离不开音乐。不管将来做什么工作,懂点音乐和美术对陶冶良好的性格极有好处。

一个抓自然科学,一个抓文化艺术,父母亲对海明威的教育配合得很默契。海明威在良好的家庭文化氛围中快乐地成长。但对思想教育,海明威医生与妻子常常意见相左。他崇尚清教徒的老规矩,不许子女跳舞,不许抽烟喝酒,不许玩牌。他请妻子帮忙,妻子觉得为难:她的童年经历跟他不同。她母亲叫她专心弹琴练唱,将来当个歌唱家,不让她做家务事。父亲搞过贸易,很早就退休在家,常带她上馆子吃饭。所以,她思想开通,不那么守旧。她总觉得抽烟喝酒都不好,但跳舞玩牌并没错。跳舞是一种良好的运动,玩牌很有趣,能让人忘掉疲劳。对自己子女的要求须往前看。海明威医生认为妻子这些看法不对,但有时也不得不让步。

比较而言,海明威医生对子女的要求很严格。他自己整天忙里忙外,仍注意管教子女。发现谁偷闲怕苦或拖拉不干,他就发脾气,痛骂一顿,批评非常尖刻。他规定星期天停止娱乐活动,不许与朋友结伴去玩,不许玩牌,不开音乐会。除了生病的以外,全家都得上教堂,违者要挨皮带揍一顿,或者罚跪祈祷求上帝宽恕。格拉斯对子女宽容得多。她强调要让小孩享受生活的乐趣,了解各种艺术的价值。她一开始就要求子女都上音乐课,往后又带他们去听音乐会和看画展,培养他们的审美观念。在她耐心引导下,子女对音乐舞蹈渐渐产生兴趣。

有一次,姐姐马士琳想去听音乐课,格拉斯自己掏钱给她缴了学费。姐弟都想参加舞蹈班,母亲同意了,父亲只好让步。海明威的脚大,跳起来不灵活,在同学面前有点不好意思,他感到跳不跳舞无所谓。三年后,格拉斯在家里为马士琳和海明威举办了圣诞舞会,发了八十一张请帖,还有乐队伴奏和食品招待。许多亲朋好友和同学都来了,大家玩得很痛快。

海明威医生和妻子虽然道德观不同,但两人相互谅解,恩恩爱爱,生活过得挺美满。有时,他俩为子女的教育和家庭的开支问题争吵。妻子格拉斯讲排场,爱打扮,有点奢侈。她认为婚后生男育女,她作了巨大牺牲。她对家务事不感兴趣,雇人是理所当然的。她雇了一个厨师和一个小保姆,来来去去,换了几个人。论收入,他们并不低,但也不太充裕。她当音乐教师,月收入一千美元,比丈夫高二十倍。她家里装的电话是全镇的第一部,够风光的。海明威医生身强力壮,什么活都干,里里外外一把手,既当医生又管家务。他不但能烧菜做饭,还自己买菜,养鸡养兔,同时兼任附近一家牛奶场的药品检验员。

小海明威三岁生日时,父亲第一次带他去湖边钓鱼。海明威医生将钓竿交给他,手把手教他上诱饵、放线和拉线,渐渐培养儿子的兴趣。海明威医生与妻子不同,一直在设法强化儿子的男子汉意识。格拉斯看在眼里,但她并不阻挠,她鼓励儿子去钓鱼。过了一年,恰逢海明威四岁生日,海明威医生第一次让儿子去理发店剃掉长发,然后带他去钓鱼。那天碰巧下雨,父子俩在湖里冒雨打渔撒网。小海明威全身都淋湿了,仍笑嘻嘻地帮父亲收网,用小手拍蹦蹦跳跳的鱼儿。两人满载而归。经过多次实地训练,小海明威五岁时就学会钓鱼。

同年秋天,小海明威和姐姐马士琳一块儿进了幼儿园。他同时加入海明威医生组织的阿加西兹俱乐部。每星期六上午,海明威和其他大孩子一起到林中收集标本,沿着小河识别各种鸟儿。霍尔外公送他一台显微镜,作为五岁生日礼物。他常用它来观察昆虫和矿石标本。过了半年,他长成一个大小孩,天天自己穿衣服,还会帮父亲做点事。他爱学习,能从一数到一百,背得滚瓜烂熟。他喜欢用积木堆成碉堡和大炮,收集日俄战争的卡通片。他既爱听动物故事,又爱听美国大人物的故事。每次听完以后,他会复述故事梗概。这时,他常跟父亲一样穿背带裤,与姐姐的衣着渐渐不同了。

霍尔外公病危时,小孩一概不准进入病房。但小海明威抑不住对外公的思念,有一天突然闯进病房,在外公耳边悄悄地说:我独自拦住一匹偷跑的马。霍尔顿时喜笑颜开,对女儿格拉斯说:这孩子总有一天会成才的。如果他将聪明用于正道,他会成名成家的;但如果他走上邪路,也会蹲监牢。过了不多久,老人去世了。他再也听不到外孙讲故事了,但他的遗言一直留在女儿女婿心坎上。

父亲病故以后,格拉斯和弟弟继承了房地产。她考虑到家有四个孩子,加上佣人和保姆,全家八口人,房子已不够住。于是她将老房子卖掉,自己留一半钱,另一半寄给远在加州的弟弟。她决定添些钱,盖栋新楼。橡树园的建筑她不喜欢,只好自己动手设计。海明威医生感到她的设计庞大,太花钱,搞不起来。格拉斯好言相劝,终于说服了他。她找了一位当地著名的建筑师帮助修改她的设计和施工。1905年,新宅子在橡树园康尔华兹北路 600 号正式动工,1906 年夏天完工,他们就搬进去住。

新楼共有八个房间,成了住宿和办公的两用楼。外形优美,风格独特。格拉斯最得意的是新楼的音乐室,她在室内地板上铺了红地毯,添置了一架豪华钢琴,用于指导学生练唱。有时,她还举办音乐会或舞会。海明威医生也拿把短号,和他们一起凑凑热闹。

海明威医生的诊所和病人候诊室在新楼另一侧。他对妻子的精心设计十分满意。候诊室里还有他的小图书室,书架上摆满他自己制作的各种鸟和小动物的标本,如松鼠、浣熊、猫头鹰和金花鼠。旁边的小房间是他的实验室。他还喜欢收集邮票、硬币、印第安人的弓箭头等。他酷爱钓鱼、打猎和烹调。他这些广泛的兴趣与爱好拓展了生活的空间,使子女从小热爱生活,对生活充满了希望和理想。

夏去秋来,小海明威七岁了。姐姐马士琳拉着他的手,一起走进当地的文法学校读书。"上学啦",他开心地跳了起来。马士琳比海明威早上学一年,后来休学一年,在家学钢琴和小提琴,复学时,跟弟弟成了同班同学。姐弟俩都长高了,与小时候大不一样,同学们不再认为他俩是"孪生姐妹"了。

可是,母亲还这么想。她要求他们姐弟处处一起行动。她买好票给他俩一起去看歌剧,一起参加亲朋好友的宴会。她特别不许马士琳请别的男孩同去。她细心地将两个孩子每天的活动都记下来,倾注了她的爱。但姐弟俩对于"孪生姐妹"的记忆慢慢淡化,唯有父亲给他们幼时拍的照片成了一家人亲切的怀念。

小海明威爱读书。放学回家,往往认真复习功课,做好作业,然后看看画册。他爱看旅游连环画。十岁生日时,亲朋好友送他不少书,作为生日礼物。同年圣诞节,舅舅莱斯特从加利福尼亚州寄给他笛福的《鲁滨逊漂流记》、斯各特的《艾凡赫》和狄更斯的《圣诞儿童故事集》。他如获至宝,读了又读,对生活充满了奇妙的幻想。

第二年九月,格拉斯带小海明威到美国东海岸的旅游胜地南塔基岛。海明威第一次见到大海,心里异常激动。那蔚蓝的天空,那汹涌的波涛,那金色的沙滩,在他心里留下永恒的记忆。母亲格拉斯喜欢海水浴,他天天陪她下海游泳。星期天,母亲带他上教堂唱圣诗。空余时,他自己跑到海边钓鱼。后来,他带回一支剑鱼的骨剑,送给阿加西兹俱乐部当标本。父亲夸他干得好!

归途中,格拉斯带儿子顺便访问了文化历史名城波士顿、坎布里奇大学城、历史圣地莱辛顿和文人故居地康科德。这帮助海明威了解美国的文化与历史,他大开了眼界,增长了知识,皮肤也晒黑了。

回到橡树园,学校早开学了。小海明威迟到了几周,有点不好意思。这时,家里人经常谈论他将来当医生的事。他们希望他继承父亲和叔叔的衣钵,在家乡行医。父亲特别热心,答应抽空带他去参观罗切斯特医疗保健中心。但是,东部旅行激起的写作冲动,一直难以平息。英文课老师要他写篇作文,他便写了《我的第一次海上旅行》,这是他最早的一篇短篇小说。他巧妙地更动了真人真事,朴实地抒发了他对大海的感受,文笔生动流畅。他还暗示:盼望有个小弟弟陪他玩。

到了夏天,格拉斯又分娩了。可惜不是男孩,而是女孩,取名卡洛尔。小海明威感到失望。他不懂妈妈怎么老生女儿呀!不过,妈妈和小妹妹都平安,家中大小挺高兴的。父亲特别高兴,急忙给亲友通报好消息。小妹妹满月时,亲友都来了。威拉比叔叔和婶婶带了两个孩子从遥远的中国回国休假。泰勒和乔治两个叔叔携全家人来了,加上祖母阿德莱德,一家人共二十四位。真是一次难得的大团圆。

威拉比叔叔特别讨人喜欢。他小时候失去右食指,活动不便,但他刻苦奋斗了八年,到中国山西地区当医生和传教士,工作出色,受到人们尊敬。他向家人介绍去蒙古旅行时会见达赖喇嘛的情况,大家听得津津有味。对于十二岁的海明威来说,这些东方见闻仿佛发生在另一个星球上,他钦佩叔叔走得那么远,见到那么多神秘的人和事。

钓鱼和打猎是海明威医生的两大业余爱好。他已教儿子学会钓鱼,眼看儿子长大了,猎枪扛得动,就开始把打猎的技术传给他。海明威医生枪法不错,外出打猎从未空手而归。他打猎回家,就亲自动手加工和烹调野味,所以,邻居说,他家餐桌上野味不断。海明威从小就习惯那些香脆的野味。老头子言传身教,反复指导,儿子果然记住了他的教诲。

　　海明威从小爱听别人讲故事,又爱将自己的见闻讲给别人听,而且爱参加文艺演出。上七年级时,他参加演出《罗宾汉》。他演主角罗宾汉,戴上假发和丝绒帽,穿上高统靴,披着长法衣,手拿长棍,唱着圣诗穿过森林,俨然像个绿林好汉,令全校观众捧腹大笑。到了9月,海明威医生四十一岁生日时,海明威和姐姐、妹妹都化了妆,迎接亲友和来宾。全家正正规规地照了一张全家福,同时祝贺父母结婚十六周年。

　　新年过了不久就是二月。海明威和马士琳在家里为全班同学举行了一次情人节舞会。男女同学都到了。父母亲喜笑颜开,跟他们一一握手。他们已经是八年级,离毕业的时间不长了。老医生脑筋开了窍,不像以前那么保守。看到小伙子们那么活跃,他仿佛年轻多了。

　　海明威渐渐长大了。后来,他很少参加体力劳动,但经常进行体育锻炼。他爱游泳、散步和露营。他工作起来就忘了疲劳,没日没夜地干。"什么都不怕"是他三岁时说的话,成了他一生历尽艰辛、出生入死的座右铭。他将小时候的很多特点带到青年时代。他始终记住父母的教诲——勇敢和耐心,在困难和危险的时刻表现出硬汉子的气概。他日后的成长带有橡树园深深的文化烙印。

　　一九一三年六月,海明威和马士琳同时从文法学校毕业。毕业证书上记载着他们每门课的成绩——优良。海明威医生准备让他们升入高中。姐弟两人打心眼里高兴。

　　夏天到了,华伦湖仿佛又在向他们招手。姐弟俩拿着简单的行装就出发。这是他们中小学时代最后一个暑假。他们想轻轻松松地玩个痛快,以饱满的精神跨入高中阶段。

注释:

1. 笛福(Daniel Defoe,1660?—1731):英国十八世纪著名小说

家,主要代表作是《鲁滨逊漂流记》。

2.斯各特(Sir Walter Scott,1771—1832):英国十九世纪著名诗人和历史小说家。长篇小说《艾凡赫》是他的代表作。

3.狄更斯(Charles Dickens,1812—1870):英国十九世纪著名小说家,主要代表作有《大卫·科帕菲尔》。《圣诞儿童故事集》包括《圣诞欢歌》、《钟声》、《炉边蟋蟀》)等。

4.《罗宾汉》:英国早期著名的民间传说,罗宾汉是传说中的一位绿林好汉。十七世纪以来许多英国作家以此传说写成长诗或剧本,流传至今。

第二章　华伦湖畔

华伦湖像亲人一样,张开双臂,热烈欢迎海明威来到这魔幻般的土地。

碧蓝的华伦湖,位于密歇根州北部五大湖之一的密歇根湖东侧,原来叫熊湖。四周是一片原始丛林,风景优美、气候宜人。海明威医生从亨利·贝肯手里买了一块地,在那里盖了一栋小茅屋,作为每年夏天避暑和度假的地方。从出生到高中毕业,海明威在华伦湖畔度过十七个夏天。

海明威医生喜欢安静,不喜欢喧闹的城市。海明威出生那年,海明威医生决定在橡树园安家,后来和妻子合议在华伦湖畔买一公顷土地,建了一栋小木屋。邻居贝肯农场有果园和畜牧场。园林后面的河边就是他家那白色的房子。农场之间有条狭窄的山路通往彼托斯基镇。附近有小锯木厂和奥基伯威印第安人的居住点。妇女们常常在湖边洗衣服。男孩子头顶着一筐筐甜草走来走去,向到那里避暑的游客兜售。不时有伐木工人在忙活,他们为锯木厂干活,三三两两地从湖对面将木头运到锯木厂。风平浪静时,从贝肯农场可以听到远处的伐木声。海明威医生向锯木厂买了木料,堆放在农场新开垦的一角。木屋还没动工时,格拉斯就带了出生才七周的海明威到工地玩。海明威在他父亲怀里咿咿呀呀,姐姐马士琳搂着母亲,姐弟俩穿着同样的连衣裙,在沙滩附近的榆树木头上留下宝贵的影像。

木屋盖好以后,格拉斯为了纪念她的英国祖先和她最喜欢的十九世纪英国诗人和小说家斯各特,给它起名为温德米尔(Windemere)。木屋朝西南,可以俯览绿色的山峰、蓝色的湖水和金黄色的晚霞。屋里充满新木料和油漆的芳香。起居室铺着白色的松木,中间有个巨大的砖砌壁炉,窗子两边都有座位。有两间小卧室,一间狭小的餐厅和一间厨房,用木头烧炉子,用水泵从井里抽水。照明用油灯。门口山坡的古树丛里有个小厕所,湖就是他们天然的浴室。山坡下湖边的沙滩很干净,是玩耍、休息和游泳的好场所。小海明威周岁以后随父母来这里,总喜欢和姐姐在沙滩上追来追去,或趴在地上用沙粒堆成老虎或大象。海明威医生买了一艘漂亮的划艇,上面漆了"马士琳"的名字。整个夏天,姐弟俩像青蛙一样,在艇里爬进爬出,光着屁股在沙滩上嬉戏,玩个不停。有时,他俩坐在洗衣盆里滑来滑去,说说笑笑,手舞足蹈,好不痛快!有时,他俩躲在岸边的大树后面,学着狮子吼叫,或骑着木棍当木马,玩得像真的一样。有时,他手拿着树枝,嘴里喊着"唧唧……",赶着草地上贝肯家的羊群。玩得好时,海明威像个大孩子,不声不响;但你不遂他的心愿,他就踢脚乱叫,大发脾气。他在大自然里摸爬滚打,肌肉和手臂长得比姐姐壮实多了。

不久,妹妹厄秀拉出生了。华伦湖畔的木屋扩建了三间卧室,给孩子们住。格拉斯变卖了父亲的遗产,在湖对面又买了四十公顷土地,办了一个小农场,种植瓜果和粮食。海明威喜欢陪父亲下地干活,到果园里摘苹果和李子,或收获玉米和马铃薯等。他干得很卖力,心里挺高兴。海明威医生言传身教,处处指点,帮海明威养成良好的劳动习惯。这些平凡而朴实的生活经历,后来成了海明威写作的好素材,记入了他好几篇短篇小说。

海明威很喜欢夏天来华伦湖畔小屋住些日子,但遇到父母亲吵架时,他就不敢久留,只待两三周,就和其他同学出游他乡。父母亲相敬如宾,和睦相处,但常为经济开支争吵不休。父亲克拉伦斯勤俭持家,强调要自己教育子女。母亲格拉斯花钱大手大脚,主张雇人带孩子。两人关系一度很紧张。老夫妻曾在小屋里分居两室。海明威保持中立,没敢吭声。不过,父母亲吵吵停停,不久就和好如初了。

华伦湖畔是海明威成长的地方。三岁时,他就跟父亲去钓鱼。他头戴宽边草帽,手提着钓鱼竿,笔直地站着,耐心地等待鱼儿上钩,那副神态活像个经验丰富的钓鱼老手。不管风吹雨打或烈日曝晒,海明威一点也不在乎,仍然专心致志地钓鱼。他太喜欢湖水和林涛了。偶尔看到松鼠和金花鼠在爬行,他高兴得跟它们喊话。大湖和森林陶冶了海明威开阔的胸怀,培养了他对大自然的热爱。

海明威在湖边交上了朋友。一九〇三年,一个蓝眼睛的十一岁男孩威斯莱·狄尔华思从查尔佛伊克斯湖的洪顿湾来。威斯莱的父亲在镇小学对面开个铁匠铺,母亲开了个鸡餐馆叫松林小屋。洪顿湾是个仅有几栋楼的小区,但有商店、邮局和小教堂。海明威少年时代常去,所以跟对温德米尔和华伦湖一样熟悉。微风从密歇根湖上吹来,洪顿湾变成蓝色。山边凉爽而多荫,阳光沐浴着针叶松,飘来阵阵芳香。

一九〇五年,海明威又到华伦湖度暑假。海明威医生又买了一艘划艇——"温德米尔的厄秀拉"(Ursula of Windemere),用海明威妹妹的名字来命名。长野农场越办越兴旺,海明威医生不仅种粮食作物,还种了几百棵果树和硬木树。海明威穿着印第安人的服装,扎着条纹的绑腿,在农场跑东跑西,自由自在好开心!这是他第六个暑假。也是他留着"荷兰娃娃"长头发的最后一个夏天。到了秋天,他要升入小学一年级,就永远理掉长头发,成了一个顶天立地的小男子汉。

第二年的暑假似乎比平常短得多。海明威请了邻居家的男孩哈罗德·桑帕森来家里玩,他俩一起在长野农场玩了好久。农场里常有运木材的小火车和敞篷的货车。他们爬上货车后面让人把他们顺道捎到洪顿湾。威斯莱带他们去钓鱼,在松林小屋吃烤鱼片和鸡餐。后来又去温德米尔沙滩烧篝火烤蜀葵。海明威夫妇带了行李赶回橡树园工作,海明威大步流星地帮他们搬行李,累得满头大汗。

华伦湖成了海明威接受父亲教育的好课堂。海明威医生时常带他到野外,教他怎么生火烧菜,怎么用斧头砍树枝建一个掩避所;怎么抓苍蝇,怎么在猎枪上装子弹;怎么制作鸟和小动物的标本;怎么处理鱼和野味,然后在油锅里炒。海明威医生特别强调小心保养枪支弹药,提醒儿子要有勇气和耐心。海明威后来记住并仿效父亲室外这一套。他常在草原上激动地奔跑,步行走过干草堆或丰收的田野,穿过锯木厂的一堆堆木料。他常常想起他父亲,仿佛看到湖面上、草地旁处处留下他父亲的身影。寒冬里,他胡子上披了一层白霜;酷暑里,他头顶烈日干农活,汗流浃背。他要求子女吃苦耐劳,勇于拼搏。

海明威医生是个好猎手。他认为上帝将野味赐给人类,供大家养殖和享用。他有一手好枪法,经常打到野鸡和野鸭,回家美味一餐。他教育子女要爱护松鼠和浣熊,别随便伤害它们,但他对有害的野禽很不留情。

从二年级渐渐升到八年级,海明威每逢冬天都盼望夏天早点来临,他可以再来华伦湖畔玩。起先他很不习惯光脚丫走路,后来按父亲的要求多锻炼锻炼。每天从木屋去贝肯农场取牛奶,有时还得赶夜路,但他不怕。他记得沿途森林里有针叶毒芹,沼泽里有黑烂泥,牧场对面有焦土,贝肯谷仓后面有新肥料。走多了,他对这一带熟得很。有一回,他嘴里含着一根树枝,沿着这条路去取牛奶,不慎被树根绊倒摔了一跤,尖尖的树枝刺中他的喉咙,满嘴是血,幸亏父亲陪着他,及时帮他止了血,才没吃苦头。

有时,海明威全家到华伦湖畔度假,海明威医生独自在橡树园看家。但他大部分时间陪妻子和孩子们来密歇根休假。他穿着旧衣服,戴着宽草帽,在农场犁地,到湖里划船捕鱼,给子女讲讲大自然的宝藏。如果跟妻子吵架,两人就各走各的路,分头到华伦湖畔。不过,他每年大部分时间还是跟妻子待在一块儿。妻子也谅解他。一九○八年,他去纽约医院妇产科进修四个月,格拉斯用自己教书赚的钱给他缴了学费。进修完后,他从纽约到新奥尔良,再坐汽船沿密西西比河北上回家,痛快地玩了一大圈。

一九○九年夏天,格拉斯在华伦湖畔生下卡洛尔。这是她第一次,也是最后一次在这里生小孩。卡洛尔是海明威第三个妹妹。他有点失望。两天后,他过了十二岁生日。祖父安森很疼他,特别送给他一支猎枪,让他长大当个好猎手。他接过猎枪,乐得活蹦乱跳,冲到屋外。

在华伦湖畔,海明威从小跟印第安人和睦相处。一些印第安人住在贝肯农场附近的森林里。他们沿着通往彼托斯基的小路两旁采莓子,然后送到木屋区卖给城里来的妇人。他们常常不声不响地出现在海明威家的厨房门口。有时,海明威在小山丘上读书,能闻到他们从木头旁走到屋子周围的气味。那气味跟他差不多,有点古怪的甜味。贝肯祖父租给印第安人一间木屋,住在里面的高个子印第安人,送给海明威一把梣木做的独木舟划桨。这个人行动神秘莫测,孤单地住在木屋里,常常饮酒浇愁,夜里独自步行穿过森林。七月四日,这个印第安人去彼托斯基参加庆祝会,喝醉了,在回家途中跌倒在铁轨上沉睡不醒,给午夜经过的火车碾死了。

海明威最常见的印第安人是伐木者尼克和比利。尼克身强力壮,有点懒散,但干起活来是个猛将。当地有些农民总以为他实际上是个白人。比利矮胖,蓄着一点胡须,像个中国人。有一年夏天,海明威医生叫他们来劈木头,准备烧火和取暖用,他们砍完后,将木头从湖里运回木屋前面。那天,他们带着钩子、斧头和一把长锯子来了,海明威医生拿了照相机,跟他们到湖边沙滩上,给他们照了工作照,留在相册里做纪念。海明威看得很仔细,记住父亲题写的每个字,想将来写进小说里。

尼克的女儿普鲁丹丝有时来帮格拉斯做家务事,海明威也熟识她。但他最了解的是老西蒙·格林。老西蒙是个又老又胖的印第安人,在洪顿崖拥有一个农场,常常坐在洪顿湾铁匠铺前的椅子上晒太阳。他非常欣赏海明威医生步枪枪法和手枪的枪法。一天,海明威陪父亲和西蒙外出打猎,第一次亲眼看父亲打野鸡。他们在磨坊场旁边遇上一群在空中飞的野鸡——在小孩眼睛中像火鸡一样大。海明威医生弹无虚发,接连打中五只。西蒙迅速跑过去捡野鸡,笑嘻嘻地双手提了一大串走过来。海明威真佩服父亲漂亮的枪法。

同年秋天,海明威陪父亲去伊利诺斯州南部看望舅舅,又亲眼看到父亲打猎的本领。海明威的大姑姑嫁给一个鳏夫叫弗兰克·海因斯,他是个快乐而友好的人,原来当牧师,后来种地种果树养牲畜,过着世外桃源般的生活。他家七个小孩有三只小毛驴。但他家的房子又黑又冷。院子里枫树挡住又高又窄的窗子,田野里长满小麦和玉米。夏天里,几百种小虫在嗡嗡叫着。外地常有人来打猎。孩子们亲切地称老海明威"医生叔叔"。

海明威医生想在儿子面前,用他祖父安森·泰勒·海明威送给他的猎枪,教儿子打鸽子。鸽子在空中飞,海明威瞄准目标开枪,他爸爸判断他打得好。行了,就不再给他子弹。海明威不过瘾,只好用枪对着飞行中的鸽子瞄准,拍拍没有子弹的弹匣,结果将撞针的击铁弹簧搞断了。他扫兴地提起打中的鸽子回家,突然两个年纪比他大的男孩迎面走过来。其中一个小孩要夺他的鸽子。海明威说那是他刚才打中的。那男孩说不是。海明威骂他撒谎,另一个男孩就动手打他。海明威顺手教训了他一顿。

一九一三年五月中旬,海明威从文法学校毕业后,又来华伦湖畔度假。这是他在湖畔的第十四个夏天。他不住在父亲建造的木屋里,而在旁边的铁栅栏里搭个帐篷,整个暑假都在那里睡。哈罗德八月底来看他。女同学卢丝来找马士琳。一天夜里,他们在壁炉前朗读一本小说,海明威受了启发,异想天开,三更半夜像幽灵一样狼嗥鬼叫,把屋里的人都吵醒了。另一天,贝肯的狗突然被林中一只豪猪偷袭,他们将它带给海明威医生治疗。他悄悄地跟狗说话,一点一点地拔掉它身上的刺。后来,海明威和哈罗德出去打豪猪,在贝肯农场后面的空地上把它打死了。回家时他们很得意,却受到海明威医生的批评。他劝他们不要捕杀无害的动物,后来他又说,既然你们打死了它,就得烧了吃掉。他们只好烧了几个小时。那豪猪肉的确又鲜又嫩。

升入高中以后的第一个夏天,哈罗德又来找海明威一块儿到华伦湖畔打工,过一个紧张而愉快的暑假。他们在长野农场的山坡上搭个帐篷,收集麦草,给乳牛挤奶,去看卡车展销园。他们利用一艘小船运送蔬菜,顺便将刚收获的马铃薯、蚕豆、胡萝卜、豌豆等送到湖边的小旅馆和小木屋群去卖。工作非常辛苦,两个人总算熬过来了。天气不好,风吹雨打,他们抢收了五十大桶的马铃薯,受到海明威医生的夸奖。他们自己也挺满意。海明威的第十五个夏天在卖菜中结束了。

海明威回橡树园河林高级中学上课,精神饱满,身体也长高了。他和许多同学成了好朋友。六月十九日,他和陆·克拉拉汉背着行装又上华伦湖。一路上,他们谈笑风生,引吭高歌,喊来喊去,有时,他们搭上过往的马车跑几英里,但大部分时间靠步行。他们的主要乐趣是钓鱼。经过了四五天的行程,他们吃新捕到的鲑鱼和青豆罐头,到洪顿湾找威斯莱聚会。威斯莱正想跟小学老师凯瑟琳结婚,但海明威和克拉拉汉兴趣不太大。他们在温德米尔住了几天,将里里外外打扫得干干净净,准备让海明威家人来消夏。后来,他们就到长野农场安营扎寨,自己烧饭,过得很愉快。

　　海明威十六岁了,从外表上看,他体格健壮,英俊潇洒,很像一条汉子,实际上,内心还是个孩子。十六岁生日后不久发生的一件事说明了这个问题,这事情被他夸大为童年时代最糟的事。一天,他和十一岁的妹妹珊妮坐小艇去泥湖岸边,那里野草丛生,水边芦苇里常有乌龟和青蛙出没。他们刚到目的地,就看到一只蓝色的大苍鹰。海明威禁不住举枪朝它射击,把它打下来。他用报纸包住它,放在舱里,准备上岸烤着吃。但他们回家后发现苍鹰不见了,当地野生动物看护人的儿子发现它,把它拿走了。他坐木筏走近他们,问是谁打的。海明威撒个谎,轻易地掩饰过去。他说是人家送给他的,他想带回家加工。那孩子马上去向自己的父亲报告。海明威急忙回家,把这件事瞒过去,立刻动身去农场避避风。

　　看护人史密斯果真找上门来,说有个穿红色运动衫的十八岁左右的青年,用手枪打了他家的苍鹰。格拉斯坦率地说,那是他儿子,十六岁,在湖对面的农场干活,史密斯想借艘小船去找海明威。格拉斯叫珊妮去取手枪,让史密斯走开。海明威知道以后,怕父母追究,就逃到威斯莱家里。威斯莱说认识那个看护的老头,答应从中疏通。海明威不敢回家,又逃到叔叔乔治夏天的住处,直到七月三十日,他才乘夜色朦胧时溜回长野农场,为母亲准备了马铃薯、青豆,还杀了一只鸡。然后,他又躲到叔叔家。后来,海明威医生写信劝他诉诸法律。他去找了波伊恩市的法官,说明了情况,付了十五美元的罚金,事情才算了结。克拉拉汉听说以后,感到非常好玩。但海明威很内疚。他觉得自己触犯了法律,成了个坏孩子。往后,他对着牧场的人总是相当怀疑。年纪越大,他越记得这童年的憾事。五十多岁时,他曾对一位英文教授说:少年时有两个看管野禽的人在密歇根州到处追捕他,幸亏他没给抓到,否则要给送进少管所了。

第二学年快结束时,海明威劝克拉拉汉再来一次环湖步行,克拉拉汉同意了。六月十日,两人背了帐篷和毛毯,带了斧头、烧锅、渔具、火柴、盐、辣椒、罗盘、手表、一叠明信片、两张地图、刀叉、短袜、一罐小虫……离家出发了。他们一身奇特的装束,犹如现代的小鲁滨逊。

那天,湖上大雾弥漫,他们先乘船往南到法兰克福,然后沿着曼尼斯蒂河边步行到熊崖,在岸上找了一个地方搭了帐篷住下。第二天七时起床,看到河里的鱼乱蹦乱跳,赶快跑去钓鱼。下午,他们收拾行装,步行到另一条水深流急的小河。到了凌晨二时,大雨滂沱。他们全给淋湿了,便顺着河流步行到一个旧木堤。克拉拉汉抓到一对两英尺长的胭脂鱼。第二天早上,他们又冷又饿,只好把大鱼卖给一对老夫妻,换了一罐牛奶充饥。后来,他们坐火车到卡尔卡斯卡,步行到拉彼河。他们的衣服和毛毯还很潮湿,晚上没法睡觉,干脆通宵在河边钓鱼。海明威回忆说:黑乎乎的夜里在深水激流里钓鱼,实在其乐无穷。

这次野营步行,海明威收集了不少写作的资料。同时,他第一次离家外出,时间比在洪顿湾长得多。他感到自己该独立生活了,不能老在父母的管教下过日子。他去徒步旅行,又去看看老同学凯蒂和比尔姐弟,觉得格外亲切。比尔快二十五岁了,正在上大学呢!凯蒂二十五岁,快人快语,既不漂亮,又不出众,却有一对迷人的眼睛。姐弟俩聪明可爱,待人热情,喜欢森林和湖泊。海明威与他俩在一起很快乐。

　　冬去春来,冰河解冻,万象更新。海明威可以划船了。4 月初春假期间,他和奥尔森一块儿沿着伊利诺斯河划船到罗克州立公园,玩了三天。不巧,遇上倾盆大雨,使两家家长坐立不安。归途中,他们受到河边哨兵的检查。由于他们身上不带枪弹,所以很快就给放行了。平静的河边竟有人站岗,海明威闻到了欧洲大战的火药味。几个同班同学,很想投笔从戎,上欧洲战场去。也有人在谈论升大学的事儿。他们正处在生活的十字路口,何去何从,到时候再说。不管上哪儿去,他总要来和华伦湖告别的。

第三章　良师引路

橡树园 1913 年 9 月至 1917 年 6 月

马士琳和海明威姐弟双双升入高中。他们就读的橡树园市立河林高级中学是当地最好的一所中学,创建于一九〇三年,耗资三十万美元。学校师资力量雄厚,教学质量一直很好。历届毕业生中,有不少人考入耶鲁大学、芝加哥大学等名牌大学。据说有一年,芝加哥大学获得奖学金的前十名,全给河林高级中学的学生包揽了。橡树园人对此感到骄傲。他们看不上东部的私立中学,觉得在橡树园河林高中念四年,相当于念两年一般的大专学校。

橡树园河林高级中学的校舍宛如一座巨大的宫殿。主楼正中是四层楼高的黄瓦结构,两翼各三层,内有大礼堂和餐厅,很有气派。开学那一天,海明威去英文部办公室拿了一份功课表。他主修英语,兼修几何、拉丁语和科普知识。英文他并不怕,倒觉得有趣。任课教师是英文部主任弗兰克·普拉特。海明威爱听她的课。其他三门课,他有点怕,尤其是拉丁语,他感到太难了。也许这与遗传有关,母亲格拉斯从小就不喜欢拉丁语,干脆请个人来家教。

　　学校的教学以人文科学为主。海明威进入英文部,每班二十五人左右,小班教学效果好。学制为四年。四年内每年必修英文。从一年级至四年级强调语言基本功。一年级开始安排精读,重点是古典文学作品。学生要读顾尔伯编的《希腊和罗马神话》、《旧约》叙事文、《叙事诗一百首》,英国古代民谣、英国诗人柯勒律治和丁尼生的诗以及斯各特的长篇小说《艾凡赫》,有时在课堂上朗读。二年级以上要读莎士比亚的剧本、班扬的《天路历程》、艾迪生和麦考利的散文、乔治·艾略特的《织工马南传》、狄更斯的《大卫·科波菲尔》等,以及乔叟、弥尔顿、蒲柏、拜伦、雪莱和济慈的诗作。美国作家的作品几乎一本也没有。教师引导学生了解英国的社会背景,对美国的现实重视不够。所以,橡树园河林高中的校舍建筑大体是美国式的,但文学趣味全是英国化。英文课在二楼的"牛津室"上,室内有英国式的壁炉,门上和靠南的玻璃窗上都是英国式的装饰,学生上文学课,完全置身于英国文化的氛围中。不过,二年级时偶尔读点美国文学,还搞过课堂讨论。学生进行即席演讲和写作训练。三四年级时又回到古典文学作品,通读英国文学,继续加强精读和口语练习。海明威很用功读书,他曾说过,他靠读《圣经》学会写作。他的作文很突出,经常受到老师的赞扬,夸它水准高,简直不是作业,而是创作。

　　作为一个刚入学的新生,海明威比其他同学个子高,有点害羞。但他比姐姐马士琳矮个头。马士琳十六岁,已经成了亭亭玉立、婀娜多姿的少女。海明威想当个足球运动员,实际上并不怕长高,相反的,长得又高又壮更好。他左眼视力差,天生如此,可能是母亲的遗传。他身高一直保持在五英尺五,直到十五岁生日时才出现奇迹,一个月长了一英寸,海明威自然高兴得不得了。

　　海明威长高了,他兴致勃勃地换上新运动衫去踢足球,但教练并不器重他,他只能当个候补队员。海明威课余在中学的餐厅里打工,挣点零用钱买书报。他报名参加了学校的乐团,但他唱歌常常走调,不容易纠正过来。他还和姐姐去上舞蹈课,但他的大脚跳起来很呆板,正如穿上球鞋踢足球很不灵活一样。他对课外活动兴趣很广,没料到这些障碍给他带来苦恼。幸亏他写了一篇介绍蟋蟀的文章,生物课老师的评语是"很好"。结果他得了九十分。

格拉斯又要生第五胎了,她已四十开外,不适宜再生孩子。有趣的是,四个子女都盼她生个小弟弟。圣诞节前,海明威带一个女学生多罗茜来家里。母亲觉得他较以前注重外表,学会了打扮,打心里高兴。后来,他又带多罗茜去看篮球比赛。这是海明威第一次与异性约会。

海明威与同班同学成了好朋友。他爱给他们起绰号,什么"班尼"呀,"匹克"呀,"巴特茨"呀。回到家里,他要姐姐叫他"老畜生",但他最喜欢的是人家叫他"海明斯坦"。这个习惯他到老都没改过。

海明威喜欢参加各项课外活动。二年级时他们一些同学排演巴尔佛的三幕歌剧《波希米亚姑娘》,他花了不少时间参加乐队排练。华盛顿总统诞生纪念日时,他加入学生的步行俱乐部,步行三十英里,第二周星期六又走二十五英里。他像四岁时一样,很注意长距离的耐力训练。在学校每年度举行的第九届越野赛跑时,忽然倾盆大雨,四十六名运动员中,海明威跑了第四十三名,倒数第四名,但他坚持冒雨跑到终点。春假期间,他和同学克拉拉汉跑到在橡树园西北部三十五英里的苏黎世湖。四月三日,他返家时,妈妈生了个胖小子。他们给他取名为莱斯特·克拉伦斯,以纪念舅舅莱斯特和海明威医生。海明威叫他"小虫虫",可惜莱斯特小弟弟来得太晚了。海明威已经十六岁,年龄相差太大。小弟弟不能陪哥哥玩了,但海明威还是蛮喜欢他的。

为了减轻家里的负担,海明威课余又去打工,帮助人家铲雪,给当地的报纸送报。这样,他每周的零用钱可增加十五美分。十六岁生日时,他显得有点少年老成,但内心还是个小男孩。他想按基督教的理想过日子,不去触犯教规。海明威医生写信祝贺他生日,为他的长大表示高兴和自豪。

海明威不仅长高了,体重也增加了。他的学习成绩有了明显的进步。英文写作与阅读在班里很突出。古代史考试得了一百分。拉丁语也比以前好得多。他现在感到"拉丁语比踢足球容易",他仍喜欢玩足球、越野跑步和射击。有一次,他到离家两英里左右的牧场去玩,第一次打了一只野鸡。那牧场是和人合办的。他等到天黑才敢将战利品带回家。

一九一六年年初,海明威对拳击产生了兴趣。他块头大,暑假在农场干过活,力气足。他训练拳头的力量,使起来挺顺手。他一度将母亲的音乐室当拳击场,约了同学来玩。他们大部分比他个子小,打不过他。没玩上几回,双方竟扭打起来。母亲看到很生气,以为他们在打架胡闹,就把他们赶出去。后来,他们就到汤姆家地下室去,有时干脆在室外练拳击。海明威越练越起劲,请来职业拳击手当教练,指导他练习。有时,他利用周末去走访拳击手,几个回合下来,进步很显著。他在训练中萌生了一个念头:如果手脚勤快点,眼耳敏锐点,不是可以弄点新鲜材料来写文章吗?

果然不错。他的文章《彩色的故事》四月份发表在学校文艺周刊《书板》(Tabula)上。这篇幽默故事是他在那里发表的第二篇。第一篇刊于二月份,主题是北部森林里发生的一起印第安人流血事件,题目叫"曼尼特的判断"。

接连发表了两篇故事,海明威不久成了《书板》的记者,第二年升任该刊六个编辑之一,这激发了他新闻写作的兴趣。他不但写故事,而且写报道,越写越想写。一月份发表了一篇介绍芝加哥交响乐团演出盛况的报道。二、三月份刊登了芝加哥名人来校做报告的系列报道。他对生活中发生的事件最感兴趣。比如：一天夜里，某地河边发生自杀未遂的事件。下水救人上岸的，恰好是他要好的拳击伙伴李曼。不过，第一篇稿子并不是海明威自己投的稿，而是《书板》的顾问、海明威的英文课老师狄克森小姐推荐的。她十分热情地扶持海明威。

玛格列特·狄克森小姐是个坦率诚恳的人。她热情奔放，教学认真，讲解生动，课堂非常活跃。她赞扬威尔逊总统，鄙视希尔多·罗斯福总统。她对刚兴起的电影很感兴趣。她经常鼓励和称赞海明威，说海明威是她见过的最聪明的学生。她总是激发学生的创造性，鼓励他们运用自己的想象力，写出自己独特而有趣的东西。同时，她又严格要求学生，尖锐而中肯地批评他们作文中不好的东西。她对海明威在思想上和文学技巧上影响很大。她的社会观和经济观与传统而保守的橡树园生活有很多的不同。专业上，她并没有独到之处，与海明威也没有特殊关系，但她经常鼓励学生写故事和散文，海明威有一位同班同学曾认为她比伊利诺斯大学的教授教得更好。

海明威常常带着一台打字机，有空就写起来。起初，他只觉得写作好玩。后来他的文章发表了，他就越写越有劲。他写完爱读给同学听，或找老师请教。可是这时他参加了好多课外活动，占用的时间太多。他曾抱怨："在橡树园中学，你会玩足球，你就得玩。"幸好两位老师狄克森小姐和芬妮·比格斯小姐及时给他鼓励和安慰，多次帮他解围。

芬妮·比格斯小姐是另一位英文教师。海明威后来曾称赞"她是一位很好的老师，而且对我特别好"。她的同事称赞她是个天才。她身材瘦小，虚弱而结实，目光敏锐，对学生要求恰当，富幽默感。她比狄克森更关心海明威，不仅注意发掘他的潜力，而且帮他解决个人的困难。这些困难往往跟其他男青年学生差不多，但她及时给予疏导，启发他去克服困难。海明威跟她相处比较自在，既不感到别扭，又不会太过分。有时,他愿意将心里话告诉她,求她帮忙解决难题。毕业以后,海明威还跟她保持联系。他动身前往意大利战场前,写信给她,自豪地介绍他在堪萨斯《星》报当记者取得的成绩。

狄克森和比格斯两位女老师的优点使海明威得益匪浅。狄克森是英文部主任,她热衷文学写作,重视英国古典文学,兼任校内文学刊物的顾问,鼓励学生投稿。一发现好苗子好稿件,她会立即向编辑部推荐,使新人得到扶植。海明威就是其中之一。比格斯是个出色的教师,她从二年级下学期的学生中选拔了二十五人左右,组成故事俱乐部,每周活动一次,由她亲自领导。学生们自己先写好故事,然后在俱乐部宣读,再进行讨论。海明威成了一个活跃分子。她特别喜欢海明威的文章,有时把它选作范文,由她自己在全班里朗读。她还耐心帮学生们修改文章,个别交换意见,为他们投入她的全部精力。

在橡树园河林高级中学,海明威是个全面发展的学生。课堂上,他很活跃,成绩优秀。课堂外,他积极参加各项文艺活动,非常突出。他们班有个班级手册,记下了每个同学各方面的成绩。海明威的成绩写了满满的八行,仅次于班长和一位运动健将,他排名第三。他被推选负责撰写"班级预言",成了班上每日发言人小组的成员。从一年级到三年级,他参加校乐团,多次进行演出。作为校内文艺刊物《秋千》(*The Trapeze*)的记者和编辑,他发表了不少报道、故事和诗歌。他又是运动员协会会员,加入校足球队,最后还成了主力队员。他还当过水球队队长,成为男孩步枪俱乐部的健将。

海明威多才多艺,爱参加各项活动,在同学中流传着不少故事。他精力旺盛,奋发上进,喜欢跟别人比高低,这跟他成年以后一样。竞争意识促进了他文学的进取心。1936 年,他说过,我们时代的作家,应该写出以前的作家没有写过的东西,或者超过他们所取得的成就。

但作为成年人的海明威,他的一切来之不易。许多有聪明才智的高中生并没有过上快乐的生活。海明威的童年生活也有紧张难熬的日子。他曾暂时离家,但从没离校辍学。有时候他像逃跑的流浪儿,想摆脱家庭束缚,自己独立生存。几年后,海明威宣称:一个作家最好的训练是在不幸的童年。这也许是他从个人经历中得出的结论。但从实际情况来看,他既不缺衣少食,又没受过虐待。纵使他与母亲有过争执和抱怨,做错事挨过父母的痛骂,高中毕业时有过几分迷惘,总的来说,他的童年还谈不上什么"不幸"两字。

海明威的同学,大都记得海明威在校刊当记者和专栏作家时发挥的作用。他发表的诗和小说,他们都看了,常常热情地向他表示祝贺。他文章的主题往往得益于他所学的英文课程。他的文学创作能力获得大家的承认,有人预言:他将来会成为一个幽默作家。

海明威写的第一、二篇故事比同学们的作文好多了。对话真实,叙述简洁,文字流畅,从字里行间可看出他两位老师的影响。《曼尼特的判断》结构较复杂,故事不加粉饰,表达明快,思路严密。当时,他虽然是个低年级学生,对写作原则考虑不周。从事多种课外活动分散了他的精力,但他还是相当认真的。他阅读了大量古典文学名著,从中得到不少启迪。到了高年级,他花了过多时间参加体育比赛,他写得不多,写的东西也局限于体育活动的故事。校报《书板》刊载了他好多篇报道。他的文学生涯真正的开始,是在校文学刊物《秋千》。他的正式训练是新闻报道。一九二〇年至一九二四年,新闻记者成了他的职业。实际上从一九一六年十六岁在橡树园河林中学,他就开始了业余记者生涯。

在《秋千》当编辑时,海明威喜欢摘登拉德纳的小说。一九一七年前后,拉德纳可能是芝加哥地区读者最熟悉的当代美国作家。他在芝加哥《论坛》写专栏,深受读者欢迎,芝加哥人引以为荣。海明威爱读他的作品,觉得拉德纳的作品比英国十九世纪末的小说更令人陶醉。

海明威先摘载,然后模仿,将拉德纳的技巧引入刊物。他试了四次,全都失败了。后来他试用拉德纳的形式来表现学校生活,获得成功。他在《秋千》上搞个专栏,同学们的反映很好,纷纷尊称他为"小拉德纳"。

《秋千》的编辑工作,不仅使海明威获得老师和同学的承认,而且有助于他个人向文学方向发展。这使他获得办报的入门知识,激发了他当记者的兴趣。他曾对同学说过,如果进伊利诺斯大学,他会选择新闻系。他在高中积累了初步的办报经验,发现了专栏自由撰稿人的自由空间。他总计写了一万五千字,共四十五篇,每周,他要与其他五个编辑一起阅稿、定稿和编稿。他精心创作了一出歌剧,以家庭生活为背景,让同学们担任不同的角色,过把演员瘾。大家热热闹闹,好不痛快。

六月八日,学校举行毕业典礼。大礼堂里布置了一篮篮白色、蓝色和红色的鲜花。海明威的文学成就获得同学们的好评。全班推选他当代表上台发言。他的讲话富有强烈的战斗色彩,将会议气氛推向高潮。姐姐马士琳也上台发了言,讲话的还有其他三个同学代表。校长给一百五十名毕业生发了毕业证书。与会师生从祈祷到唱圣诗,又唱校歌,歌声响彻会场,讲话的人不时被欢呼声和鼓掌声打断。海明威自豪地走上讲台,领了毕业证书,台下响起阵阵热烈的掌声。他在高中度过难忘的四年,将来怎么办,他还没下决心。

过后不久,当地教会来信请海明威给男孩们做报告,讲讲他在高中的感受、教会对他的启迪和将来的打算。他愉快地接受了,还有四位同学也应邀去讲。海明威与小朋友们谈得很亲切动人。可惜讲稿没流传下来。这是他接受正规教育后的最后一次讲话,对他来说,很有意义。

一九一七年六月,海明威离开橡树园河林高中的校刊,将拉德纳的作品和他自己的习作丢在一边,和一群朋友到华伦湖畔野营、钓鱼和打猎。他在秀丽的山川中度过中学时代最后一个夏天。

蓝色的华伦湖一平如镜,海明威内心却不平静。高中毕业后上哪儿去? 他说不上。也许老爸为他做了安排? 也许母亲有了新主意? 但他不能自己没个打算呀! 不管如何,在华伦湖畔先放松一下,该烦的事儿过些日子再烦吧!

注释:

1.威廉·莎士比亚(William Shakespear,1564—1616):英国伟大的戏剧家,主要作品有《哈姆雷特》《李尔王》《麦克白》《奥赛罗》《罗密欧与茱丽叶》《威尼斯商人》。

2.《天路历程》:十七世纪英国著名小说家约翰·班扬的代表作。

3.《织工马南传》:英国十九世纪著名女作家乔治·艾略特的代表作。

第四章　初试记者生涯

橡树园—堪萨斯—意大利 1917 年 6 月至 1918 年 12 月

　　一九一七年六月,海明威快高中毕业了。将来怎么办?家里议论纷纷。他有点坐立不安。他面前有三种选择:一是继续升入大学深造。海明威医生希望他和姐姐一块上奥伯林学院,老头子自己是那个学院出来的,离家又近。但海明威不同意。海明威曾暗示过,想去伊利诺斯大学念新闻专业,将来当个记者。二是马上找个有趣的职业干干,能上报社谋个差事最好。他在中学有点经验,写过一些受欢迎的小文章。三是参军上欧洲战场去。一九一七年四月,美国正式对德国宣战,大批热血青年上欧洲打仗,有的加入红十字会医疗队,到前线开救护车。这种可能性,海明威仔细捉摸过。他碰巧读了休·华尔坡尔刚出版的长篇小说《黑色森林》。小说主人公约翰·特林查德的浪漫经历深深地打动他的心,使他久久难以忘怀。约翰是个聪明能干的英国青年,童年时受过伤,视力不好,后来参加俄国红十字会到达东加利茨亚前线。不久,他爱上一名战地护士,但她后来与一个医生相好。约翰精神上受了极大的打击,又眼巴巴地看着伤员死去,心里非常难过,最后他牺牲在奥军的炮火下。那位护士也被敌人的机枪打死。这个故事融入海明威未来的梦,他很想离开家乡,到欧洲战场去闯一闯。

海明威医生不同意儿子去参军,他认为儿子太年轻,不宜去打仗。海明威托人去劝老头子,老头子不肯让步。一个多月过去了,商量毫无结果,双方僵持着。

后来,父与子终于找到妥协的办法。老头子同意海明威不升大学,海明威接受他不上战场的劝告。双方同意:海明威到堪萨斯市找一份工作。海明威的叔叔泰勒·海明威在那里经商多年,事业发达,交际广阔,他可以关照自己的侄子,又能帮他找个报社的职业。碰巧,堪萨斯市《星》报的总编辑、作家亨利·哈斯克尔就是泰勒以前的老同学。当记者正是海明威梦寐以求的工作。当时堪萨斯市的《星》报是全美国六大报纸之一。能到那里工作是有才华的中西部青年追求的理想,海明威当然也不例外。

海明威的朋友卡尔·艾德加在堪萨斯市石油燃料公司工作,熟悉当地的情况。他回橡树园休假,海明威几乎天天去看他。他比海明威大几岁,为人正派,思想成熟,老海明威医生对他印象不错,曾登门看他,希望他对初次出门的海明威有点好影响。卡尔和海明威一块在洪顿湾钓过鱼,很欣赏他的才华和干劲。卡尔返回堪萨斯市前,海明威告诉他,秋天要去那里工作,卡尔非常高兴。事实上,海明威迫切想走出家庭的小天地,摆脱父母的束缚和压力,获取新的生活经验,开始自己的追求。

十月中旬,海明威乘火车去堪萨斯市。海明威医生送他到车站,默默地陪着他等车,直到火车开动才离开。儿子第一次离家出门,老头子总有点不放心。

列车呼啸向前疾速驶去,海明威第一次见到密西西比河的美丽景色,兴奋不已。他到达目的地时,刚从美梦中醒来,下车一看,他叔叔泰勒来接他了。叔叔笑嘻嘻地搂着他出站,开车带他到家里。

《星》报在市里有个三层的新楼,占地近一个街区。海明威走上二楼时,看到一个大房间,桌子排成一行行,桌上摆了许多打字机,编辑、记者和评论员正忙着,气氛非常热烈。它给海明威留下深刻的印象。海明威见了报纸的主编哈里·哈斯克尔。这位毕业于哈佛大学的作家热烈欢迎他,然后带他去找城市版的编辑乔治·龙甘。龙甘安排海明威写报道,每周薪金十五美元。他介绍海明威认识他的助理编辑彼特,海明威的办公桌就在彼特旁边。海明威成了《星》报大办公室里的一员,成了一个大城市报纸的记者,没比这更使海明威开心的了。

堪萨斯市,二十年代中期有三十万人口,是美国的大城市之一。《星》报有自己一套办报方针和写作规则。它不像纽约市的《世界报》,喜欢聘用高水准的记者,而坚持靠自己培养新人。它不接受来自其他大报的记者或到处流动的编辑,而吸收了一大批年轻有为的记者,经过几年的实践和培养,造就了许多人才。他们后来成了美国各大报纸的骨干或好莱坞写作班子的高手。报社内部气氛活跃,催人上进。海明威干了几天,感到自己在中学里办校刊的经验很不够用,便刻苦学习,拼命工作。三十年以后,他回忆说:我们干得很卖力,特别是周六晚上,我拼命做,额外的差事也挺爱做。

这正是《星》报对青年记者的要求。报社特别希望他们能迅速掌握该报著名的写作风格。该报对文风有一百一十条规定。原先是写得满满的一页,后经创办人纳尔森上校和两位首任编辑约翰逊和巴特斯的发展,成了一本办报的小册子,沿用至今。这些规定,有的远远摆脱了传统的拼写、语法和标点符号的使用习惯。它的第一条规定是:"用短句。先用短段。用生动的英文。写正面的,不要负面的。"编辑部还有人专门指导和帮助青年记者应用这些规则,这对海明威的影响太大了。一九四○年,海明威对某记者说,《星》报的写作规则是他读

过的最好的写作规则,至今他牢记不忘。海明威特别感激助理编辑威
灵顿对他的帮助,威灵顿强调文字的准确性和可读性,主张简洁的文
风。他对青年记者要求严格,但态度诚恳、耐心。他读过海明威写的
不少稿件,常常用手搂着他,像朋友一样跟他讨论,问他:故事的真实
性如何,文字是否简洁、清新,威灵顿对写作规则第二条特别不让步。
他反对使用华丽的形容词,追求简洁、清新和明快。海明威在他手下
工作,感到他是个严厉而公正的人,从他身上学到不少东西。海明威
没进过大学,却到了一个严格训练语言和用词的单位。这对他往后形
成自己的文风打下了扎实的基础。

海明威被分配去报道当地市立总医院的情况。他总是乘第一班
救护车奔赴现场,不让办公室的人知道他离开岗位。他喜欢深入现
场,深入病房等地。从报社到总医院,沿途要经过联合车站和警察所。
车站每天进进出出的人很多,小偷、妓女、强盗往往混在人群中,时有
暴力发生。海明威及时赶到现场,察看暴力犯罪情况。有一次,海明
威去联合车站,看到一个男人昏倒在地上,立刻将他送进医院,医生听
说病人与他非亲非故,他这么慷慨助人,深受感动。后来,海明威与那
位医生成了好朋友。他从医生那里了解了许多刑事杀人的情况。海
明威专心工作,注意收集第一手资料,有时也写些故事。

海明威在叔叔泰勒家住了几周以后,不是很满意。虽然叔叔家住
房宽敞、舒适,一家人待他很好,但是还有家庭的拘束。他决定搬到卡
尔住处的小房间里。那里离报社比叔叔家远,他得乘电车去上班,但
不受任何干扰,四周十分安静。他感到自由自在,以前从没离开父母
一周以上,如今二十多岁了,他该独立生活啦。

海明威与卡尔相处得不错。两人见面不多。白天,两人都去上
班,只能晚上见面。海明威常常滔滔不绝地给他介绍白天的见闻,一
谈几个小时,甚至忘了睡觉。有时他会说报社工作很迷人,又富有浪

漫气息,他很喜欢。有时,他会说明他的观点。他以为当记者是达到他奋斗目标的手段,他感兴趣的是写作。他相信,总有一天,他会写出美国伟大的长篇小说。

记者工作相当辛苦,出了事就要去写报道。海明威极其用功。有人说他比上大学更用功。他不怕苦和累,经常在报社办公室开夜车到天亮。有时他用条浴巾铺在浴室地上睡觉过夜。他及时采访,认真写稿。写完稿,他又构思写小说。《星》报与别的报纸不同,它常刊登新闻故事,包括第一版,因此它要求记者写故事,要像写新闻一样简洁,强调注意读者的兴趣,不搞 who、what、where、when 和 how 的套式新闻,同时提倡用对话,增加真实感。海明威对新闻故事每段都仔细推敲,反复修改。

《星》报有个文学部,国内外报刊资料很多。海明威爱到那里去,跟年轻的作家和同事谈文学。他乐于发表自己的看法,并与别人展开争论。他因为太常到那里去,有时不在新闻部,引起别人的抱怨,但他跟同事相处和睦。他和小时候一样,爱给同事起绰号,但他脾气好,脸上常挂着微笑,跟许多人成了朋友。

在同事和朋友中,海明威最难忘的,除了威灵顿以外,就是里昂尔·莫伊斯。他三十岁时就成了美国的名记者。他爱喝酒,爱女人,爱跳舞,广交朋友,不断更换工作单位。人家称他是个天才的记者。他有不少自己的写作理论,而且爱评点青年记者的文章。他特别强调要有好散文。海明威喜欢他。两人成了好朋友。他指导海明威段落怎么转接,删去可有可无的东西,尽量写得简洁、生动。他的批评坦率、中肯而尖刻,对青年记者一视同仁。他认为小说应具有较高的标准。海明威从他身上还学会了对生活经验的态度和写作的模式,以及客观的叙述。莫伊斯喜欢的作家是马克·吐温、康拉德、吉卜林和德莱塞。他不喜欢意识流小说,不喜欢噱头。莫伊斯对海明威的影响虽然不如威灵顿那么大那么久,仍然直接而深刻。莫伊斯 1952 年去世前曾读过海明威的短篇小说《杀人者》,认为它是纯客观描写的范例。对话、动作和画龙点睛的描写恰到好处。他强调,海明威的风格不是得益于哪一种影响,而是由于他具有从各种影响中进行选择的能力,即天才。但有人说,海明威后来步了莫伊斯的后尘,登上了文学的高峰。

海明威在堪萨斯市的《星》报待了短短的七个月。他写了许多报道和新闻故事,效果很好,文笔娴熟,使他的同事十分惊讶。这种成功是值得庆贺的。虽然工资较低,报道的机会不够多,但他有一篇描写妓女的故事得过奖励,这也许是难得的补偿。更重要的是他得到威灵顿和莫伊斯两位良师益友的指点,免费接受了丰富而生动的新闻写作教育和实践。威灵顿与莫伊斯各有所长,两人将自己的知识和经验传授给海明威,一个是严肃的上司,一个是友好的同事,海明威成了他们一位勤奋而出色的学生。他在报社里学到许多有益的东西。在通往文学成功的道路上,他迈开了难忘的第一步。

欧洲的战火在燃烧,海明威的内心仍不平静。他除了决心学会写作以外,准备参军上欧洲战场,上好社会生活的另一课。由于他先天性的视力差,他已经有十二次经各医疗单位体验不合格了。但他并不悲观,他相信他的努力总会成功的。

《星》报的友谊帮他实现了多年的愿望。

海明威在《星》报结识了布南姆贝克。他是个堪萨斯市的名门子弟,上过康奈尔大学,后因一只眼睛受伤辍学。他曾考取美国陆军救护队当司机,一九一七年六月至十一月在法国服役。退伍回家以后,他想试试文学,很快就到《星》报工作。他给海明威介绍了他的经历,鼓励他不要为视力问题烦恼,机会总会有的。

到了四月,机会果然来了。

据说,有一天,《星》报办公室收到一份电报,内容是美国红十字会需要招募一名到意大利军队中服务的志愿人员。海明威和布南姆贝克背着报社,悄悄地打电报去红十字会申请。原来也想去的威尔逊·希克斯改变了主意,等待加入美军。海明威给家里写了信,海明威医生勉强同意了。

一九一八年四月三十日,海明威和布南姆贝克在《星》报领了最后一次薪金。两个年轻人,加上卡尔和查理·霍普金斯,一起上密歇根州北部的华伦湖。他们打算赴欧洲战场以前最后钓一次鱼。

不久,海明威到纽约市报到,领了一套正规的美国陆军军官服、高筒靴和肩章,被授予名誉尉官。五月十七日,他加入一万五千人的队伍,沿着纽约市第五大道浩浩荡荡游行,接受威尔逊总统夫妇的检阅。他感到异常兴奋和激动。他想起参加过内战的祖父和外祖父,缅怀他们的战斗历程,幻想有一天他会成为美国最杰出的战争小说家之一。但他激动之余,不免有几分惆怅和忧郁。他写信给父母亲,说他想订婚再走。他母亲回电,劝他别胡想,他才十八岁,连个职业都没有,结了婚不成了笑柄?海明威回电说不想订婚,请他们放心。其实,海明威是跟父母开玩笑,连海明威医生也不相信。

海明威和布南姆贝克与其他七十名志愿人员在纽约登上开赴欧洲的法国邮轮"芝加哥"号。为回避德国潜艇的袭击,邮轮东弯西拐,好不容易开到法国的波尔多。他们两人转火车到巴黎。第二天早上,他们进入巴黎时,听到德国的炮弹在市区各处爆炸。布南姆贝克想找个旅馆住下,先躲一躲再说。海明威挥手叫了一部计程车,二话没说,将两人的行李扔进车里,请司机送他们到炮弹爆炸的地方。司机听了差点昏过去,海明威顺手多给他一把钞票,司机就答应了。随后几个小时,他们到市里各处走走,体验在敌人炮火下生活的滋味。

他们跟一百多名志愿人员到达意大利米兰市。战争正在进行。

第二天清晨,他们获悉郊区一座军工厂被炸毁起火,死伤了不少人。他们受命去抢救。七月六日,海明威经过长途跋涉,终于到达他的志愿救护队——第四分队。那里是个羊毛产地,住处羊肉味很难闻。海明威感到无所谓,只要靠前线近点,能听到枪炮声,他就满意了。救护队交给他的任务是:开高座位的菲亚特卡车到山上,将伤兵载回来,送到转运站进行急救或送医院。他觉得生活单调乏味,想到前线阵地去。

第四分队位于威尼斯北部的彼阿夫河谷。意大利军队前一年秋天在卡波列托大溃败以后,彼阿夫河谷打得相当激烈。一天,该队指挥官要求一些志愿者到那里给后勤搬运食品和日用品。海明威立刻报了名。

转眼过了三周,到了第四周,海明威独自住在彼阿夫福沙塔的一间小屋里,离前线仅四五英里。休假时,他到邻村找熟人,还结识了意大利青年神父比安奇。神父懂点洋泾浜英语,常常给海明威当翻译。

一天,海明威沿彼阿夫河西岸骑自行车到前线监听哨,问他们需要帮什么忙。他正在战壕里分发巧克力时,奥军的迫击炮弹在战壕前几英尺处爆炸。他感到双腿又湿又冷,伸手去摸了膝盖,它像散了架似的。但他发现身边的士兵受重伤了,就勉强支撑着,将伤员背着,爬到指挥站。他离开战壕一刹那间,敌人重机枪又击中他的右腿,接着,又一颗炸弹在附近爆炸了。他身子一晃,与背上的伤员一起跌倒在地,后来,最后一百码怎么走,他自己也记不清了。他在指挥所昏迷过去,伤势很重。医生给他急救处理后,立即转送特列维索陆军医院,待了五天,全身从头到脚扎满了绷带,归入重伤回国队。医生在手术台上为他取出二十八块迫击炮弹片,还有几百个碎片埋得太深,取不出来。后来,他乘火车的伤兵车厢到米兰去。

七月十五日,美国红十字会总部电告海明威父母:他们的儿子在意大利前线受伤住院。不久,海明威的电报也到了。他说有人提名他获一枚奖章。格拉斯激动地说:我儿子成了英雄啦,当个英雄的母亲太棒了。同一天,海明威挣扎着,写了第一封信。他自豪地写道:我是第一个受伤的美国人。经查实,早在上月份,有个美国救护队司机就被奥军炮弹炸死了。

　　不过,海明威的勇敢精神的确是不平凡的。他在身负重伤的情况下,顽强地抢救其他伤兵。这一点是真实的。他久已盼望的战地生活以重伤住院告终。他身上残存的弹片是历史的见证。他经受了肉体上极大的痛苦,但在病房里爱上了美国护士阿格尼斯,给他带来精神上很大的安慰。他并不后悔远道来到异国他乡,为当地人民流了血。几年以后,他将这发生的一切写进了他的小说《永别了,武器》,使他成了美国文坛的新星。

第五章　意大利负伤归来

米兰—纽约—橡树园 1919 年 1 月至 1921 年 11 月

　　一九一九年一月,从热那亚开来的邮轮在纽约靠岸,海明威一踏上码头,就给新闻记者包围了。《纽约太阳报》记者独家采访了他。记者听说海明威身上有两百二十七块弹片,坚信他参加了格拉巴山十一月和十二月的激烈战斗。海明威并不否认,他发觉这是一种荣誉。

　　海明威转火车到达芝加哥。他父亲带了他姐姐马士琳来接他。天气寒冷而灰暗,海明威拄着拐杖,一拐一瘸地走下台阶。他总算平安回来了,父亲和姐姐激动得流泪。海明威医生开车先送姐姐马士琳回学校,再穿过白雪覆盖的街道,回到橡树园家里。海明威进了家门,看到满屋明亮,母亲格拉斯、妹妹卡洛尔和弟弟莱斯特都在等他,心里有说不出的高兴。前厅桌上有几封意大利来信,其中有两封是他女朋友阿格尼斯写来的。他悄悄地将信件拿到三楼卧室里看。阿格尼斯问他近况如何。

　　海明威伤还没好,就思念意大利了。早上,他睡得迟,中午与家人一块儿吃饭,然后出去散步。他穿着军装和高筒靴,拄着拐杖吃力地走着。当地报纸的一位女记者去采访海明威,她觉得海明威不愿多谈自己,更不愿被人家称为英雄。他说,上战场是他自愿的。他身材健壮,祖国需要他,他就去了。他按照上级的要求做了,这不过是他应尽的义务。他还表示,如果需要,他会再去。邻居的小孩崇拜他,给他送礼物。他请他们到他母亲的音乐室,给他们讲讲战争的故事。

马士琳姐姐周末回家,发觉海明威很孤独。因为他以前的朋友走的走了,工作的去工作了,他只好给阿格尼斯写信。过了不久,女友回信说,她太忙啦,并不会不愉快。但这没能帮助海明威摆脱孤独感。他买了酒,与姐姐分享。幸好芝加哥的美籍意大利人来看他,为他开宴会。海明威医生也参加了,海明威挺高兴的。

女记者的文章在《橡树园人》上发表以后,许多单位邀请海明威去做报告。三月十四日,海明威的母校请他去谈谈战争中的经历。他带去了一些战利品进行展览,如奥军的钢盔、手枪、左轮枪,以及他当晚受伤时戴的肩章,加深了同学们的印象,他的报告相当成功,孩子们从没听过这么生动的报告。他讲到七月份他听到迫击炮弹爆炸就很害怕,后来他受伤后怎样先把别的伤员背到救护站,自己就不省人事了。会后,他跟男学生去游泳,男学生们看到他腿上密密麻麻的伤疤,对他肃然起敬,但心里害怕极了。

三月底,他和阿格尼斯的关系出现了危机。阿格尼斯怪他太常写信了,她忙得顾不上回信。她的这种奇怪的口气让海明威觉得不对劲,她后来坦率地承认她爱上了一个年轻英俊的军官。这沉重打击了海明威,他心情沮丧,不久便发烧,只好卧床休息。他对她的轻率行为太气愤了。海明威想忘掉她,跟别的姑娘约会,以消除精神上的苦恼。

他想重新开始写作。六月初,他带了稿子去洪顿湾,住在查尔斯太太的农场里,帮忙给苹果树喷农药,在花园里种花。工作之余,他和比尔·史密斯去乡下逛逛。摆脱了家庭的约束,他自由自在,又恢复抽烟和饮酒。不久,他收到一封盖着意大利邮戳的信,拆开一看,是阿格尼斯写的。她已转到罗马工作。她和那位意大利军官的婚事吹了。军官带她到他家里,他父亲是个贵族,他不准儿子娶个美国姑娘。军官想继承父亲的爵位,所以不敢违抗父命。阿格尼斯很失望,她想返回纽约。

海明威很同情她的遭遇,但觉得一切都在他意料之中。他爱过她,却被她甩掉了。他不能做什么了,唯有到北部森林里消夏。

七月初,海明威终于扔掉拐杖,两只脚重新站了起来,跟比尔去钓鱼。这是两年来的第一次。他太兴奋了。他们开车到万达比尔特的松谷地区。那里江湖交错,水面开阔。树林里还有小鹿和野鸡。他们在岸边搭了帐篷,边钓鱼边烧着吃。最后一天,他们钓了六十四条鲑鱼,收获特大。

海明威一心想从事写作。芝加哥作家艾德温·鲍尔默来华伦湖畔度暑假,海明威特地去看他,请他谈谈小说艺术。两人聊了好几个小时,艾德温给他开了一些报刊编辑的名单,叫他去试试。这次会面给海明威增加了希望。他跌跌爬爬地写东西,混不出什么模样。有人指点总比自己瞎摸强。

不久,设在彼特洛夫公共图书馆的妇女援助会邀请海明威去介绍他在战争中的经历,听众中有一位漂亮的白发女郎叫哈里特·康纳伯。哈里特的丈夫拉尔夫是加拿大沃尔华兹店分店的经理。他们夫妇冬天想带子女来这里松树滩避寒,请海明威去多伦多陪他们的儿子。海明威刚好回家好几个月了,写的东西没人要,口袋里快空了。他抓住这个机会,立刻表示同意。

元月八日,海明威乘火车去多伦多,住进康纳伯家里。那是一栋舒适的大房子,旁边有一片森林。屋里有音乐室和桌球室,屋后的网球场成了临时溜冰场。旁边还有配套设施。海明威感到环境很优美,他很喜欢，准备跟孩子一起参加他们的曲棍球等活动。康纳伯一家人对他印象很好，认为他是个忠实、敏锐、考虑周到的客人。康纳伯的女儿多罗兹战后在法国和德国的基督教育年会服务过，海明威对她说，他和她都是很年轻的老战士，这位性情温柔的姑娘开心地笑了。

海明威在康纳伯家待了不到一周，就请求主人帮他到安大略省主要报刊《多伦多之星》找个职业。康纳伯把他介绍给该刊广告部主任亚瑟·康纳德，该报有日报和周报两种。康纳德的儿子带他去编辑部认识几个青年同事，海明威很快与他们成了好朋友，几乎天天去串门。克兰顿是个老编辑，性情和蔼，热情帮助过多位加拿大的青年作家。他正想招募人才，将《多伦多之星》的周刊办成人民的报纸。他很欢迎海明威。在他的帮助下，海明威的第一篇故事终于在情人节出版的周刊上发表。这篇千把字的短文，写的是多伦多社交界知名妇女向当地艺术家租借油画的故事。海明威受到鼓舞，从二月中旬到五月中旬共写了十篇。克兰顿很欣赏这些读者喜闻乐见的故事，编排时特别加上醒目的花边。他给海明威开辟了一个园地，提高了稿酬。

海明威一直想闯文学的路子，他给几个报刊投稿，想搞点收入，结果陆续给退了回来，他感到难以突破市场的约束。伊利诺斯州有个编辑对他说，主要问题是他不懂得故事往哪里发展，这一点对于海明威来说十分中肯。海明威对短篇小说的想法与编辑们的流行看法大不一样，他应该写出符合他们口味的东西，才能占领市场。

海明威正在彷徨时，他父亲来信称赞他在《星》报上发表的短篇小说写得好。他的家人都为他感到骄傲。但家里情况不好，他祖母年届七十，体质越来越差。母亲虽然仅四十八岁，却遇到感情障碍。不过，海明威父亲感到母亲很快会康复。老头子建议海明威去密歇根北部休假前回橡树园看看她们俩，并问候姐姐和弟妹们。

三月，康纳伯从佛罗里达休假回来。海明威常常跟多罗兹和哈里特聊天。他对哈里特非常殷勤。每天早上都去看她,还买了书送给她。康纳伯家一家对海明威相当热情友好,海明威感到像在自己温暖的家里。但他记挂着自己的前途,常往报社里跑。报社的人大部分都喜欢他,跟他东拉西扯没个完。海明威跟克兰顿瞎吹,说他高中毕业以后成了一个流浪汉,住在丛林里,开着旧汽车到处跑,吃蚯蚓、蜥蜴和鼻涕虫。克兰顿和其他人听了捧腹大笑。他们看到他身上穿的红衬衫和黑皮夹克纽扣边周围都破了,他发的音不太清楚,站着特爱用脚跟蹬地,脑袋老是左右摆动……他们禁不住又大笑了一阵子。海明威爱跟人家辩论文学问题,以为一本书要么成了伟大的作品,要么糟透了。《星》报常务编辑约翰·波恩曾暗示,海明威很有发展前途。

五月中旬,海明威与康纳伯的合约到期,他想回密歇根过暑假,不另签合约。离开多伦多时,他又写了一篇有关欧洲轻重量级拳击冠军卡宾蒂尔的故事,拿到十一美元。后来,又写了一篇,挣了回橡树园的火车票钱。

海明威在橡树园家里待的时间不长,但心情还不错。比尔·史密斯从圣路易斯来看他。他们一起开车去密歇根。海明威秋天有许多设想。他和梯德·布南姆贝克打算去旧金山当水手或司炉工,有机会去横滨、香港、中国和印度走走,开开眼界,收入又不薄。海明威想,他并不比梯德或比尔差劲,他可以混出个模样来。

海明威在家里过了二十一岁生日。他身材高大,足足有六英尺,身上留下不少大战的伤疤,跟阿格尼斯谈过恋爱,新闻报道初获成功。但在他父母心目中,他还是个小孩。有时家里要他帮忙干活,他却跑出去钓鱼,叫他挖几个洞埋垃圾,油漆小茅屋的外墙,他抱怨自己干了"雇工"的活。有时他逗孩子们悄悄地从家庭的小码头开船到湖里玩。这些孩子气的行为激怒了他母亲。

生日过后,又发生一件小事,使海明威和母亲之间的紧张关系白热化。海明威的妹妹厄秀拉和珊妮,跟邻居鲁米斯家的伊丽莎白和简秘密计划在湖西岸的林中空地的莱恩角举行一次午夜野餐。他们请海明威和梯德参加。当天夜里,两家像平常一样按时睡觉。到了半夜,这些年轻人神不知鬼不觉地逃出去,划小船到达预定地点,在篝火旁闹了几个小时,跳舞唱歌,吃东西聊天,在火光中接吻。他们玩得很痛快,回到家里已是凌晨三时。两家的女主人发现人去楼空,孩子们都不见了,管家卢丝不得不说出真相。鲁米斯太太责怪海明威和梯德,因为他们两人年龄较大。隔天,海明威愿意去道歉,鲁米斯太太闭门不见。从那以后,两家的女主人便禁止自己女儿跟任何人约会。海明威和梯德成了不受欢迎的人。他们不得不离开华伦湖畔。

第二天,格拉斯给海明威写了一封信。信中说:"自从你十八岁时决定不需要父母的指导和劝告的几年来,我一直保持沉默,让你订出自己的行为准则。我指的是:你自己的人生哲学,对待男人、女人和孩子的道德准则。现在你二十一岁了,急需良好的指导,我只好冒着惹你生气的危险,再说几句话。"她在信中将母爱比做银行存款。孩子一生下来,母亲就把爱和耐心储存起来,天长日久,积累了一大堆的爱,供孩子长大后享用。她认为:海明威多次透支她的母爱。她希望他自己醒悟,不要偷懒,不要追求享乐,不要在姑娘面前卖弄自己的英俊,更不要忘记耶稣上帝交给他的任务。一旦他改变了思想和生活目标,他就会发现:他母亲张开双手,准备欢迎他……

收到信以后,海明威认真考虑了一番。他感到自己被无缘无故地踢出门,成了一个无家可归的人。梯德也同时被赶出家门,但他们并不悲观。他们找了几个老同学,租车到黑河捕鱼,玩了六天。入夜,梯德弹起心爱的六弦琴,海明威大声朗诵文学故事。他们裹在毛毯里,望着皎洁的月亮,幻想着未来的日子。海明威又做起去远东航行的美梦。他觉得,他母亲是找借口把他赶出来。自从反对她将弟妹上学用的两三千美元用来在农场建小茅屋以来,她多少有点恨他。

格拉斯等了六周,才将她写给海明威的信抄一份给她丈夫。九月初,海明威医生收到信,夸奖她写得太好了。他希望她鼓起勇气,勇敢地面向生活中的风暴,虽然比起许多家庭来说,他们生活的海洋里风暴并不多。

在离开密歇根以前,格拉斯为海明威准备了一顿丰盛的午餐,但海明威没露面。后来,他告诉他母亲,他划船时不小心肚子撞上船缘。格拉斯知道后,急得晚上睡不着,希望他早日康复。幸好,经医生治疗,海明威的伤痛不久就好了。他在查尔斯太太的果园里帮忙摘苹果和种地,赚了一点钱。

他的前途未定。到远东航行,太不现实,他不再提起了。他倒想回堪萨斯市为《星》报工作,或再去多伦多写新闻故事。也许他需要一段没有职业的时间,自己冷静思索一下。

夏天过去了。树叶飘落,天气转凉,秋天已来临。比尔的哥哥在芝加哥搬进了一间较大的房子。海明威如果去芝加哥找工作,可暂时在他那里住宿。海明威准备去试试。

海明威收拾了行装,跟比尔、凯蒂和查尔斯太太一起驱车上芝加哥。但工作很不好找。一位橡树园老乡雇他给火石棉轮胎写广告文字说明,他半心半意地与高中同学莫里合作。莫里正想写个喜剧。比尔·霍恩请海明威住到他租的房子里,房租由他付。海明威总算勉强有个落脚地。

到了十二月,海明威从报纸的广告上发现理查德·洛帕编辑招聘一人为《合作共同体》撰稿。海明威马上去应聘。这是美国合作会创办的一个月刊。起点工薪是每周四十美元。海明威决定抓住机会好好干。他每日上午九点半去上班,忙到下午四点半。他搬去跟史密斯同住一套公房。史密斯的太太去纽约学音乐。他常请海明威和其他朋友去他的"单身汉公寓"聚会。

有一天,凯蒂带着她的女友哈德莱来了。哈德莱一九一〇年毕业于玛丽学院,家住圣路易斯市。她父亲一九〇三年自杀,她与母亲相依为命,念完了大学。她姐姐已婚,有了两个小孩,也和她们同住在一起。不幸,她母亲因病医治无效,不久前去世了。她又疲惫又伤心,连心爱的钢琴也不弹了。她想,这辈子只能过独身生活。她的同学和好友凯蒂给她来信慰问,邀请她上芝加哥玩玩。凯蒂想到那里工作。她收到信以后,心里很激动。月底,她收拾行李,就乘火车上芝加哥。没料到,她在史密斯"单身汉公寓"聚会时,碰到海明威时竟一见钟情。她看到比尔、海明威、凯蒂相互之间爱起绰号,感到很有趣。有的叫海明威"恩尼""海米"和"海明斯坦"。有的称他"聂斯托""斯坦因"和"威米奇"。她在芝加哥停留三周,过得很愉快。她在海明威面前不大说话,但对他印象特好。她觉得海明威身材魁梧,体格健壮,富有阳刚之气。她心里想:海明威爱她的头发,她的长裙和她弹得一手好钢琴。哈德莱回到圣路易斯以后,两人就开始鸿雁传书,每周一封。哈德莱请他到她家看看,可是他连路费都出不起。当时,他还没找到工作呀!

有了工作以后,海明威常常写信给哈德莱,告诉她许多消息。有一次,海明威提到他以前一个战友已回到意大利,请他也去。他有点动心。哈德莱知道以后,急忙回信,表示她真心爱他,他已经属于她。她不赞成他随那位战友去罗马。相反地,她请他去圣路易斯看她。

海明威接受了哈德莱的邀请,三月十一日专程到圣路易斯看她。他穿了一套崭新的西装,披了一件意大利军官披风,手里拿着一本他给《多伦多之星》写的文章,显得十分潇洒英俊。哈德莱见到他,实在太激动了。两人进进出出,促膝谈心,如胶似漆,形影不离。两个星期以后,哈德莱带了三个朋友到芝加哥回访。她担心海明威不愿跟她结婚,因为她比他大八岁。可是,他俩一见面时,她的疑虑全消失了。她发现海明威比以前更帅气,对文学和拳击具有强烈的兴趣,谈话时精神集中,笑声里带有几分幽默。哈德莱的朋友们对她的选择感到无懈可击。

分别前夕,哈德莱告诉海明威,她有一小笔信用基金,每年收入一千至两千美元。他俩可以去旅行。随后两个月,她给海明威寄过钱,叫他用意大利里拉存入银行。海明威开玩笑说他要节衣缩食,每天花两分钱。他抱怨说,要不是她母亲将钱花在建小茅屋上,他早该是普林斯顿大学的学生了。哈德莱亲昵地说:"你不用上大学啦!"实际上,她早已憧憬着陪他上意大利游览的美好时光。

海明威给父母亲写了信,介绍他跟哈德莱来往的情况,并打算早日成亲。不久,哈德莱收到海明威母亲一封信,建议他俩到华伦湖畔的茅屋度蜜月。海明威从小热爱大自然,尤其是江湖河海。他很想到斯特珍河和黑河边去搭个帐篷,倾听杜鹃声催眠,让流水声伴着他俩入睡。他盼望着到密歇根荒野里去度蜜月。

他俩终于决定九月三日在洪顿湾当地教堂举行婚礼。哈德莱提前三天来。她从家里出发,先到芝加哥陪海明威住了三个星期,然后去威斯康星度假。他俩赶到洪顿湾时,管家卢丝和好友凯蒂早已在教堂的神坛上精心布置了许多芳香的花卉。华伦湖畔的小茅屋也修缮一新,等待新郎新娘的光临。

婚礼那天,秋高气爽,阳光灿烂。海明威医生穿了一套灰色西装,接受来宾们的祝贺。格拉斯身着长花裙,脸上挂着微笑。两个妹妹帮忙接待来宾。七岁的弟弟无所事事,有点孤独。康纳伯母子也从加拿大专程来了。婚礼开始时,乐队高奏结婚进行曲。牧师宣读了祝词。哈德莱和海明威手挽手,双双走出大门,与亲朋好友合影留念。然后,大家一块儿去参加名鸡宴。

当晚,约翰开车送他俩去长野农场。他俩从那里划船到华伦湖畔的茅屋。蜜月过了两周。湖边太凉,两人都感冒了,只好回家休息。格拉斯来看媳妇,给她讲了感情的价值。她和老伴结婚二十五年,至今恩爱如初。他们想十月初举行庆宴,请儿子和媳妇参加。

婚后,海明威靠妻子的信用基金的收入,过着十分简朴的生活。他辞掉《合作共同体》的工作,为《多伦多之星》写东西。他俩盼望早日去意大利。

但是,舍伍德·安德森建议他俩去巴黎。他靠《小城畸人》和《穷白人》成了名作家,现年四十五岁,跟第二任妻子住在附近。他是史密斯的朋友,常到他家串门。海明威认识安德森以来,对他颇有好感,爱请教他。安德森则认为海明威有"非凡的天才",是个奇特的记者。他可以成为比记者更出色的作家。海明威夫妇婚后,特意宴请安德森夫妇。安德森语重心长地说:意大利是捕鱼和打网球的好地方,但要成为一个严肃作家,应该上巴黎去。塞纳河左岸住了不少名作家。美元和法郎的外汇差价,可令人过着舒适生活,省花不少钱。况且,他俩找到住处以前,可暂住他住过的地方。海明威可写些欧洲见闻,寄给多伦多报刊,稿酬足以维持生活。

海明威觉得安德森的话很有道理,愉快地接受他的建议,决定直接去巴黎闯荡。感恩节后,他俩就订了去法国的船票。

第六章　从巴黎踏上文坛

巴黎 1921 年 12 月至 1923 年 8 月

海明威和哈德莱夫妇于十二月中乘法国邮轮抵达法国。途中,邮轮曾在西班牙的维戈港停靠,这是海明威第二次浏览西班牙的景色。沿岸棕色的山峦犹如古老的恐龙,港口内海水清澈碧透,鲱鱼和鲑鱼在遨游,小船在浪尖上荡漾。他俩上岸,走到鱼市场逛逛,领略了异国的风情。

在一个阴雨霏霏的早晨,海明威夫妇抵达巴黎。下了火车,他俩发觉巴黎是个美丽而欢乐的城市。尽管天气寒冷,道路潮湿,街上行人仍很拥挤。他俩按安德森的建议,先住在雅可布旅馆,在附近的餐馆就餐。食品确实比美国便宜,两人吃一顿晚餐只花十二法郎。一瓶皮纳德好酒是六十仙。安德森的朋友卢易斯·加兰蒂埃请他俩去吃饭。卢易斯在巴黎美国商会供职,二十六岁,个子小,朝气蓬勃。海明威建议在他房间里与卢易斯比赛拳击,卢易斯勉强接受。打了一个回合,卢易斯脱下手套,戴上眼镜不干了。海明威正来劲,左手出个勾拳,将卢易斯的眼镜打落地上。海明威急忙向他道歉,将眼镜碎片捡起来。卢易斯笑笑,没跟他计较。

圣诞节过后,卢易斯帮他俩找到一个住处——勒莫恩路七十四号的一栋四层公寓,离塞纳河不远。七十四号前门是个工人舞厅,街角有个"爱好者酒吧",经常酒客盈门,酒味浓烈。海明威的卧室只能放一张镀金边的黄杨木双人床,通往卧室的楼梯又窄又暗。餐厅里有桌椅,洗手间很小,厨房陈旧得很。海明威一九二二年一月九日正式入住。他从离开华伦湖畔的彼托斯基以来,第一次能随意写作。他决心按照新的要求另起炉灶,"写出真实的一句",没有华丽的形容词,没有空泛的说教,参照他的经历来写。不久,他写出两篇短篇小说。

海明威和哈德莱应邀去瑞士休假两周,当地舒适幽静的环境和美味可口的食品令他们着迷。海明威认为,那是大自然和文明的良好结合。黑森林里到处可见野鹿的足迹,白雪覆盖的山谷酷似家乡的景色。

返回巴黎以后,海明威觉得他们租的房子太小太挤,就在旧旅馆的顶楼又租了个卧室。他可以在里面自由自在地写作,从窗口遥望巴黎的许多屋顶和烟囱。有时,海明威利用下午时间在卢森堡山路上散步,到博物馆看看十九世纪法国画家塞尚和莫奈的油画,想象着他们怎样用帆布和色彩表现了自己正想努力表现的生活。海明威忙于写作,常常让哈德莱一个人待在家里。他的主要精力放在短篇小说上,也谈论去年冬天他在芝加哥说过的长篇小说。他的蓝色笔记本中记满了材料,但落笔艰难、进展缓慢。他苦思良久,力求简洁、精练,一句话要推敲老半天。海明威鄙视那些常去教堂和酒吧的流亡者,他认为巴黎的艺术家不到这些地方去,诚如法国作家波德莱尔所说:咖啡店里写不出好诗。他手里有好几封安德森为他写给美国名作家的介绍信,但他有点害羞,迟迟不敢去找他们。

海明威带妻子去圣母院路看望诗人庞德夫妇。庞德漂亮的妻子给他俩端茶,庞德躺在椅子上,喝了一杯又一杯,把手指头插进散沙般的头发,夸夸其谈。海明威坐在他脚旁,仔细听着,很少插话,他觉得庞德太矫揉造作,头发蓬乱,衣冠不齐,便写了一篇短文讽刺他。他想请卢易斯将文章交给《小评论》发表,卢易斯说,庞德是该杂志多年的撰稿人,他们不会刊登这篇文章。海明威听了,明智地将稿子撕掉了。庞德对海明威印象倒不错,对他说,他喜欢他写的几首诗,还想向他学习拳击。后来,庞德推荐海明威的六首诗给《日规》杂志,介绍一篇短篇小说给《小评论》。虽然,诗和小说都被编辑部拒绝了,但海明威认识到庞德是个出色的编辑和大人物。他高兴地说他在教我写作,我教他拳击。

到了三月,海明威终于鼓起勇气去找格特鲁德·斯坦因。他和哈德莱穿过卢森堡花园,步行到花园路二十七号,走进一栋漂亮的房子,屋里挂满油画,犹如一座博物馆。

斯坦因现年四十八岁,相当于海明威母亲那一代人。她热情欢迎海明威夫妇,又是端茶,又送果汁,什么好东西都拿出来招待他俩。

斯坦因觉得海明威是个英俊的青年,外貌像外国人,目光炯炯有神,对别人的讲话很有兴趣。第一次见面以后,双方经常往来。斯坦因和她的秘书托克拉丝到海明威家看望他们。有时,斯坦因脚一跷,就坐在那张黄杨木大床上。海明威拿出几首诗和小说片断,请她过目。她比较喜欢他的诗,小说则不屑一顾。她说:"描写并不特别突出,重新写写,精练些。"海明威鼓足勇气,给她看了他到巴黎以后写的短篇小说《在密歇根北部》。斯坦因迅速读了一遍,说写得不错,但太松散,像个画家画了一幅画,可是挂不上去。斯坦因赞扬安德森的人品,但不欣赏他的作品,对乔伊斯的《尤利西斯》更反感。海明威感到斯坦因的文学偏见挺有意思,但不敢完全苟同。他认为《尤利西斯》是一部最精彩的作品。

乔伊斯的女出版商斯尔维娅·比茨开了一家出租图书馆和书店叫莎士比亚公司。比茨待人热情,开朗乐观,爱开玩笑。她对海明威很不错。海明威不久就成了她书店的常客。

跟文学界的新朋友在一起,海明威结识了不少驻巴黎的外国记者。他每周去参加英美出版俱乐部的例会,与《布鲁克林每日鹰报》的记者盖·希柯克建立了友谊。盖·希柯克和海明威一样,喜欢拳击、赛马、通俗故事和读者感兴趣的短篇小说。海明威夫妇与希柯克夫妇和希柯克母亲都成了好朋友。

在巴黎安顿下来将近两个月以后,海明威动手给《多伦多之星》写稿。从那以后,海明威几乎是每周寄出两篇。题材丰富多彩,如瑞士游记、在西班牙维戈港垂钓、罗马教皇的选举、法国见闻和书评等。加拿大一九二二年开始派驻欧记者,除了《多伦多之星》以外,仅两三家,以前他们常引用英国路透社或北美报业联盟的消息。海明威是个兼职记者,负责写些介绍欧洲风土人情的文章。当时没有传真,也不用电报,稿件靠邮寄。安德森开玩笑地说:海明威是被雇去欧洲写信的。

四月初,海明威受约赴意大利热那亚采访国际经济会议。他在火车上又认识一些英国和美国记者。四月九日,会议正式开幕。德国战后首次被吸收参加会议,苏联代表也到会,西方与苏联的贸易关系正在恢复,加拿大读者对此很感兴趣。美国拒绝参加,增加了会议的紧张气氛。海明威用加拿大人的眼光观察会议,提醒法西斯对国内和平的威胁,他的报道比大多数纽约的报刊电台真实多了。他一口气给《多伦多之星》写了十五篇文章,报刊收到后,立即在日报版上发表,而不是在周刊版上刊登,很受读者欢迎。他们反映:消息快,内容新,写得好。

海明威并不满足于写报道,他曾抱怨:"这他妈的报道快把我毁了!"他想再工作三个月就不做了。他的目标是当个作家。尽管他的新闻故事写得很出色,他仍努力试写诗和短篇小说。以前他在芝加哥等地写的东西只能算练笔,如今他渐渐踏上文学之路了。作为自由专栏作家,他业余时间为报刊写作,经济上能维持在巴黎的生活,又可抽空写小说,尤其是广泛接触社会生活,收集大量丰富的素材,为文学创作提供了有利的条件。记者生涯为他的作家道路做好了铺垫。

热那亚会议以后,海明威带哈德莱到意大利各地旅行。到了米兰,他俩参观了战时红十字会总部的大楼。海明威听说黑衫党的头头墨索里尼在米兰,就拿了记者证要求采访他。墨索里尼在一家报社编辑部接见海明威。墨索里尼说,他们新成立的法西斯党有二十五万人可组成军队,有足够的力量推翻任何与他们作对的政府。墨索里尼正处于夺权的边缘,海明威回到旅馆立即将他的话记下来,他不知道墨索里尼会怎么对付他的对手。

海明威很想念在战场上负过伤的地方。六月中旬,他带妻子到斯基欧住了一夜。先前那荒废的羊毛厂重新开工生产。附近的山峦在雨中略隐略现。他冒雨沿着弯弯曲曲的主干道漫步,看到商店橱窗里摆着衬衫、邮卡和廉价的瓷盘,比过去繁华多了,他觉得小镇变了样。他喝了一杯酒就走了,他俩又去福萨尔塔战场遗址。那里仅有一片光滑翠绿的山坡,一直延伸到河边,没留下任何战争的痕迹。他在灌木丛中捡到一块生锈的弹片,往日的硝烟已消失,他只能在小说的形式里再现当时阵地的景象,捕捉过去的勇敢精神。

从意大利返回法国后,海明威休息了两个月,会见了一些新、老朋友。多斯·帕索斯来看他。过去四年来,多斯·帕索斯走访了西班牙、葡萄牙和中东几个国家。他已发表了两部作品——《一个人的起点》和《三个士兵》。海明威一九一八年在意大利战场上认识他。他像一阵旋风似的进出巴黎,来去匆匆。

海明威喜欢上午写作,因为下午街上太闹,晚上楼下舞厅乐曲太响。有时他和妻子下去跳舞,但舞厅又黑又窄,空间很小。烟雾腾腾,气氛压抑。哈德莱害怕流氓请她跳舞,但海明威玩得挺开心的。

八月中旬,巴黎炎热难熬,海明威夫妇去德国钓鱼。他俩邀了比尔夫妇和卢易斯夫妇同行。他们乘了小飞机到达莱茵河畔的斯特拉斯堡。那里风光秀丽,犹如格林兄弟童话里的插图。他们在一家古老的餐馆里用餐,品尝用高高的黑瓶子装的莱茵酒,收费很便宜。后来,他们到了黑森林。那是一片森林茂密的山区。马铃薯地、圈起来的牧场和巨大的宾馆交织在一起。人口稠密,旅客盈门。火车每日送来了一车车游客,十分拥挤。连钓鱼许可证都不易搞到。当地居民不友好。农民拿着木叉赶他们走。但海明威夫妇还是想办法钓了几条鱼。九月初,他俩看到其他人陆续返回巴黎,又听说有的地方刺杀了一名德国警察,感到德国社会很不安定。不久,中东爆发了战争。

《多伦多之星》电告海明威,请他去君士坦丁堡采访希腊与土耳其打仗的情况。哈德莱劝他别去。两人吵得很厉害,她三天不跟他说话。后来海明威悄悄地走了。

到了君士坦丁堡以后,海明威发现那里又脏又热又吵,但小山多,风景美。英国军队陆续增援,以对付土耳其的入侵。他找了几个军方代表了解军事形势和发展前景。不料,疟疾袭击了他。他去找医生看,仍病得很厉害,不能参加采访活动。后来莫达尼亚会议召开。他买了一条毛毯裹在身上赶去莫拉德尔。他看到希腊陆军士兵穿上不合身的美国军装,一队队从他身边经过,开往光秃秃的乡下。他们又脏又累,胡子也没刮。队伍前面是骑兵侦察队,后面是水牛拉的大轮行李车。海明威称这支邋邋遢遢的军队是"希腊光辉的余烬"。他给《多伦多之星》发了几篇报道。

离家三周多,海明威十月二十一日返回巴黎。他身上给臭虫咬得百孔千疮,头发又脏又乱。他给哈德莱带来一条象牙项链、一条琥珀项链和一瓶玫瑰精油。哈德莱看到丈夫平安归来,心里的怒气早消了,笑嘻嘻地迎他,久久地拥抱着他。

海明威顾不上写什么,洗了澡就睡觉,整整休息了一周。中东之行异常艰苦,从报社获得四百美元的稿酬。他恢复元气以后,就打算用这笔钱进行他所说的"严肃的写作"。庞德竭力支持和鼓励他干下去。他正想编一套六卷本的小丛书,邀请海明威撰稿。海明威受宠若惊,情绪很高,立即动手。他仿佛成了一个老早流亡巴黎的美国人。但是,写什么好呢?海明威仍没把握。他手头有一篇《在密歇根北部》,还有一篇正在写的《我的老人》,他想再写点讽刺短文。

十一月初,《多伦多星》又来电请海明威去瑞士洛桑采访希腊与土耳其和平会议。海明威十一月二十二日赶到洛桑,哈德莱患重感冒,来不及跟他去。两天后,会议正式开幕。海明威见到好几位以前在热那亚和巴黎见过的记者。他两次打电报催哈德莱快飞去找他。但她却乘火车去洛桑。没料到,她下火车叫计程车到旅馆时,一只装满海明威手稿的旅行箱被偷了。海明威听说以后,找别人代他写会议报道,自己马上坐火车赶回巴黎寻找。

到巴黎的第二天,他去看望斯坦因和托克拉丝。两人待他相当热情,对他深表同情。他在她们家等车聊天,看了不少斯坦因的新作。圣诞节前后,他结束采访工作,领了稿酬,带哈德莱去游览和滑雪,让她忘掉箱子被偷的事。不久,庞德从西班牙的拉巴罗来信催他去那里写作。他和妻子去了。但夏天,西班牙海边气候潮湿,他感到失望。写作进展缓慢。他写信给斯坦因,请她指点迷津。他遇到波士顿作家奥·布莱恩。这位比他大九岁的青年正在编辑《一九二三年最佳短篇小说》,他从已出版的刊物上收集了不少材料。他问海明威手头有什么作品,海明威将《我的老人》交给他。他看了后,说写得很精彩,虽未正式发表,他仍愿意破例地将它收入选本。海明威将信将疑,谢谢他的好意。他还认识了诗人和小说家罗伯特·麦克阿尔蒙。罗伯特最近开了一家联合出版社。他热情地向海明威约稿。

随后,海明威夫妇又到了塞尔维亚。他俩在那里第一次看斗牛,带了白兰地到斗牛场喝。海明威萌发了邀斗牛士一起游览的念头。他们继续到马拉加山区的隆达观光。迷人的自然景色征服了海明威。他认为除了马德里以外,隆达是西班牙最美丽的地方。

回到巴黎后,海明威盘算着,计划交给麦克阿尔蒙出版的作品差不多齐了。但留给三山出版社比尔·伯德的稿件就没有啦。比尔准备出版庞德主编的六卷小丛书。他建议海明威再写十二篇小文章,加上原先在《小评论》发表的六篇,就可出个小册子,用精美的纸张印它三百本。

海明威左思右想,觉得比尔的意见很好。他考虑再去西班牙跑一趟,有了第一手资料就好办。他找斯坦因商议,斯坦因推荐潘普洛纳。那是西班牙北部金色高原上的古城,每年7月初举行奔牛节,为期一周。这传统的节日吸引了全国最优秀的斗牛士,精选了最猛最快的牛。海明威夫妇听了很想去,但他俩既不会说西班牙语,又不了解潘普洛纳的风情。"不入虎穴,焉得虎子",一回生二回熟嘛。他俩鼓足了勇气,七月六日就动身了。

七月七日清晨,潘普洛纳鞭炮轰鸣,人声鼎沸,隆重地拉开了奔牛节的序幕。全城沉浸在欢乐的喧闹声中,男女老少走上街头痛饮啤酒,喜跳民族舞蹈。教堂里举行隆重的仪式,达官贵人纷纷光临。每天下午都有斗牛赛,连续一周,非常热闹。一大早,海明威就把妻子叫起来看奔牛:一群牛从街道碎石路上跑到市内斗牛场,行程一英里半。四头黄牛在前面引路,四头黑牛跟着横冲直撞,狭窄的街道两旁用木板围着。许多当地青年冒着生命危险,跑在牛群前面,向道路两旁密集的观众展示他们的勇气。间歇时,身穿蓝衬衫、头戴红头巾的男人在锣鼓和乐曲声中载歌载舞,三三五五地走过街道和广场。下午斗牛时,节日活动达到了高潮。头五天里,有五个最著名的斗牛士被牛撞伤了。那牛斗得顽强凶猛,跑得迅速,牛角像利剑,斗牛士稍不留心,就会被牛角撞伤,甚至被刺中要害而当场死亡。海明威惊呼,这小镇上的斗牛简直太棒了。他特别欣赏两个出色的斗牛士。哈德莱也很激动。她说往后有了孩子,就用他们的名字给他命名。后来,海明威果然根据这次旅行的见闻,写了五篇小故事,将那两位最优秀的斗牛士尼卡诺·维拉尔塔和曼纽尔·加西亚(简称米拉)都写进去了。他还想将来再写个长篇小说。

海明威带着斗牛的精彩材料回到巴黎,心里有了写作计划。但哈德莱面黄肌瘦,胃口不好,她怀孕了,对食品有点挑剔。海明威不得不花时间细心照顾她。他惴惴不安,想写的都没写。脑子里构思得好好的,回家做家务事就像散了架似的,写不出来。幸好不久收到出版社寄来的清样《三个短篇小说和十首诗》。他自己重读了一遍,就送去请斯坦因看看。斯坦因对排版提了些建议,海明威接受了。他立即写了一封短信,加上修改的附注,寄回给麦克阿尔蒙。八月,这本书在巴黎出版。初版仅印三百册。扉页上写着"献给哈德莱"。这是海明威的第一本书,意义重大,值得纪念。它标志着他已叩开了文学殿堂的大门。

出书后十天左右,海明威带妻子去向斯坦因、托克拉丝、庞德夫妇等朋友们告别。他要送妻子回多伦多分娩。他们都希望生了小孩以后,他俩尽快回来。庞德劝哈德莱当了母亲后,别想改变海明威。哈德莱怪他太啰唆,但记住了他的嘱咐。他俩启程去加拿大,让小孩诞生在美洲土地上。

第七章　成名后的风波

　　九月初,海明威和哈德莱夫妇回到多伦多,康纳伯夫妇帮他们找了一套房间住下。医生说,哈德莱的预产期是十月底至十一月初。海明威精力充沛、笑容满面。他想念巴黎,但妻子要分娩。他估计,这回至少要待两个月,就到《多伦多之星》找个工作。城市版的主编已换成哈里·亨德马斯。他长得虎背熊腰,为人刚愎自用,不易相处。海明威去见他,他当场决定不让海明威再去城市部,而去写逃犯的故事。

　　十月十日,哈德莱顺利地产下一个男孩。体重七磅半,头发酷似海明威,是深棕色的。鼻子也像他。蓝眼睛,眼角宽敞,四肢躯干较小。他俩给孩子取名为约翰·哈德莱·尼卡诺,以纪念哈德莱的母亲和西班牙斗牛士维拉尔塔。海明威刚被派去纽约采访归来,赶到医院看儿子时已精疲力竭。但是,当了父亲,他觉得心里甜滋滋的。他们怪亨德马斯太不近人情,叫海明威丢下快分娩的妻子,跑去纽约出差。

　　如今,海明威成个名副其实的作家了。他的书房里放了一大堆《三个短篇小说和十首诗》。令人遗憾的是,它没引起美国评论界的注意,海明威十分失望。后来,海明威收到朋友寄来的剪报,伯顿·拉斯柯在纽约《论坛》上发表了一篇文章,提到他打电话请艾德蒙·威尔逊写个评论。拉斯柯说,威尔逊曾给他一本《小评论》,请他注意青年作家海明威的六篇见闻录。海明威立刻写信给威尔逊,请他抽空读一读他写的新书,写一篇评介。

威尔逊接到信以后,马上照办,并给他回了信。他说书中有几篇写得很好。他不太欣赏《在密歇根北部》,但《我的老人》倒使他想起安德森正规的短篇小说。他认为海明威的散文比他的诗写得好。他想在《日规》杂志登个简单的书评。海明威复信表示感谢。他建议他的书评等到十二月份《在我们的时代》出版后,两本一起评介。至于安德森的影响,他不敢苟同。《我的老人》与安德森的短篇小说截然不同。

海明威又怀念巴黎了。他给斯坦因写了信,想起她经常劝他抛弃新闻写作,集中精力从事严肃文学的创作。儿子一满三个月,他们就动身回巴黎。他觉得替《多伦多之星》报做事,花掉了他的时间和精力,不能写自己的东西。他甚至夸大了新闻工作的难度和复杂性,抱怨在多伦多市工作了三个月,毁了他十年的文学生涯。

圣诞节前,《在我们的时代》样书到了。它装潢细巧,封面设计奇特,前页有一张海明威的木刻肖像画,那是按一九二二年麦克·斯特列画的海明威肖像改画的。书的发行量仅三百册。海明威急忙寄一本给艾德蒙·威尔逊。

海明威抽空去橡树园看望母亲。哈德莱母子留在多伦多。他母亲感到他成熟多了。他和母亲促膝谈心,使她喜出望外。海明威认为只有世界性的爱国主义才是正确的。看到母亲频频点头,海明威激动得满脸泪水。母子两人紧紧拥抱在一起,热泪也流到一块儿。

一九二四年一月,海明威不满亨德马斯主编的言行,正式辞去《多伦多之星》报的工作,忙着准备再去欧洲。康纳伯夫妇为他们一家设宴送行。海明威夫妇带着新生的婴儿和行李，告别多伦多，乘火车奔往纽约，转轮船去巴黎。

当务之急是在巴黎另找个住处。庞德那栋房子太冷又湿，不适合婴儿住。他俩在附近山坡上找到一套二层楼房，靠近花园，空气清新，离斯坦因家也比原来近多了。住房有个餐厅，里面有张大桌子，还有间小卧室可供海明威写作。哈德莱想赶快雇个保姆。她给儿子起个小名叫班比，夫妻俩感到很开心。

经庞德推荐，海明威到《跨大西洋》杂志当编辑。这个刊物是英国作家福德·马多克斯·福德移居巴黎后创办的。海明威在多伦多时，庞德曾劝他早点回巴黎当编辑。他原以为是庞德讲客气话，眼下一看，果然一点不假。庞德对福德说，海明威是个有经验的记者，写得一手好诗，他的散文风格举世无双。福德接受了。

海明威上任后不久，就想分期连载斯坦因早期的作品《美国人的形成》。斯坦因知道以后非常兴奋。他们一起从装订好的手稿里抄了前五十页，连同乔伊斯的小说《芬尼根醒了》一起登在该刊四月号上。这期同时发表了海明威的短篇小说《印第安人营地》，以及有关《三个短篇小说和十首诗》和《在我们的时代》最早的评论文章，还有法国达达主义先锋派奠基人特里斯坦·查拉的作品选段。《印第安人营地》以密歇根州北部的华伦湖为背景，描写尼克·亚当斯陪他当医生的父亲，半夜到印第安人住地急诊的情景。一个产妇在临产前痛苦地呻吟，她丈夫受不了，在双架床上铺割喉自杀。天真的尼克向他父亲提出暴力与死亡的问题。简单的生活故事涉及人生的大问题，这个短篇小说的主题，贯穿了海明威毕生的作品。

班比五个月时，海明威夫妇为他在圣路克教堂举行了一个小型的洗礼仪式。琴克·史密斯当了他的教父，斯坦因成了他的教母。海明威并不想培养他当个天主教徒。满六个月时，斯坦因登门祝贺，送来了几个橡胶动物玩具和一只银盘。哈德莱以白酒和海蚝盛情招待他们。

福德常说,一个人如果不努力,是不可能成名的。海明威相当卖力,他清晨很早就醒了,起床后,他给班比煮奶嘴和奶瓶,装好牛奶,送一瓶给班比。在妻子起床前,他到餐桌上写一阵子。街上静悄悄的,他带班比和一只大猫到处走走。有时,他去附近的体育馆里陪重量级职业选手练习拳击,每轮可赚十个法郎。他还结识了一家餐馆的侍者,有时帮他在小菜园里锄草。

海明威的交际圈逐渐扩大。他下午常去斯尔维娅·比茨的书店借书或看书。他读了法国作家司汤达的《红与黑》和巴尔扎克的作品。请多斯·帕索斯到家里聊天,跟威廉·卡洛斯·威廉斯练习拳击。不久,海明威和朋友们第三次去西班牙(哈德莱是第二次),班比跟保姆留在巴黎家里。多斯·帕索斯、麦克阿尔蒙、乔治·奥尼尔都一起去游览。他们先去马德里,然后赶去观看潘普洛纳的奔牛节,从头到尾,整整一周。随后就去伊拉蒂河垂钓。海明威喜爱那冰凉的山泉,那成片的灌木林和高高的松树林。他认为西班牙是欧洲唯一风景没有被破坏殆尽的国家。墨索里尼的黑衫党蹂躏意大利,仅剩下歇斯底里的气氛和糟糕的食品。

回到巴黎,一切显得很平静。唯有班比,凌晨三时便吵吵闹闹,使一家人睡不着觉。他还撞断了小牙。海明威有时支撑不住,班比在哭哭啼啼,他却在旁边睡着了。

海明威与福德发生了争论。海明威编辑《跨大西洋》八月号时,福德去了纽约;他回到巴黎时,海明威在西班牙。福德看了八月号的内容,突然擅自加了一篇编者按语,指责海明威将他年轻的美国朋友的作品塞得满满的,说往后各期刊物要恢复国际性特色。海明威知道后,非常愤慨。事实上,这一期并不全是美国人的文章。为了帮福德摆脱办杂志的困境,海明威作出巨大的牺牲。海明威觉得很委屈。

　　福德后来登门道歉,说杂志的赞助人因病去世,刊物难以维持,要么改为季刊,要么停办。海明威抑住内心的愤怒,推荐以前的芝加哥朋友克列布斯给福德。克列布斯正在巴黎,两人一拍即合。克列布斯成了杂志社社长,刊物改名为《跨大西洋评论》。他同意预支六个月薪金给福德,每月两百元。福德像个溺水者,在挣扎中接到救生圈游上岸。刊物得救了。海明威在奔忙之余,又写了一篇小说《大二心河》。这时,他才二十五岁。他梦想当个伟大的作家,充满信心。

　　从多伦多回到巴黎的七个月里,海明威勤奋笔耕,接连写了九篇短篇小说——《印第安人营地》《医生和医生的妻子》《士兵之家》《事情的结局》《三天拳击》《雨中的猫》《史密斯先生夫妇》《越野的雪》和《大二心河》。这些作品,加上早先出版的两本书《三个短篇小说和十首诗》和《在我们的时代》,数量相当可观,质量也不差。斯图亚特和多斯·帕索斯两人劝海明威争取在美国出版,他们愿意尽力帮忙。

　　《日规》十月号发表了艾德蒙·威尔逊的评论。他认为海明威的诗并不特别重要,但他的散文很有特色。他与安德森和斯坦因一起,在运用纯真的语言来表达深刻的感情和复杂的心态方面,发展出独特的技巧。威尔逊指出,《在我们的时代》比美国人在战争期间写的作品包含更多的艺术的尊严。海明威给威尔逊写了信,说他的作品能这么深深地感动一位这么优秀的批评家,他感到无比高兴。他赞扬威尔逊的评论是“冷静的、客观的、诚恳的、富有同情心的”。

　　十一月的巴黎又冷又湿,海明威一家人都感冒了。他决定去瑞士度假。有人建议他们去奥地利的小镇斯茨兰斯,它恰好在苏黎世和因斯坦布纳克的铁路干线之间。他们可以住在家庭旅馆里,食物不错,滑雪极好,费用又便宜。奥币贬值,美元汇率高,他们三人每周只要花二十八美元五十美分。海明威立即写信去订了两个房间,打算全家在那白雪皑皑的山区过冬,巴黎的房子暂时转租给别人。十一月下旬,他写完了一篇新短篇小说《打不败的人》，心里十分得意。他认为这是他最好的短篇小说。

圣诞节前六天，海明威一家登上去瑞士的列车，然后转车到奥地利的斯茨兰斯。海明威从窗口看到长满榆树的山谷，白茫茫的小农场和山区牧场。斯茨兰斯市镇很小，一条小河将市区一分为二，一座木桥连接着东西两岸。镇上有些商店、锯木厂和一所被遗忘的博物馆。那里有三十六种啤酒，物品丰富。居民讲方言，见面时彬彬有礼。海明威不知道为什么以前老是将奥地利人当成敌人，也许因为他曾被奥军的炮弹打伤过吧！冬天早到了，那里却温暖如春，大雪姗姗来迟，先到了高山上，再来到山谷里。哈德莱在家里给海明威打了一件毛衣和一顶滑雪帽。有时，班比在门口玩，她就弹钢琴。海明威一家过得很愉快。海明威除了写些信以外，没有写多少小说。不过，这次旅行改变了他对奥地利的看法，使他对这个风景优美的"东方王国"留下美好的印象。

海明威一返回巴黎，李伯就打电话请他们夫妇去赴宴。他俩到李伯家时，正碰上葆琳和珍妮姐妹。她俩的父亲在阿肯色斯州皮格特拥有大片土地，是个绅士。姐姐葆琳是《绅士》杂志驻巴黎的编辑和记者，她俩是虔诚的天主教徒。葆琳刚从密苏里大学毕业。她比哈德莱年轻四岁，比海明威大四岁。海明威给珍妮介绍奥地利滑雪时，葆琳和李伯谈得很投机。临别时，葆琳和珍妮穿上金花鼠皮袄，显得很漂亮。相比之下，哈德莱穿得很朴素，衣服上还有破洞。海明威比较喜欢珍妮。

不久，姐妹俩来锯木厂楼上海明威家里拜访。葆琳后来对李伯的妻子基蒂说，她对海明威家的简陋感到吃惊。海明威奢谈艺术，妻儿生活却那么艰苦。他自己躺在床上读书，胡子不刮，头发不梳，仪表和外貌都很粗俗。她不明白，哈德莱怎么能在这么差劲的地方，跟这么邋遢的男人一块儿过日子？

成名不久的青年作家菲兹杰拉德向斯克莱纳出版社的主编马克斯威尔·帕金斯推荐了海明威，菲兹杰拉德认为海明威的短篇小说写得很出色，前途光明。帕金斯不久给海明威写了信。海明威恰好在奥地利，拖了几天，才见到信。他已经与另一家出版社联系好了。他想将《在我们的时代》给帕金斯，将另一本写西班牙斗牛的交给波尼和李佛莱特。

五月中的一天，海明威终于见到自己的推荐人菲兹杰拉德。菲兹杰拉德也是个中西部人，个子高大，年轻潇洒，慷慨热情，快乐自在。他比海明威混得好，穿得好。不过，他有点孩子气，身体虚弱。进门时，他自我介绍，海明威立刻就喜欢他。菲兹杰拉德在对面坐下来，高谈阔论，赞扬海明威的尼克·亚当斯的故事。海明威感到尴尬，急忙将话题转到菲兹杰拉德点的那瓶香槟名酒上。忽然间，菲兹杰拉德脸上直淌汗，脸色苍白，眼珠无光，两腮皮肤收紧。看来海明威只能送他回家了。菲兹杰拉德却不慌不忙地说：急什么，这是常有的事儿。

几天以后，他们两人第二次见面了。菲兹杰拉德要海明威读一读他的长篇小说《了不起的盖茨比》，他谦虚而诚恳地介绍了这部作品。他诚心地建议海明威试写长篇小说，这样才能扩大影响。海明威点头笑笑地接受了，他喝了几杯威士忌，但不像上次那么冒冷汗，脸色发白。海明威高兴地答应第二天陪他坐火车去里昂，将他的汽车开回来。两人约好在车站相会。可是，隔天火车开动时，还没见到他的人影，海明威只好自己去。

海明威怀着敬佩的心情，读完了《了不起的盖茨比》。他认为这肯定是一部一流的作品。他们两家交往逐渐增加，海明威和菲兹杰拉德的关系更加密切了。但海明威不喜欢菲兹杰拉德的妻子吉尔妲。他看得出，吉尔妲讨厌她丈夫把时间花在写作上。每当菲兹杰拉德喝醉时,她总是悄悄地嘲笑他没法再写作了。

六月中旬,海明威突然兴致大发,想写一部长篇小说《青年时代》。主人公是尼克·亚当斯,故事发生在一九一八年的芝加哥。可是,没什么情节。几个青年在甲板上喝酒谈天。海明威写了二十七页就搁笔放在一边了。

从冬天到春天,从斯茨兰斯到巴黎,海明威一直想再去西班牙的潘普洛纳参加一年一度的奔牛节。他觉得那惊心动魄的场面太美妙了。六百年来,参加斗牛的牛被精心饲养着,在速度和灵活性方面达到很惊人的标准,进入斗牛场后每小时奔跑九十英里。看到它们追赶斗牛士,把斗牛士从马鞍上拽下来,用牛角将他撞死,实在令人触目惊心,犹如史前时代动物间的一场厮杀。六月下旬,一切准备就绪,海明威向朋友们收集了火车票、门票和旅馆等的费用。他带哈德莱先去钓鱼,再观看奔牛节。比尔·史密斯、唐·斯图亚特和哈罗尔德·李伯跟他俩一块儿去。但今年不如往年精彩,结果令人失望。朋友们只好各自东西。海明威夫妇坐火车去了马德里,在那里待了八天。天气渐凉了。他俩又去看斗牛赛,当场看到斯坦因的老朋友巴尔蒙特被牛角撞伤。但另一位斗牛新秀乌东聂兹屡屡得胜,他献给哈德莱一只牛角表示敬意。海明威高兴极了,想将乌东聂兹作为主人公,写进他构思中的长篇小说。他已写了小说第一章的开场:潘普洛纳的蒙托亚旅馆。一间黑乎乎的卧室。下午三时半。十九岁的斗牛士罗慕洛正在着装。两个美国人威廉·高顿和雅各布·巴恩斯恰好住在同一家旅馆。老板蒙托亚带他们走进房间去见罗慕洛。蒙托亚发表了简短演说,介绍美国人,赞扬斗牛,祝他好运。这一幕很好,时间和地点选择都挺合适。每天早上,海明威在床上写作,下午陪哈德莱到沙滩游泳,然后搭车到瓦兰西亚斗牛场观看乌东聂兹的斗牛表演。他在小说里加进阿斯莱在巴黎的浪漫故事。阿斯莱又名布列特·墨蕊,她第二个丈夫是个海军军官,他酗酒时威胁要杀死她,并不许她离婚。最后,她跟西班牙退伍士兵麦克逃到欧洲大陆。八月十二日,哈德莱乘火车回巴黎,海明威独自多住了一周,夜以继日地拼命写作,有时写到凌晨三四点钟。他打算在圣诞节前完稿。

可是,书名一直难以解决。他以前写的是潘普洛纳的奔牛节,但他不愿用外国词。九月底,他想用《迷惘的一代》,还写了个前言,说明来龙去脉。那年夏天,斯坦因在一个乡村停车场停下来,她的汽车抛锚了。有个很年轻的机械工迅速将车子修好了。斯坦因问停车场老板,从哪儿招来这么好的工人。他说他自己训练他们,这些年轻人学得很快;唯有那些二十二岁至三十岁的人,是无法教会的,"他们全是迷惘的一代(C'est une generation perdue)"。

海明威又选了几个书名供选择,比如《奔向大海的河流》《两人躺在一起》《旧习未除》和《太阳照常升起》。他将前面几个书名都划掉,只留下最后一个。那是选自《圣经》中的《传道书》。书名就这么定了。

菲兹杰拉德离开巴黎时,海明威还没写完《太阳照常升起》,但他大声朗读给多斯·帕索斯听,然后两人一起讨论安德森的小说《黑色的笑声》。多斯·帕索斯觉得写得太伤感无聊,如果谁想写文章批评它,非海明威莫属。海明威早想借用俄国作家屠格涅夫的小说《激流》做标题,引用英国小说家菲尔丁的小说名著《汤姆·琼斯》的段落,写一篇文章讽刺安德森的《黑色的笑声》。但多斯·帕索斯劝他暂时不要发表,因为他的短篇小说集《在我们的时代》刚在纽约出版,颇受欢迎,安德森也写了短评加以推崇。哈德莱赞成多斯·帕索斯的建议。她个人喜欢安德森。但海明威决心已定,谁也劝不住。他将书寄给了李佛莱特。斯坦因知道后,非常生气。唯有葆琳支持他。葆琳改变原先对海明威的反感,成了哈德莱的好友。正当别人惋惜海明威的轻率行为时,葆琳开心地笑了,她催海明威立刻将稿子寄去纽约。

家里传来好消息。海明威医生买了一本《在我们的时代》，读得爱不释手。格拉斯给海明威寄来一些报刊评论。在橡树园故乡，许多人向老医生祝贺他儿子的新成就。但老头子觉得他儿子小说中缺少点向上的精神力量。他希望他将来能塑造人物的乐观向上的性格。

葆琳与海明威夫妇的友谊日益加深。她想陪他俩去奥地利欢度圣诞节和元旦。海明威答应教她滑雪。虽然冰雪解冻了滑不成，葆琳还是很高兴的。她已爱上海明威，只要能接近他就够了。但她要尽量避免引起哈德莱的猜疑。

在斯茨兰斯住了十天左右。纽约来电：李佛莱特拒绝出版《激流》，耐心地等待着《太阳照常升起》全部完稿。海明威急忙给菲兹杰拉德写了一封长信，说明情况。他想找斯克莱纳出版社的帕金斯，请李佛莱特将《激流》的稿子转给帕金斯。他手中还有一本《太阳照常升起》，讨价还价就有本钱啦。

当务之急，海明威想，是该到纽约走一趟。他亲自去，可以当场解决问题。如果发表了《激流》，也许对安德森太残忍了。同时，大家都盼望《太阳照常升起》早日问世。

葆琳返回巴黎后，继续保持与海明威全家的友谊，给班比买玩具，夸哈德莱钢琴弹得好。她知道海明威要回纽约，就大胆地提出跟他一起去，但海明威没同意。他还是单独走。

海明威在纽约一住就是十九天，打破原先停留七天的计划。但他见了许多朋友，过得很愉快。他听说多斯·帕索斯的《曼哈顿中转站》开始印第四版，安德森的《小城畸人》印了第十版，菲兹杰拉德的《了不起的盖茨比》已拍成电影。他去看了电影，感触良多，觉得一个作家将小说拍成电影，的确是赚钱的捷径。

返回巴黎后，海明威听说菲兹杰拉德要去尼斯，就设宴为他们夫妇饯行。他告诉他们，《了不起的盖茨比》电影很接近原著，效果很好。

菲兹杰拉德邀请他去里维拉,他答应考虑。但他的小说还没完稿,哈德莱和班比在斯茨兰斯等他回去团聚。奇特的姑娘葆琳也在巴黎盼着跟他会面,他承认他已爱上了她。

但海明威选择了与妻儿会面。当他乘火车到达斯茨兰斯时,见到哈德莱拉着班比笑嘻嘻地向他迎来。他感到妻儿是他世界上最宝贵的东西。他们三人拥抱得紧紧的,心里无比温暖。可是他四处奔波了一阵子,身心劳累,比自己想象的严重得多。他心里很矛盾。他同时爱上两个女人,出路在哪里?他想到死,想到自杀,想到各种死法。也许夜里乘邮轮到海上去,往下一跳,什么都解决了。既死得痛快,又不给家人留下负担。有人还以为是出了事故。

春天来了。山谷的树叶已经吐绿。葆琳和珍妮姐妹俩开车请哈德莱一起游览了巴黎市郊的凡尔赛和南布列。哈德莱看到那大尖顶的古堡和精心设计的花园,特别开心。因为海明威忙于写作,她以前从没见过这些景色。

可是,过不了多久,哈德莱发现葆琳言行有点古怪:说了几句话以后,突然沉默良久,人家问她什么,她生气地回答一句,阴阳怪气的,令人不快。哈德莱的感情受到伤害。珍妮解释道,她姐姐从小就这个脾气。哈德莱闷不住,开门见山地问她:这跟海明威有关吗?珍妮了解她姐姐内心的秘密,就坦率地说:"他们两人相爱啦!"哈德莱愣住了,不愿再谈下去,也无心再游览乡下古堡了。在返回巴黎的途中,她心里闷闷不乐,一句话也不说。

摊牌的日子为期不远了。四五月之间,天气阴郁潮湿。哈德莱咳嗽不止,班比又咳嗽又哮喘,海明威也闹失眠。一天,哈德莱当面责问海明威是否爱上葆琳。海明威脸红了。他尽量克制自己,冷静地说:哈德莱,别提这事儿,好不好?这意味着:如果她将这事公开化,他俩关系破裂,她要负责任。海明威气呼呼地跑下楼,冒雨到街道上散步。

哈德莱抱头大哭。两人的矛盾表面化了。平静的家庭起了风波。

家庭的麻烦促使海明威专心于写作。五月初,他又写了一个短篇《阿尔卑斯山的牧歌》,投给《斯克莱纳评论》,反应很好。但与妻子的争吵,使他改变了去西班牙消夏的计划。如果儿子病好了,他想马上走,哈德莱迟点去会他。他带了些初稿,想到那里去改。

到了马德里,海明威又见到一些老朋友。哈德莱不久带了儿子到安蒂伯斯,住在墨菲夫妇家里。菲兹杰拉德夫妇和麦克莱斯夫妇也住在附近。海明威抽空给安德森写了封信,说明《激流》是他和多斯·帕索斯有一次吃饭时讨论得到的灵感,后来他一周内就完稿了。作家不要互相攻击,那只是开开玩笑,毫无恶意,绝对诚恳。安德森是个大作家,如果写了什么不好的东西,他有必要请他注意。除了个人感情以外,讽刺是无伤大雅的。他写的《激流》并非个人攻击。他认为,《激流》快出版了,不管安德森怎么想,他总该给他写封信,说明原因,并感谢他对出版《在我们的时代》的帮助和赞扬。后来,他到巴奎塔别墅与哈德莱相会。

海明威给菲兹杰拉德看了《太阳照常升起》的复写稿。后者说,写得太好了,但第一章要删去开篇的十五页。海明威觉得有理,马上删去前面二十二页有关几个人物身世的介绍。随后,他通知帕金斯,等收到修改稿后再付排,帕金斯表示同意。后来,书出版后很受欢迎。

葆琳姐妹和叔叔在意大利旅行后,也到西班牙游览。葆琳和海明威夫妇同住在一家旅馆。早晨,他们三人一起去海边游泳,在沙滩上晒太阳。下午在花园里骑自行车,晚上一块儿参加朋友们举行的鸡尾酒会。三人处处同行,哈德莱有苦说不出,装着若无其事的样子。七月初,海明威夫妇带着葆琳和墨菲夫妇去潘普洛纳参加奔牛节。葆琳想早点回巴黎,躲开海明威远远的。哈德莱以为她孤零零的,很不开心。海明威预感到他可能失去一个他以前爱过、现在还爱的女人。他和她度过了美满的五年。但他还不想跟谁提起这事儿。

可是,哈德莱是不肯让步的,她和海明威终于决定分居。她在一张小纸片上写了协议并签字:如果海明威与葆琳分开一百天以后,两人仍然相爱的话,她愿意跟他离婚。

双方都同意了。葆琳马上收拾行装回纽约市。三个月时间并不长,熬过了这些苦日子,她就可以和海明威永远生活在一起。

海明威则后悔莫及,百感交集。他给菲兹杰拉德写信,诉说他与哈德莱分居的事,他俩美满的生活结束了。哈德莱很大度,他俩分手的原因全是他海明威造成的。葆琳到奥地利滑雪时,海明威感到像生活在人间地狱里,幻想有什么能照亮他的征程,给予他帮助和安慰。葆琳乘虚而入,闯进他的生活,造成无法挽回的结局。但海明威仍埋头写作。他写信叫出版社赶快把《太阳照常升起》的初样寄给他。

葆琳回到家乡皮格特以后,经常写信给海明威。十月初,她说,她感到沮丧,因为他们没能给哈德莱一个机会。海明威告诉她,他一度想自杀。如果圣诞节前,婚姻问题仍没解决,他就自杀。这样,既可以使哈德莱不必办离婚手续,又可以消除葆琳的负罪感。死后,他情愿下地狱,不愿受眼前的罪。如果葆琳立刻回到他身边,他当然要活下去。

哈德莱将儿子放在她父亲那里,自己冷静地考虑离婚的问题。她给海明威写信说,他想离婚,要按法律程序办理,他需要安排好如何关照儿子班比。海明威回信说,他给她造成很多伤害,决定将《太阳照常升起》的全部稿酬都送给她。他缺钱用时可以找朋友借。他感谢她以往对他写作的尽心支持,没有她的鼓励和自我牺牲精神,他就一事无成。他夸她是他见过的最真诚、最可爱和最善良的女人,班比有她这个母亲是他最大的幸运。

哈德莱收到他的回信以后,第二天就答复说:他俩的离婚手续现在就办,三个月分居的协议一笔勾销。她将怀着感激的心情,接受他赠送的稿酬。如果离婚前她回美国去,她会带儿子到橡树园看望他的爷爷和奶奶。她问候海明威是否过得好、睡得好、身体好和工作好。她请他回去把他留下的物品搬走。

《太阳照常升起》在纽约出版后,获得巨大的成功,两个月内卖出六千册,供不应求。许多人说它精彩地表现了"迷惘的一代",但不喜欢书中的人物。可是在巴黎,人们对那些人物很熟悉,读得很起劲。但海明威的父母亲对这些潘普洛纳的"荒原人"感到很不舒服。他父亲给他寄来一些国内的评论,但不多说什么,只希望他将来写些高水准的题材。批评家威尔逊则强调,这部小说是海明威同代人中写得最优秀的作品。

葆琳回到巴黎时,协议的一百天早超过七天。海明威到码头接她。一九二七年一月二十七日,海明威与哈德莱正式办了离婚手续。家庭风波过去了。海明威带着葆琳和珍妮姐妹俩到阿尔卑斯山滑雪,心情轻松多了。他的第一部长篇小说获得成功,这是他梦寐以求的;他第一个妻子与他分手,这是他意料不到的。不管如何,他终于跻身于名作家的行列,开始了新的生活。

正如帕金斯所预料的,《太阳照常升起》在圣诞节后销量不断上升。作为一个新进的小说家,海明威在读者中的声望与日俱增。他并不急于再结婚。二月初,他正式通知在故乡的父母:他跟哈德莱分居了,但他俩仍是最好的朋友。可是他没提到"离婚"二字,仿佛他是个没有女人的男人。

一九二七年五月十日,海明威和葆琳在巴黎一个天主教堂里正式举行婚礼。葆琳母亲来电祝贺,送了一张一千美元的支票。新郎新娘恩恩爱爱地度过三周的蜜月。成名又新婚的海明威有个很简单的基本计划:过着美满的家庭生活,再写些好作品。

不久,海明威就动手写第二部长篇小说。

第八章　回国安家

巴黎—基韦斯特 1928 年 4 月至 1940 年 10 月

《太阳照常升起》获得成功以后,海明威想回美国看看。多斯·帕索斯希望他好好了解自己的祖国,建议他去基韦斯特,那里太美了,犹如五光十色的梦境。

海明威高兴地接受了他的建议。

一九二八年四月初,海明威和葆琳从法国罗萨港乘皇家邮轮,历时十八天,经哈瓦那到达基韦斯特。这是他对这个海滨城镇的第一次访问,本来只想待六周,然后送妻子回她老家分娩。

没料到,基韦斯特深深地吸引他俩。基韦斯特是个亚热带小岛。岛上到处是棕榈树、椰子树、胡椒树和酸橙树。绿树丛中盛开着色彩斑斓的花朵。蓝天、沙滩和海涛构成美丽的图画。当时岛上居民一万人左右,大部分来自新英格兰,有些人会讲西班牙语。街上马路铺了一半,来往车辆不多,自行车倒不少。木板房子散落在树丛中。小镇像个未开发的宝地。海明威心里想,老朋友说得不错,这梦境般的小岛太美了。幽静的环境是写作的好地方。辽阔的海洋是垂钓的好去处。

不错,基韦斯特是美国著名的风景胜地。它位于佛罗里达半岛的最南端,宽一英里半,长四英里半,面积不大,风景如画,气候宜人。与它相连的还有一串小岛。一九二八年时,那里仅有渡轮与大陆来往。小岛离大陆一百二十英里,往东距哈瓦那仅九十英里。如今,从迈阿密南端已有跨海大桥直通基韦斯特,岛上还建了飞机场,交通十分方便,国内外游客络绎不绝。

海明威夫妇暂时寄居在西蒙顿街特列弗和莫里斯家里。他一放下行李,马上跑出门去逛。他漫步走到南部沙滩,看到岸边黄色的海草、被遗弃的葡萄牙军舰、美国海军大院和小雅的西班牙餐厅。杜瓦尔街上有许多古巴咖啡店和幽暗的沙龙酒吧。那里可喝到可口可乐和走私入境的兰姆酒,不受政府禁酒令的限制。他听说,夜晚,酒吧里奏着强节拍的伦巴舞曲,做生意的水手、职业渔民会比手劲。白天,码头旁、小桥上有许多人在钓鱼。傍晚,不少人在岸边,在小船上欣赏落日的余晖……海明威望着海面上来来往往的渡轮、商船、游艇和警卫队的巡逻艇,一片繁忙而祥和的气象。他心潮起伏,思绪万千,决心在这里安家。

海明威很快制订出写作和钓鱼的计划。清晨,他起得早,趁精力旺盛时,上午埋头写作,下午就出门闲逛,跟他感兴趣的行人聊天,问问他们的身世和职业,打听各种消息。有时他干脆站在他们身边,听他们闲聊,不时插几句幽默话,表示友好。他前额上还留着伤疤,人家把他当成来自北方的大走私犯或狡诈的小商人,没人相信他是个作家。

过了几天,海明威开始广交朋友,熟悉周围的环境。他会见了职业钓鱼指导布拉·桑德斯,此人对小岛各处的水性和鱼类了如指掌。另一位是酒吧老板何塞·卢塞尔。海明威特别喜欢他手下的黑人侍者斯肯纳。他夸他长得挺帅,如果在非洲,准能当上部族酋长。

查尔斯·汤帕逊成了海明威最亲密的朋友。他长得虎背熊腰,气壮如牛,年龄跟海明威差不多。他是个镇上的富户,开了鱼店、船坞、冰厂、五金和渔具店、烟匣厂等。他酷爱打猎和钓鱼,这更受海明威的青睐。葆琳和汤帕逊太太也成了好友。查尔斯天天晚上下了班就请海明威一起去钓鱼,钓到的鱼就由他的渔店收购。卖的钱足够他们两人买鱼饵和汽油。海明威感到非常有意思。

更令海明威开心的是,他父母从家乡远道而来。他俩给他的信已从巴黎转过来。他马上打电话请他俩到基韦斯特来。

海明威医生和老伴乘坐的汽船进港时,海明威正在码头旁,一边钓鱼,一边等候他们。老头子远远认出了他,就吹起口哨,像在家里一样。海明威一听到亲切的哨音,抬头一看,急忙笑嘻嘻地跑过去接他们,领他们回家见葆琳。

海明威仔细看看自己的父母亲,分别多少年啦,他怎么看也不够。他感到他们变了,尤其是父亲老多了,头发和胡子全白了。老头子对儿子诉说近年来糖尿病的困扰,在佛罗里达房地产投资遇到的麻烦。他日夜焦虑不安,失去自信心。母亲头戴白帽,身穿落地长裙,虽然也年老体衰了,仍不减当年的雍容华贵。海明威深深为父亲的健康担心。

送走了父母亲不久,海明威又忙于写小说,已写了近百页,总算顺手。他想请几位朋友来新居玩玩,便给他们一一去信。多斯·帕索斯接到信,马上就到。华尔多·皮尔斯办完母亲的丧事就赶来了。比尔·史密斯也来了。他们住在旅馆里,海明威陪他们到内海深水区游泳,又到附近的小岛去钓鱼,共享大自然的乐趣。朋友们个个玩得开心,夸基韦斯特小岛美不胜收。

葆琳产期临近,事不宜迟。五月下旬,海明威送妻子回皮格特,顺便看望葆琳的父母。他一见面,就很喜欢丈母娘,但觉得那里太沉闷。他写信给父亲,想带葆琳去华伦湖畔。海明威医生回信说,那里天太冷,医疗条件又差,媳妇最好去堪萨斯或圣路易斯生小孩。

于是,海明威冒着酷暑,驱车送葆琳去堪萨斯。他俩住在罗利家大院里。葆琳安心休息,等待分娩。海明威上午坚持写作,然后去运动,傍晚在院子里的游泳池游泳,再吃晚餐。那时,共和党全国代表大会恰好在堪萨斯市召开,推选胡佛当总统候选人。海明威去探个头就走开了。

六月二十七日,葆琳住院,十八小时后生下一个九磅半的胖男孩,取名帕特里克。医生说,葆琳体质虚弱,还得住院七至十天,至少三年内不能再怀孕。海明威的新作品已写到四百七十八页。他正想赶完它,有点讨厌当父亲。一周后,他送妻儿坐火车回皮格特,交给丈母娘照料。一路上小孩哭个不停。海明威说,他儿子长得像公牛,哭叫也像公牛。

海明威当天乘火车赶回堪萨斯,第二天就开着自己的“福特”上怀俄明州去。三天跑了一千英里,他到达山区东部一家旅馆,上午写作,下午钓鱼。住了几天,换到谢尔登旅馆。那里极安静,每天可写九页,后来写到十七页。他很高兴,但晚上感到孤单,喝威士忌解闷。

不久,葆琳完全康复。她到谢尔登旅馆看望丈夫。她告诉他:儿子体重增加到十二磅,长得像中国的土拨鼠。海明威想再工作两天,将小说写完,可是他没对葆琳说,小说女主人公凯瑟琳将在分娩中死去。他带葆琳去见一家法国人,在翠绿的葡萄架下共进晚餐,品尝家酿的啤酒,欣赏眼前稻田里金色的麦浪和远处朦胧的山峰。他们互相讲法语,度过了愉快的一天。

八月底,初稿终于完成。海明威实在太累,暂时将初稿搁在一边,带葆琳去看老朋友,然后上山打猎。他打了九只野鸡回旅馆。第二天驱车回堪萨斯。他翻开文稿一看,总共六百页。他和葆琳上西部山区钓鱼一个月,抓了六百条鱼,真是巧合! 两人会意地笑了。

海明威在丈母娘家待了一个月。他利用时间锻炼身体,经常穿上运动衫和长裤,在小路上慢跑,到树荫下练拳击,使体重降到一百七十八磅,腿劲增加了,精神也好多了。他给朋友们写信,说他很想念西班牙、巴黎、纽约和基韦斯特。他终于决定,将婴儿交给丈母娘和小姨子,他和葆琳先走,十一月中再来带他们去基韦斯特。交代清楚以后,他俩就动身了。

汤帕逊太太果然给海明威夫妇找到一栋很大的旧房子。它靠近大西洋岸边的沙滩浴场,是基韦斯特小岛美丽的一角。他俩一到就住进去了。

海明威一直记挂着父亲的病情。他上纽约接大儿子班比,顺便买点圣诞礼品。在火车上,他特地给父亲发了一封信,尽量安慰他别烦恼。

班比准时到了,他拉着列车员的手走下车厢,海明威将他搂在怀里。当天下午,父子俩换上一列专车回基韦斯特。列车到了特林顿站,海明威突然接到妹妹从家里发来的电报:“父今早亡。”

海明威没料到父亲走得这么快,心里难过极了。他急忙将班比交给列车员,委托他带到基韦斯特。他抑住内心的悲伤,尽量向儿子说明意外情况。班比点点头,表示理解。他并不害怕或胆怯。从巴黎越洋来纽约,他也是跟陌生人来的。海明威安排妥当后,立即乘通宵火车赶往芝加哥,回家料理父亲的丧事。

回到橡树园家中,海明威首先了解父亲是怎么死的。原来,老医生用祖父安森的旧左轮手枪对准右耳,开枪自杀。当时,小弟弟莱斯特正患感冒卧床休息,母亲和侍女卢易斯在床前关照他。他们忽然听到老头子卧室里一声枪响,推开门一看:老头子躺在血泊中。

　　海明威心里全明白了。他责怪叔叔乔治没注意到他父亲有关费用的要求，加重了他的心理负担。不过，父亲的自杀与长期患病有关。糖尿病和心绞痛使他经常失眠，痛苦不堪。海明威最担心父亲出事。父亲支撑着一个大家庭，承担着一大堆债务。如今，他这顶梁柱倒了，损失是够大的。海明威意识到自己的责任。他对家里人说：别担心，我手头有部长篇小说可卖，多少可解燃眉之急。这部小说名叫《永别了，武器》，书名借自《牛津英国诗集》里乔治·皮尔的一首诗。

　　怀着丧父之痛，海明威返回基韦斯特，抓紧时间修改小说。他每天工作六小时，先用铅笔改好，再交给妹妹姗妮打字。连续工作了五周，一月二十二日终于完稿。但他不满意小说的结局，急召帕金斯从纽约赶来，一起商量修改。帕金斯二月初来了。他和海明威两人，每天早晨六时乘船出海，一边改稿子，一边钓鱼，傍晚才回家。帕金斯读了文稿，感到相当好，可是海明威直摇头，他不满意小说中士兵的对话。

　　帕金斯回纽约后不久就来电，同意按他们最高稿酬标准，付给海明威一万一千六百元。尽管这样，海明威对小说的质量仍不放心。他又征求老朋友史特拉特、皮尔斯和多斯·帕索斯的意见。他们不约而同地赞扬他写得极精彩。海明威这才放心了。

　　海明威记挂着父亲去世后留下的债务，开始每月给母亲寄一百美元，还负担她的房产税。他写信称赞她将空房租给别人，建议她将佛罗里达的房地产全卖掉。他还要求乔治叔叔付清欠银行的房地产抵押借款，否则要揭穿他的真面目。他自愿负担妹妹去欧洲旅行的费用，说将继续尽力帮助她。末了，他说，他从未写过一本有关自己家世的小说，怕伤了亲人的感情。如今，他喜欢的人去世了，他也许会改变主意，将这本小说写出来。

　　格拉斯收到儿子的信以后，邮寄来一大木箱东西。海明威正准备去法国,屋里堆了许多箱子和旅行包。凯蒂碰巧来访,好奇地想看看木箱里装了什么。葆琳拿了一把槌子,将木箱打开了。木箱里装了一大匣发霉的巧克力和海明威医生自杀用的左轮手枪,海明威奔丧时,向母亲要来作纪念。弟弟莱斯特也想要,但格拉斯决定将枪寄给海明威。

大地回春,气象万千。四月,海明威带了葆琳、班比、帕特里克和珊妮妹妹坐船从哈瓦那到巴黎。没料到,葆琳喉咙痛,身体不适,婴儿受感染,哭哭闹闹。家里乱哄哄,海明威没法坐下来。不过,他利用夜阑人静时校阅纽约寄来的清样。他一直不满意结尾最后三段,又改了几遍,想改好一点。

六月底,海明威带葆琳去参加潘普洛纳一年一度的奔牛节,然后到其他地方观看斗牛赛。他只写此一信,不再写小说。他决定将《永别了,武器》献给葆琳的叔叔戈斯塔瓦斯·阿多尔弗斯。为什么?因为戈斯成全了他和葆琳的婚姻。原先,葆琳的父母反对女儿嫁给"一个已婚的男人、闻名的酒鬼和结交坏蛋的人",葆琳只好请戈斯塔瓦斯叔叔到朋友的书房里看看海明威。塔瓦斯坚持只待十分钟。他亲眼看到海明威在埋头写作。塔瓦斯立即到邮局给葆琳父母打电报,他说侄女也许不可能找到比海明威更好的如意郎君了。葆琳父母接受了戈斯叔叔的判断。一对恋人终成眷属。

七月二十一日,海明威迎来三十岁生日。全家人为他祝福。眼下,他功成名就,心想事成,多么幸运!但他并未忘记老朋友。他写信给多斯·帕索斯,祝贺他与凯蒂喜结良缘,祝贺他的新作《美国》三部曲第一部小说《北纬四十二度线》问世!他提醒他别让凯蒂管钱。许多朋友给钱毁了。西班牙到处卖可口可乐和泡泡糖,美国资本家把那里的青少年毁了。他还写信给菲兹杰拉德,反复催他快把《夜色温柔》写完。他诚恳地劝他说,艺术家别为失去早年的成就而烦恼。

海明威夫妇回到巴黎不久,便收到帕金斯从纽约来电:"第一批评论很好,前景光明。《永别了,武器》九月发表以后,评论界推崇备至,评价很高。这是海明威以前从没见过的。小说描写了美国救护队司机亨利和英国护士凯瑟琳在意大利战场的恋爱故事,从一个侧面反映第一次大战的概貌。亨利是个热血青年,他响应政府的召唤,志愿到意大利战地服役。他耳闻目睹军队内外的许多腐败现象,看到列强之间相互残杀的惨剧,终于带情人凯瑟琳逃离战场,到瑞士组建温馨的家庭。可惜,凯瑟琳死于分娩,留下孤零零的亨利在雨中徘徊。小说情节起伏,故事感人,文笔清新。亨利和凯瑟琳犹如现代的罗密欧和朱丽叶。这部小说比《太阳照常升起》大大进了一步。海明威的声望达到高峰。他成了大萧条时期美国文坛冉冉升起的一颗新星,引起评论界的广泛注目。人们开始谈论他对青年一代的影响和他对美国文学的贡献。

离开基韦斯特才几个月,海明威就想回去。他订了一月十日的船票,但多斯·帕索斯携新娘到巴黎,海明威推迟归期,陪他俩到瑞士去看雪景,让他俩蜜月过得更甜蜜。海明威夫妇返回基韦斯特时,已经是二月初。幸好早已找好落脚地,他俩很快就安顿下来。

不久,阿凯·麦克莱斯夫妇来基韦斯特度假。海明威租了一条船,雇了水手和导游,亲自陪他俩到附近两个小岛玩。不料,小船出海后风浪大作,被困了十多天。船上的啤酒和冰块喝光了,罐头食品吃完了,咖啡也完了,最后只剩下鱼。海明威认为有鱼吃就行,他很乐观。后来,有一艘大游艇发现他们,请他们全部去吃晚餐。大家的烦恼一扫而光,有的刮脸,有的擦鞋,穿得整整齐齐去赴宴。

他们返回基韦斯特时,几个太太快急出病了。唯有葆琳沉着冷静。海明威为她感到自豪。一个女人爱他,了解他,既为他挂心,又相信他顶得住。这实在太可贵了。

　　纽约又传来好消息，《永别了，武器》被总统的小说图书馆收录。海明威对胡佛总统并无好感，但小说入选白宫却令人高兴。他眼下正在写一本非小说，附有许多精美的图片。这是一本有关西班牙斗牛的书，他想圆他五年来的梦，将此书奉献给美国读者。

　　小岛的盛夏，炎热而潮湿。海明威想到怀俄明山区避暑，一面打猎捕鱼，一面写那本斗牛的书。六月初，葆琳带小儿子和法国保姆先回娘家，海明威去纽约接班比，再去跟他们相会。

　　多斯·帕索斯来电，他要来看看海明威，凯蒂留在家里陪亲戚。十月二十一日，海明威去比宁接他，发现他脸色苍白，体质虚弱。回到牧场，多斯·帕索斯感到很新鲜。海明威带上猎犬陪他上山打猎，到悬崖和湖边走走。他称赞海明威可当个游击队的一流队长。

　　他们收拾行装，带了睡袋和烈性威士忌，放进福特汽车里。海明威开车，多斯·帕索斯坐在前座，向南方疾速奔去。第一天，他们在黄石公园用睡袋过了一夜。隔天清晨，继续赶路。傍晚，他们到达比宁西部二十二英里处。公路分成两条砾石路，两旁是深沟。这时，迎面开来一辆卡车，海明威没看到它的车头灯，急刹车时车子掉进深沟里。海明威头朝下顶着后轮，多斯·帕索斯和弗罗伊德扶他上来，以为他双腿断了，他却笔直地站了起来。但他右手伸不直。幸亏一辆过路车将他们送往医院。多斯·帕索斯赶快打电报通知葆琳。

　　海明威的伤，比原先估计的严重得多。从肘骨往上出现倾斜的螺旋形骨折。医生说，按常规方法，没法让它复位。葆琳赶到以后，立刻去病房，等待海明威手术的消息，一夜熬到第二天上午。她夸丈夫沉着勇敢，与医生密切合作。海明威苦笑着，什么也不说。

　　意外的车祸，使海明威伤得这么重，这是他连做梦也没想到的。他卧床近一个月，连动都不许动，在房间里走走也不行。他心里难过极了。不能写作，对他来说，是最痛苦的。他只能听听小收音机，从这个台换到那个台。有时,他自言自语,嘲讽他讨厌的人;有时,他跟躺在对面走廊里呻吟的两个工人病人聊天。后来,有个善心的修女来看他,虔诚地为他祈祷,给予他精神上的安慰。海明威开玩笑地说,斯克莱纳出版社可为他保险,保证他不出事,不生病。他们准能赚大钱。

的确,自从跟帕金斯主编签约以来,海明威老是出事:得过炭疽病,右眼球挨了一刀,前额给掉下来的天窗划了一大口子;后来又得肾充血,食指给割破,腮边被划伤,腿部划了一长道。现在,他用来写作的右手跌断了。他气呼呼地用左手写信,回击那些幸灾乐祸的人。

可是,这仅仅是出出气罢了。他其实非常灰心丧气,因为车祸受伤打乱了他两个计划。他原想在圣诞节前写完那本斗牛的书;出事前已写了两百五十页,如今只好搁在一边。葆琳想叫他口授,帮他记下来。但他不同意。他认为用眼看的东西,一定要用手写下来,再用眼和耳不断修改,才能写好。

去非洲打猎的计划也告吹了。手臂断了,怎能打猎?他早跟麦克莱斯联系过了。他们会等他吗?难说!

经过七周的起伏,伤口由化脓、肿大到消肿,最后愈合,海明威渐渐康复了。他不理发,不刮胡子,身穿病员服,扎上腰带,犹如受伤的哥萨克人。十二月,麦克莱斯从很远的地方坐飞机来看他。史努克也来了。老朋友并没忘记他。他们决定,等待他康复后一起上非洲打猎。

圣诞节前,海明威终于出院,葆琳高兴地接他回皮格特的娘家。海明威留着长发,蓄着长胡须,穿着西装,肩上吊着绷带,在镇上走来走去。一天,小学开学了,海明威穿过街道,走进校园里逛逛。一群小学生看他那副模样,竟把他当成乞丐。当他走向葆琳娘家时,两三个孩子追上他喊道:"乞丐!乞丐!"他们还拿起雪球砸他。他迅速跨进家门,气得脸色发白,手臂颤动。后来,他提起这段经历,很不开心。

　　不过,纽约又传来了令人开心的消息,好莱坞打算给海明威两万四千美元,购买《永别了,武器》的电影版权。辛克莱·路易斯在荣获诺贝尔文学奖时,祝贺斯克莱纳出版社近年来出版了两本最优秀的长篇小说——海明威的《永别了,武器》和伍尔夫的《天使望家乡》。尽管经济大萧条严重影响图书销售,辛克莱的推荐仍很受欢迎。《永别了,武器》一直荣居畅销书单榜首。

　　他们终于回到基韦斯特。帕特里克已两岁半,由保姆陪着。他大部分讲法语,偶尔说些英语。海明威妹妹卡洛尔已上大学,常来玩玩。母亲来过两天,葆琳热情款待她。她小妹也来了,一家很热闹。不少朋友来串门。大家嘘寒问暖,海明威感到很温暖,心情豁然开朗,迅速从车祸的伤感中恢复过来。

　　葆琳四月底上医院检查,她和海明威的第二个孩子将于十一月出生。海明威立刻和堪萨斯的葛菲医生联系,安排了往后几个月的活动。他打算五月份去法国和西班牙,按斗牛赛的时间表待到九月,充实新材料,写完他的书,然后陪葆琳回国生小孩。时间比较充裕,他有信心完成自己的计划。

　　戈斯叔叔来基韦斯特欢度春假。海明威夫妇陪他去看了一栋石砌的楼房。它位于灯塔对面白头街九〇七号。房子结构和环境都不错,但屋顶漏了,几个窗子破了,需要修缮。售价八千美元。戈斯决定掏钱买给侄女葆琳。这成了海明威夫妇在美国的第一个永久住处。

　　海明威夫妇将小孩和保姆留在巴黎,动身去马德里。他亲切会见了西班牙著名画家昆日尼拉,《芝加哥论坛报》记者艾伦、阿姆斯特朗和波尔。一天晚上,海明威与几位同行聚会,醉后失了言,对艾伦说,他是普林斯顿大学毕业的。回到家里不久,他醒酒了,记起了失言的事,赶快托人连夜带个条子给艾伦,说他太羡慕菲兹杰拉德的大学学历了,竟对他撒了谎。其实,他并没上过大学。他向艾伦道歉。艾伦收到条子时,已经上床了。他读了条子,深深感到海明威是个严肃认真、实实在在的人。

一面观看斗牛表演,一面收集斗牛的术语和词汇,海明威写了满满一大本,每条都是一篇优美的散文。那本书早已写了十八章,他又补充最新的资料,使初稿内容更丰富。眼下仅剩下两章,一章介绍十二位最出名的现代斗牛士和他们高超的技艺;另一章概括地叙述作者与西班牙国家和人民接触七年的感想。但九月中,他回到巴黎时,还没完稿。

不久,海明威夫妇乘船回国。到了纽约,海明威将收集的斗牛照片送给帕金斯过目。他会见了作家艾里克·赖特和书商卢易斯·柯恩。然后,他急忙陪太太乘火车去堪萨斯,她的预产期快到了。

到了堪萨斯安顿下来后,他俩就去找葛菲医生。十一月十二日上午,葆琳顺利生下一个男孩,重九磅,头发蓝黑,取名格里哥利·汉柯克。海明威盼个女孩,结果又是个男孩,心里不是太高兴。但葆琳平安出院后,他陪她待了一周,一面打野鸭消遣,一面继续写作。拖了好久的初稿终于全部完成,定名为《死在午后》。

十二月中,他们回到基韦斯特,就搬进戈斯买给他们的房子。屋里堆满葆琳从巴黎买来的高级家具,包装箱还没打开。工人在装修室内,到处堆放工具和材料。葆琳产后体质虚弱,加上旅途劳累,一到家就卧床休息。新保姆病了。海明威喉咙痛。老二拿灭蚊的喷剂和爽身粉、牙粉混在一起,往老三床上乱喷。总之,家里乱哄哄的,没个安静的角落。但海明威不慌不忙,见缝插针,晚上加班,将书稿改毕寄出。

不久,帕金斯来电说,收到书稿很高兴。海明威松了一口气,又去钓鱼解闷。他和酒吧老板罗索尔跨海到古巴去海上度假。罗索尔的汽艇上有住宿设备,常往返古巴和美国,收费低廉、合理。海明威发现,艇上很安静,便于写作。他很快读完《死在午后》的清样,接受多斯·帕索斯的建议,删去一些空洞的议论。

海明威最感兴趣的是捕马林鱼。他在古巴之行中捕到十九条马林鱼,大小不等。这种鱼游得快,"快如光",跳得高,嘴像铁,重量从七十磅到一千两百磅。那抓捕过程十分壮观。

海明威原想去两周,却在海上待了六十五天。他在归途中碰上一阵冷雨,回家得了支气管肺炎,不得不取消非洲之行。

可是,疾病难不倒硬汉子。海明威刚退烧,就开车送妹妹卡洛尔去皮格特。他一天开了六百五十四英里。到了目的地,他就累倒在床上。第二天,他和葆琳继续西行,那就轻松多了。一路上,他看到许多俄国移民,有的携儿带女步行,有的全家挤在破车上,到处找工作,可根本找不到。他摸摸口袋里满满的钞票,开着崭新的轿车,比比当年在巴黎阁楼上爬格子的穷苦生活,他觉得现在好多了。

《死在午后》终于与读者见面了。书中记述了作者七次参加潘普洛纳的奔牛节,在西班牙各个城市斗牛赛中见过一千五百头牛被杀,结识当地最杰出的斗牛士的故事。海明威用朴实的语言,写出扣人心弦的决斗和死亡。书中夹叙夹议,阐述他对写作态度和方法的精辟见解。但评论界反应冷淡。美国读者对斗牛题材比较陌生,加上经济不景气,销售情况很不好。

海明威夫妇东奔西跑,跋涉千里,最后风尘仆仆地返回基韦斯特。这地方是"阳光下的幸运岛"。难怪海明威经常进出国门,走遍世界各地,唯独称基韦斯特是他的家。他在这儿待了十二年,进进出出几十回,迎来送往的宾客成百人次,同时写下他的传世佳作。这十二年成了他最多产的时期。从《永别了,武器》开始,到《丧钟为谁而鸣》结束,其间还出版《死在午后》《有钱人和没钱人》《非洲的青山》,短篇小说集《胜者无所得》,剧本《第五纵队》,纪录电影脚本《西班牙大地》以及两篇有关非洲的短篇小说。

风云突变,世事难料。一九三七年西班牙内战爆发。海明威作为一名战地记者,赴马德里采访。在那里他跟美国记者玛莎·盖尔虹朝夕相处,难舍难分,终成伴侣。1940年秋天,葆琳与海明威正式离婚。两周以后,他跟在马德里热恋的女记者玛莎·盖尔虹结婚。婚后两人移居古巴的哈瓦那。基韦斯特的房子归葆琳所有。她带了两个男孩一直住在那儿。一九五一年,她突然病故在洛杉矶医院手术台上,终年五十六岁。她将房产留给两个儿子。但他们没去住,委托海明威代管或租给别人。海明威另娶玛莎后,移居哈瓦那。他路过此地时,仍在老屋小住。也许他忘掉先前葆琳对他的恋情,可是他割不断对这小岛的乡情和乡音。

第九章　非洲狩猎前后

巴黎—肯尼亚—坦桑尼亚 1933 年 11 月至 1935 年 3 月

十一月二十二日中午,浓云密布,寒风阵阵,一艘邮轮鸣笛起锚,徐徐开出法国马赛港,驶往非洲的蒙巴萨。海明威和葆琳夫妇与查尔斯·汤帕逊夫妇等人站在甲板上,向送行的朋友挥手告别,他们终于踏上东非狩猎的征程。

这次旅行推迟了一年。海明威从小就知道非洲是个天然的动物园,那里有许多珍禽猛兽。他读过罗斯福总统的《非洲狩猎记》,早盼望有一天能沿着总统的足迹,到东非的原始森林里打猎,体验猎人的生活并检验自己的勇气和毅力。

海明威进行了周密的准备。他约了好几位朋友同行,打算去两个月。麦克莱斯和斯特拉特改变主意,不想去了。查尔斯仍坚持去。海明威想八月初从哈瓦那先到巴黎,让葆琳姐妹将儿子班比送去给哈德莱瞧瞧。

海明威与哈德莱分手已经六年。她七月初重新结婚,丈夫是《芝加哥每日新闻》驻欧洲记者保尔·莫罗。她和海明威生的孩子班比刚好十岁,长得又高又壮,说得一口流利的法语。去年,班比在基韦斯特家里玩得很痛快,继母葆琳恰好不在家,他跟爸爸单独相处,更加开心。不久,海明威开车送班比去皮格特与家人团聚,欢度感恩节和圣诞节。一路上,班比老打瞌睡,海明威逗他玩,提问题叫他猜,又讲打野鸭的故事,把他逗乐了。小说《父与子》,也在海明威心中成型啦。但在中国传教行医的威拉比叔叔去世了,海明威感到很难过,这距父亲自杀四周年还不到一个月!

在皮格特,海明威获悉:派拉蒙电影公司拍摄的电影《永别了,武器》就要公开发行了。这是海明威的小说拍成的第一部影片,由海伦·赫斯和贾利·库柏主演。改编者将小说悲剧性的结局改成大团圆,他很不满意,立即给帕金斯发信,公开表明他的态度。

班比、帕特里克和格里哥利在家里和睦相处,玩得很快活。过了新年,葆琳陪三个儿子坐火车回基韦斯特,海明威自己开车去罗诺克,转火车去纽约办事。

到了纽约,海明威先去看帕金斯。小说家汤姆斯·伍尔夫也在那里。帕金斯热情地请这两位未曾见面的作家共进午餐。海明威觉得伍尔夫很有才华,精力充沛,但知识有限,一副孩子模样。

一天,有个名叫约翰·加德纳的青年来找海明威。他说早在大学里就跟海明威的妹妹卡洛尔相爱,请求海明威答应他俩正式结婚。海明威是长兄,有责任保护妹妹。他一听加德纳求婚,火冒三丈,当场拒绝并威胁:如果加德纳坚持己见的话,要敲断他的门牙。小青年吓得溜回奥地利。

回到基韦斯特,海明威收到《斯克莱纳杂志》的通知,他们将在春季再发表他的三个短篇小说《一个明净的地方》、《向瑞士致敬》和《赌徒、修女和收音机》。有新作问世,海明威自然很得意。他又想起无所事事的菲兹杰拉德,每次见到他,他总是醉醺醺的,说不上两句正经话。他劝他别再酗酒。海明威觉得只要能工作,心情就很愉快。出名是个怪现象。一个人写了十行诗或一百页散文,可能永垂青史。有的人不管写了多少,一生都出不了名。一个人活着时,人们常常看他总共写了多少书,但他死了以后,唯有那些最佳作品才算数。海明威已开始写一部不太长的长篇小说,以基韦斯特和哈瓦那两地之间的海域为背景,主人公以臭名远扬的海盗哈里·摩根的姓名命名,部分以渔民罗索尔为模特儿。到二月底,他已写了三章。

正当海明威埋头新作时,收到加德纳从维也纳发来的电报:他将于下周与卡洛尔正式结婚。海明威不得不接受这个事实。他生气地将电报摔在桌上,从此不再过问妹妹的亲事。

纽约《大西洋杂志》将连载格特鲁德·斯坦因的作品《艾丽丝·B.托克拉斯自传》。海明威很反感。虽然该书涉及海明威的章节要等到夏天才发表,但他意识到,他和斯坦因的关系早破裂了。在巴黎时,她是班比的教母,两家来往密切,如今却反目相待!有人说,斯坦因和安德森造就了海明威。又有人说,海明威从帮斯坦因看清样中学会写作手法。海明威非常气愤,打算写自己的回忆录,以此澄清是非,回击恶意攻击。

文稿的事,该谈的都谈了。海明威又租了罗索尔的游艇“阿妮姐”,想跨海去古巴待两个月。他特地请卡洛斯当航海和捕鱼顾问。四五月间蓝天白云,风平浪静。他在海上随意航行,每天捕一条马林鱼,多么过瘾!可惜好友不在身旁,没人跟他分享大海垂钓的乐趣。他思念远方的朋友。多斯·帕索斯风湿病发高烧,正住在约翰·霍普金斯医院治疗。海明威曾寄一张一千美元的支票去慰问他。他希望他早日康复,一起聚会叙旧。

从古巴满载而归时,已是六月份了。纽约又来信,想为他出个短篇小说集,共收入十四篇作品,请他提个书名。海明威从一本旧游戏书上得到启发,取名为《胜者无所得》。这比他原先想的好得多。他趁自己记忆犹新时,记下古巴捕鱼之行的经历和感受,给阿诺德主编的《绅士》写了一篇《古巴来信》,附上照片。这是他中断十年记者生涯后重操旧业的第一篇。

推迟好久的非洲之行终于开始。海明威夫妇一行提前三天到哈瓦那,从那里转乘轮船去法国。海明威惊喜地发现:古巴正处在全国总罢工的高潮中,主要城市都瘫痪了。人们奋起反对独裁者吉拉多·马沙多。海明威一行住在孟多斯家中,葆琳姐妹上街时有人起哄。海明威同情古巴人民。他希望上帝摘掉独裁者马沙多。八月七日上船时,他们看到群众在街上要求马沙多辞职,但独裁者派兵野蛮地驱散群众。过了几天,船上电台广播:独裁者马沙多已下台并逃亡国外。爱国者卡洛斯·曼纽尔成了新总统。

经过几天的航行,邮轮到达西班牙港口。海明威听说西班牙也发生了革命,心里很高兴。他知道西班牙农民以前十分穷困,新政权机构庞大,花钱如水,民怨沸腾。各地发生几起流血事件。保守势力蠢蠢欲动。他请了老朋友卢易斯·昆坦尼拉一起打猎聊天。这位艺术家热衷于革命,滔滔不绝地给他介绍各种变化。海明威看到那古老而幽暗的斗牛咖啡厅给拆掉并夷为平地,准备建新的办公楼,感到很遗憾。水族馆在兴建中。海明威以前带班比去游泳的地方建了现代化的澡亭。室外运动受到重视,女孩长得又高又壮,海明威认为这是明显的进步。但斗牛活动不如以前,优秀的新斗牛士不多。

海明威利用空余时间,读完了斯坦因《艾丽丝·B.托克拉斯自传》连载的最后一部分。他觉得写得不怎么样。他还读了詹姆斯·索伯的《我的一生和艰难日子》,他认为它比亨利·亚当斯的传记写得好。他写信给索伯。索伯激动地将海明威的话印在他书上。接着,海明威继续写哈里·摩根的小说。小说开头描写古巴革命者和马沙多独裁者的走狗大清早在哈瓦那街头搏斗的情景。珍妮觉得很真实。小姨子的恭维使海明威心里乐滋滋的。他感到用这种简洁的手法营造气氛，效果不错。

秋末，海明威一行抵达巴黎。古老的名城仍像以前那么婀娜多姿。这里是他青年时代成长的地方，塞纳河畔留下他的足迹，他对这里的一草一木依然那么熟悉和留恋。但他如今对自己的祖国有更深的了解。从佛罗里达最南端的小岛到怀俄明的最高山峰，都给他留下美好的回忆。如果需要战斗，他将为祖国而战斗，他也会为西班牙而战斗，但不是法国，也不是现在。他听说诗人庞德正在米兰讲学，吹捧墨索里尼的高效率，很不是滋味。他痛恨意大利法西斯，近来觉得希特勒更可恨。希特勒的国家概念意味着战争，人们担心可能发生另一次世界大战，并不是没有道理的。

《胜者无所得》问世后，引起纽约评论界的争论，《怀俄明的酒》和《暴风雨之后》受到赞扬，但总的反应欠佳，销路很差。

查尔斯·汤帕逊如期到达巴黎，与海明威会师，准备一块上非洲打猎。出发前夕，海明威夫妇邀请英国小说家詹姆斯·乔伊斯夫妇共进晚餐。乔伊斯很欣赏海明威即将去非洲打猎，感慨地说，他自己的作品也许太城市化了，他恐怕也该到处走走，见见世面。

出发的日子到了。许多亲朋好友到马赛港为海明威一行送行。

邮轮驶入地中海以后，雨下个不停，寒气袭人。靠近埃及海岸时，阴雨转晴，天气渐渐热起来，邮轮停靠塞得港。海明威一行上岸吃晚饭，然后到当地土特产市场逛逛。几小时后，邮轮开始穿过苏伊士运河。海明威站在甲板上，望着岸边的沙丘，久久不愿离去。有个埃及士兵骑着骆驼，在岸上与轮船赛跑，吸引了船上不少旅客。十二月初，邮轮抵达红海最南端的亚丁港，然后平稳地转入印度洋。海明威和汤帕逊沐浴着热带的阳光，兴致勃勃地坐在甲板上玩牌。

十二月八日,邮轮在肯尼亚的蒙巴萨靠岸,沿海高湿度的天气扑面而来。葡萄牙人以前建造的城堡前,是一排排阿拉伯独桅三角帆船。古老而狭窄的街道与现代化的马路交相辉映,绿树成行,车辆不多。海明威一行受到英国年轻夫妇查尔斯和凯瑟琳的盛情款待,度过了在非洲的第一个周末。隔天,他们乘火车去内罗毕。

内罗毕是肯尼亚的首都,四周环山,石砌的楼房散落在绿树丛中。海明威一行下榻在新斯坦利旅馆。有人说,著名的猎手帕西瓦尔将给他们当向导,分文不取。几天后,帕西瓦尔来了。他中等身材,头发灰白,仪态大方,彬彬有礼。他说话响亮有力,打猎经验丰富,还会讲故事。海明威一见到他,就喜欢他,每天向他请教。帕西瓦尔从海明威的笑容和双肩,想起二十年前罗斯福上校的音容笑貌。

海明威到卡皮提待了两周,努力适应高原的气候。他每天五点起床,从早到晚,整天打猎。他们打了瞪羚,烧肉吃;打了黑斑羚,砍下头来做标本,还打了许多珍珠鸡,饱吃了一顿。他的胃口挺好,对这美丽的土地赞不绝口。他说,他读过的书,没有一本提到这里保留着这么多奇妙的野禽,美国蒙太那州和怀俄明州山区都比不上它。他活到现在,也没见过这么好的地方。

海明威一行,带了帐篷,特制的无门汽车和有关设备,意气风发地开往坦噶尼克(今坦桑尼亚)。除了海明威、葆琳、汤帕逊夫妇和菲力普以外,还有机械助理班·福里和当地司机卡莫和背枪员姆可拉。第一天,他们跑了两百英里,到达乞力曼扎罗山西南的阿鲁沙,住在雅典娜旅馆。第二天,他们到乌姆布河边安营扎寨,准备开始行动。前十天,打猎很顺利,战果赫赫,共捕获旋角大羚、软毛羚羊、罗伯特斯瞪羚、南非羚羊、非洲大羚羊和两只漂亮的豹子。大家挺开心的,想多打些野禽,迎接新年的来临。不料,海明威身体不适,肚子闹毛病,像是得了阿米巴痢疾。什么原因?说不清。个个为他焦急。但附近没有医院,怎么办？海明威无所谓,仍坚持每天外出打猎。葆琳打了一头狮子,给海明威莫大的安慰。

元旦过后不久的一天,太阳刚下山,夜幕还没降临,他们发现有棵树在晃动,好像有东西顶着它。葆琳按菲力普的口令马上蹲下,向狮子瞄准开火。狮子见一阵火光,跳了一下,向左边跑开。海明威急忙补了一枪,狮子应声翻了筋斗,趴在开阔地的干草上。姆可拉高兴得手舞足蹈,回营地报告:葆琳打中了狮子! 他们激动地把葆琳抬起来,边走边唱着《狮子歌》,一直将她送到狩猎队门口,才把她放下来,向她热烈祝贺!

海明威不说那头狮子是他打的。他继续等待时机,捕捉目标。一天,他和菲力普驱车外出,发现两只狮子在平原边上的荆棘树下嬉戏追逐。菲力普果断地发出信号,海明威站着扣动扳机。一只狮子停步,回头张望,嘴巴张得大大的,接着急忙转身躲进峡谷的丛林里。他们两人冲上前去,发现那只狮子细长光滑的毛上淌着鲜血。海明威看到苍蝇在狮子的伤口上飞来飞去,觉得又自豪又惭愧。

当天,海明威和汤帕逊在平原的边缘地带碰上三头野牛。他们立即开火。说时迟,那时快,枪声一响,野牛乱跑,两头倒下,第三头负伤逃窜,菲力普在旁边补了一枪,野牛应声倒在血泊中。野牛气力大,耐力好,但跑不快,常常成为猎手的俘虏。

一月中,海明威的痢疾更严重了。他仍不顾一切地硬撑着,但身体虚弱,外出打猎都站不稳,要靠着大树开枪。菲力普坚持要他去内罗毕治病。他用无线电从尼安扎呼来一架救援飞机。他们在营地附近的空地上点起两堆篝火,让小飞机安全降落。海明威病得难受,上了飞机就蜷缩在飞行员后面座位上。飞机升空后沿营地绕了一圈,大家挥手向他送别。

一座座山峰从机翼下消逝,一群群野兽成了绿色草原上的花斑点点。飞机在阿鲁沙机场降落加油。海明威走出机舱,伸伸懒腰,上厕所方便。一小时后,飞机顺利起飞,向北边的内罗毕飞去。海明威振作精神,透过舷窗看到远处的乞力曼扎罗山的主峰披着白雪的盛装,午后的阳光照射在它的顶峰,闪闪发亮,十分洁白、可爱。

海明威平安到达内罗毕,心情轻松多了。安德逊医生让他住在新斯坦利旅馆,接受一个注射疗程。第一针打过六小时以后,他的病情开始好转。他忍不住,从包里拿起纸笔,给《绅士》写篇打豹子的故事,还想配些照片。其中有一张照的是,他蹲在被击中的狮子旁边。他最喜欢这一张,为此感到骄傲。

帕金斯一个月前的来信转到海明威手中,信中提到,《胜者无所得》的销售情况明显好转,圣诞节前一周,已售出一万两千五百册。他感到宽慰些,《世界主义者》主编哈里·伯顿来电称赞《一次跨海旅行》,表示要付给他五千五百美元稿酬。这是他一个短篇小说获得的最高稿酬。

一月二十三日前后,海明威病愈返回恩戈隆格罗火山南部林区,继续狩猎。天气转凉,平原地区打猎季节已过,他们只能打到犀牛、黑貂和大羚。菲力普又找了一个当地的猎手协助,他的年龄跟卡莫相仿,海明威亲切地叫他的小名"德鲁皮"。德鲁皮常常头戴无边的圆红毡帽,肩披白布,手持长矛,精神抖擞,威风凛凛。海明威夸他是个好猎手。

在森林地带最后一周,收获不如以前。但海明威病后康复,心情好多了。空闲时,他爱跟同伴聊天。他喜欢山区早晨清新的空气和下午温煦的和风。远处那蓝色的曼尼阿拉湖和棕色的黑弗特峡谷略隐略现,令人流连忘返。

一天,海明威在营地仔细一看,发现汤帕逊的战利品比他多。他愣了一愣,自尊心受了伤害,他决心在离开营地四周前超过他。

原先,他曾想过,抓只长颈鹿,将皮送给国内朋友,打只直角大羚,将漂亮的黑角拿回去做标本,挂在办公室里,多么有意思!这些想法不时涌上心头,使他烦恼和沉闷。二月初,他们移师巴巴提。帐篷钉在林区平地上的树下,热气灼人,成群的大苍蝇不断光临。海明威怕蛇,恨蛇,尤其是晚上出没的蛇。但他觉得这些大苍蝇比蛇更可怕。大苍蝇飞近你的脖子和手臂,你不得不用树枝驱赶它们,否则没法安心休息。

后来,菲力普看出这个营地确实不行,决定换个地方。海明威举双手赞成。他们搬到两百英里外的基坚古。那里地处两座美丽的森林覆盖的大山之间,是高原上较低的地方。班·福里找来两个当地向导。海明威不太信任他,后来,一个向导带他找到大羚的脚印,但距离太远,打不成。海明威空手而归,回营地一看,汤帕逊又打了一只非洲大羚。再过几天,雨季就到了。下了雨,道路泥泞,打猎就不行了。

海明威越想越急,到处寻找大羚。情人节那天,他离营地四十英里处等了整个下午,姆可拉和两个当地向导陪着他。他们发现了四只大羚的心形脚印,以为到了傍晚它们会顺原路返回,结果大羚没来,倒来了卡车的喧闹声,将周围的禽兽全赶跑了。

返回营地途中,他们发现一片空地上火光闪闪,围了一群土人,便上前一看。有个青年叫汉斯。他听说过海明威,读过他的诗。他见到海明威,非常兴奋,想请教他许多问题。海明威热情地请他第二天到营地吃饭交谈并回答他的问题。

海明威心里仍想着非洲大羚。傍晚五时许,卡莫开车穿过黄色平原,到达一个青翠的山谷。海明威屏住呼吸,观察四周动静,终于发现目标,在半小时内打了两只大羚。黑得发亮的头骨上伸出的双角呈棕色,像胡桃肉的颜色,十分可爱。海明威笑得合不拢嘴巴。他终于超过汤帕逊。战利品数他第一！

时间过得很快，七十二天一晃过去了。海明威觉得这次来非洲的时间太短，应该再来，多待些日子，学会当地的语言，熟悉山区的环境。不要像在雨季前这么来去匆匆。他坐在汽车里回营地，得意地喝着啤酒，梦想将来有一天再来。

当他们一行回到滨海小城坦噶时，狩猎旅行计划已经完成。可是，还要等两星期才能去蒙巴萨上船回法国。海明威想带菲力普·帕西瓦尔到印度洋捕鱼，让他开开洋荤。他们住在马林迪棕榈海滩旅馆，然后租了船出海。第一天，他们发现船上的发动机不行，一小时只跑四英里，但钓鱼还行。他们捕到大海鱼、琥珀鱼、红脂鱼、海豚和旗鱼。海明威看到这儿水深鱼多，格外激动，很想在马菲亚岛建个营地。他还想去红海和亚丁湾捕鱼呢！

归程的日子到了。他们乘豪华的瑞典邮轮去法国，比来时的那艘船大，清爽舒适得多。经过九天航行，他们到达海法港。三月十八日平安返抵法国维尔弗隆港，从尼斯转火车到巴黎。汤帕逊夫妇立即返回美国。海明威夫妇在巴黎停留几天。非洲之行仿佛使海明威恢复了青春。

海明威夫妇又请詹姆斯·乔伊斯共进晚餐。两个多月不见，有许多话要说。聊到午夜，葆琳很累，先走一步。乔伊斯想跳华尔兹舞，蹒跚几步就跌倒。海明威赶快走过去，扶他起来，让他坐在椅子上。海明威马上叫辆出租车，送乔伊斯回家。到了他家门口，海明威付了车费，慢慢背他上楼。海明威下楼时，想到老朋友落到这步田地，心里很难过。

在巴黎的第六天，海明威走访了斯尔维娅·比茨书店。女老板给他看了一本刚出版的评论集《哑巴公牛》。作者威温德汉姆·路易斯在书中尖锐地批评海明威的反知识主义。海明威气得暴跳如雷，顺手将桌上的郁金香花瓶砸碎。后经老板劝说,他冷静下来了。他坚持照赔不误,付给女老板一千六百法郎,以赔偿损失。另一个雨夜,他又到书店去。斯尔维娅正在跟女作家凯瑟琳·安娜·波特聊天。她热情地介绍波特与海明威认识,自己跑去接电话。他们两人互相看了看,一句话也没说。海明威就匆匆走开了。

不久,海明威夫妇回到纽约。帕金斯说,菲兹杰拉德正在设宴庆贺新作《夜色温柔》问世,建议他去捧场。海明威很关心老朋友,说去就去了。他见到菲兹杰拉德,感到令人失望,他和先前一样,喝得不省人事,连话都说不出来。他的新作并不成功,人物塑造差劲。作者对自己的创造力似乎已失去信心。

离开纽约以前,海明威到威勤船厂订购一艘游艇,预交了一半订金三千三百美元。厂方答应三十天内在迈阿密交货。他早听说,迈阿密东边四十五英里处,有个美丽的比美尼小岛。那里是捕鱼人的天堂。他想,如果有了自己的船,到哪里去都方便。况且,买船是他多年来的愿望。他早给它起了名字——彼拉。这有多层含意:一是葆琳刚跟他谈恋爱时,就神秘地造了这个小名;二是为了纪念西班牙渣拉戈渣斗牛的神坛。

离开了七个月,海明威和葆琳终于平平安安地回到基韦斯特。他们发觉,小岛变得更美丽了。在这里安家,真是最佳的选择。

海明威抽空去看几个好朋友,顾不上休息,马上开始写作。自从写完哈里·摩根的故事以来,他几乎没动过笔。他想将最近的非洲之行写成真实的故事,而非单纯的游记。他打算用的书名叫"非洲的高原",副标题是"猎手皆兄弟",这是全书的主题。他在人物塑造、内心独白、景物描写和对话上花了许多功夫。他还要写些动人的插曲,比如:一九三四年情人节时,他们开着破旧的卡车到处乱闯,把盐渍地附近的珍禽野兽全吓跑了。他要用电影倒叙的手法,将搜捕大羚推上高潮。总之,他雄心勃勃,想写出一部传世佳作。

五月九日,海明威接到通知,"彼拉"已发到迈阿密,请他去提货。他赶快叫布拉去开回来。当"彼拉"进港时,海明威、葆琳和他们的朋友都登轮参观,然后试航了一周。海明威的弟弟莱斯特也在场。他高兴地跟"彼拉"跑前跑后。"彼拉"游艇是双引擎的,舱内可睡六人,船尾还有个房间可睡两三个人。它是单层甲板机动大帆船,表层镀铬,闪闪发亮。海明威急于试航,不久就开船出海捕鱼。

一天,海明威送客人去车站回来,遇到麦克莱斯来钓鱼度假。两人打了招呼,还没谈上几句,海明威就怪他过多参与政治和经济活动,没能跟他去非洲,是极大的遗憾。麦克莱斯很不高兴。他说,海明威名声不太好,他的自我像个恶性膨胀的气球,幸亏没跟他去。两人大吵起来。他们是十年的老朋友,结果就这样闹翻了。

七月中,古巴朋友卡洛斯来信,催海明威去捕马林鱼。海明威找拉索尔。拉索尔走不开,他很着急,雇个小伙子安诺德上"彼拉"帮忙。"彼拉"抵达哈瓦那码头时,卡洛斯来了。他帮忙雇了胡安当舵手兼厨师。头两周,海明威在船上会见了两位科学家。一位是费城自然科学院院长查尔斯·卡德瓦拉德,另一位是该院的鱼类学家亨利·福勒。在海明威的热情帮助下,福勒获得了许多新知识,修改了北大西洋马林鱼的分类。查尔斯院长则称赞假期过得很愉快。记者秋克·阿姆斯特朗是个摄影师,他上船采访。委内瑞拉运动员曼德兹协助开船。他们在外海拍了许多金枪鱼和马林鱼的照片,收集了大量标本,并作了详细记录。

九月初,海明威返回基韦斯特,将"彼拉"留在哈瓦那检修和清洗。他加快写书,每天写五六页,精力最旺盛时一天写二十二页至三十页。第二天夜里,他乘渡轮去哈瓦那。海上洒满月光,马林鱼到处游荡。他听说,职业渔民一天捕了五十条大马林鱼,不禁垂涎三尺。

但是,在古巴捕鱼的运气并不好。风浪大,钓不到什么。海明威从早到晚不歇,只抓到十来条小马林鱼。他并不灰心。古巴朋友来看他,为他出谋献策。他自任船长,另雇个青年当厨子。有时,游艇给海风刮到外海,弄得精疲力竭,他倒感到是莫大的乐趣。

隔天午餐后,卡洛斯被水面上的震动吓了一跳,以为是古巴或美国军舰在开炮,后来发现是一群鲸鱼,黑油油的背部在浪尖上闪亮。海明威抓起望远镜一瞧。嗨,准有二十条! 其中两三条最大的长达七十英尺。他赶快去船头放下捕鲸炮,装了一排救生圈。卡洛斯将船驶向一对并行游戏的鲸鱼,其中一条喷出高高的水柱,淋湿了船的甲板。海明威摇摇头,定定神,瞄准鲸鱼背部开炮,鱼叉刚好落在鲸鱼喷水口后面。他准备刺杀鲸鱼,可惜鱼叉扑空,鲸鱼继续游向外海。这是海明威生平第一次,也是最后一次的捕鲸经历。他回到家里时,还说个没完。这种海上奇遇,的确很难得。

一天,青年作家欧文·斯通来看海明威,送他一本新出版的传记《生活的欲望》。他们坐在"彼拉"上一边喝爱尔兰威士忌,一边交谈文学创作问题。斯通谈起他创作的艰辛,历史资料多,花的时间长,难以自由支配。海明威说,创作中没有纯虚构的东西,他往往是将人物、思想和观点从接触过的地方拉出来,塑造一个主要人物,再将其他人物连起来。他的小说是从亲身经历中产生的。斯通问他:为什么不写一本有关美国社会生活的小说? 他说美国生活太沉闷,没发生过什么重大事件。斯通提醒他注意罗斯福总统的新政和经济革新。海明威耸耸肩膀说:"这种材料不行。"

其实,这种材料他已悄悄地写进非洲之行的新作。到了三月中旬,手稿已有四百九十二页。他想在此打住,不再写了。他觉得此书比他的《大二心河》好得多。从一九二四年至一九三四年,他在创作中注重"风景画"的描绘,让乡村的景色变活。但新作包含更多的人物行

动和对话。它有形式,有结构,有节奏,从一般叙述走向高潮。他特别
满意的是:新作的描述十分真实,没半点掺假,更没欺骗读者。

非洲狩猎的战利品从纽约转运来了。为了安全托运,海明威颇费
心思。他花了七百五十美元,从蒙巴萨将物品海运到纽约,又付了三
百六十多美元去加工制作标本。狮子和豹子的皮制成地毯,一只一
张,保留张开嘴巴的虎头和豹头,保留四只大爪,栩栩如生,气派非凡。
此外,还制作了几个黑貂、羚羊、黑斑羚和直角大羚的头。他送给墨菲
一个黑斑羚的头,让他挂在办公室内墙上。他自己客厅和书房里的墙
上,也分别挂上一个。它们仿佛象征着他在非洲高原和青山绿林里所
表现的勇气和耐心。

海明威总是将打猎、捕鱼、看斗牛和旅行活动与写作紧密结合起
来。这次去东非,也不虚此行,发表了两个短篇小说《乞力曼扎罗的
雪》和《麦考伯短暂的幸福生活》,以及一本非小说——《非洲的青山》。
此书先登在《斯克莱纳杂志》,后出单行本,初版一万零五百五十册,但
评论界反应不好。艾德蒙·威尔逊批评海明威,在美国最困难的大萧
条时期,回避国内政治和经济的重大问题,跑去东非狩猎,写什么出国
狩猎经历。大多数评论家则认为,尽管写作技巧不错,此书仍比不上
海明威其他小说。这与他本人的自我感觉大相径庭。

不过,海明威成了基韦斯特最出名的居民了。他穿着脏粗布衫,
去汤帕逊的五金店或斯洛皮酒吧,常常被游客认出来。他那造型新颖
的"彼拉"游艇,很引人注目。他常常戴着绿色太阳镜,身着破旧的圆
领衫和沾满油污和鱼血的白短袜,腿上扎着布条,光脚丫站在"彼拉"
旁边,与远道而来的游客合影留念。有的干脆跳上他的小艇,随他出
海,观赏他捕鱼的熟练动作,分享他丰收的喜悦。

海明威日夜盼望去巴哈马斯的比美尼岛。他将邀请多斯·帕索
斯夫妇和斯特拉特等朋友上船,"彼拉"会迎着墨西哥湾的暗流,驶向

东北方向的比美尼岛,在那里捕捉大鲨鱼。事后,他写信对朋友说,发现比美尼岛的美景,是他一生中的大喜事。他很喜欢这迷人的小岛,真想再来,犹如他上非洲密林,还没离开就想再去!

第十章 马德里的枪声

　　七月底,海明威正准备去诺基斯特牧场打猎时,马德里响起内战的枪声。他给西班牙朋友写信,说他不久就去。但他仍按原计划,开车带着葆琳、珍妮和哈里·彭斯教授向新奥尔良驶去。打猎后他想顺便去皮格特探望丈母娘。

　　到了牧场,海明威发现以前的雇员大部分走了,但有个叫威弗的人愿帮忙烧饭打杂。他们住进河边山丘旁的茅屋。海明威信箱里有不少来信。有的夸他《乞力曼扎罗的雪》写得好,有的关心西班牙局势。多斯·帕索斯提到他们西班牙朋友昆坦尼拉参加了平叛的战斗。

　　原来,西班牙人民阵线联盟在一九三七年二月大选中获胜,掌握了政权,成立了共和国政府。不久,由于失去控制,全国两大工会失和,农民武装暴动,占领并私分大片庄园。罢工浪潮席卷了好几个城市。有人乘机烧毁教堂,搞暗杀活动。议长、民族阵线极右派头头卡瓦尔·索特罗被暗杀。陆军参谋长佛朗哥将军乘机发动叛乱,举兵反对共和国政府。许多有识之士预言:已在德国和意大利掌权的法西斯势力,一定会乘虚而入,支持叛乱。苏联和墨西哥则尽力支持共和国政府。马德里的枪声惊动了欧美各国正直的知识分子。他们纷纷作出反应。

海明威在牧场无心久留,不久就返回基韦斯特。

感恩节前后,有个作家在报上披露:海明威即将去西班牙报道战况。北美报业联盟总经理约翰·威勒马上给海明威来信,建议他考虑为他们六十家大报写些报道。海明威求之不得,立即回信,表示同意。正在古巴的老记者西德尼·富兰克林答应跟他去,但葆琳和帕金斯都不赞成。

冬天,许多人来基韦斯特避寒。有个青年作家詹姆斯·法拉尔来看海明威。海明威跟他饮酒谈心,夸福克纳是个优秀作家,比自己和詹姆斯好得多。罗斯福总统智囊团的雷克斯福特·盖伊也来访。他劝海明威写点罗斯福新政的题材,海明威耸耸肩膀不吭声。盖伊后来不满地说,海明威喜欢待在基韦斯特这么颓废的地方,过着捕鱼打猎的生活,老写他的原始题材。其实,海明威认为盖伊与法拉尔不同,他对盖伊不感兴趣。他继续写他的小说。

十二月的一天,海明威在斯洛皮·何酒吧里与老板饮酒聊天,突然有三个游客进来:一个五十开外的漂亮女人带着两个青年。他们是一家人。男孩叫阿尔弗利,大学生模样;金发姑娘叫玛莎。全家从圣路易斯来游览度假。

玛莎见海明威邋邋遢遢的,不屑一顾。海明威主动自我介绍,说他两个妻子都在圣路易斯上过学。年长的妇女说,她叫艾德娜·盖尔虹,丈夫不久前去世。女儿玛莎上过布莱恩·毛尔学院,芳龄二十八岁,已发表一部长篇小说,另一部短篇小说集九月刚出版,前言是英国名作家威尔斯写的。玛莎打算到德国再写一本。纳粹势力上台令她痛心。这次游览后,她要再访欧洲。

海明威对盖尔虹一家异常热情,陪他们环岛游览,请他们到家中见葆琳。玛莎的母亲和弟弟先走,她多住几天。海明威陪她去观赏宾纳玫瑰园,上斯洛皮·何酒吧,多次促膝谈心。过了元旦,玛莎走了。海明威匆忙决定去纽约,到了迈阿密,又遇上她。两人一起坐火车北上,然后各奔东西。几天后,玛莎来信,称他恩尼斯蒂诺,夸他是个可爱的人。她很喜欢他的小说。

葆琳读了信,心里很不是滋味。

海明威到了纽约,先去跟威勒总经理签了合约。对方答应:电报稿每篇五百美元,邮寄稿一千两百字以上的,每篇一千美元。去马德里的经费有了眉目,海明威心里踏实多了。接着,海明威找了《芝加哥论坛报》驻西班牙记者杰·艾伦了解当地情况。艾伦刚从那里离职回国。有一位小说家拍了一部纪录片《战火中的西班牙》,记录了内战的最新情况:法西斯飞机轰炸不设防的城市,马德里儿童惨遭佛朗哥军队炮击,但政府军在山区节节胜利。海明威与他细谈多次,帮他重写解说词。该片一月中旬在纽约市公映。

离开纽约前夕,海明威获悉多斯·帕索斯正在多方集资,拟与荷兰著名导演伊文斯合作,拍摄第二部纪录片,唤醒美国人民对西班牙人民的同情。海明威十分赞成。他与多斯·帕索斯、麦克莱斯和海尔曼等作家和学者发起组成"当代历史家学会",协助筹款拍片和发行影片。然后,他匆匆赶回基韦斯特。

准备好行装,海明威又到纽约,搭"巴黎"邮轮经法国去西班牙。同行的有西德尼·富兰克林和诗人伊凡·席帕曼。三人在船上碰上不少新闻记者。席帕曼悄悄躲进船上酒吧,谢绝记者采访。富兰克林在船上大厅里举行记者招待会,公开回答记者们的问题。海明威则个别会见记者。他说,此行的目的是让美国人了解佛朗哥和他的外国盟军,正在打一场新战争。这种全面的战争,根本没有局外人。他打算先到马德里,再深入前线采访。

　　海明威在巴黎停留了十天,帮助富兰克林搞签证。他等得很急,自己租车开赴法西边境,两次被阻,要他出示特别通行证。他认为这是极大的讽刺。意大利已派了一万多名军队到西班牙为佛朗哥打仗,法国还在卡中立记者的签证! 后来,他求助于西班牙朋友昆坦尼拉,帮朋友办了签证,才改乘法航飞机直达巴塞罗那。

　　到了巴伦西亚,海明威去新闻局搞了一张官方通行证。他们给他派了司机托马斯,送他到马德里市内佛罗里达旅馆住下。海明威到国际电话电报大楼办了登记手续,就立刻去观看瓜达拉哈拉大捷的现场。不巧,那天天气不好,雨雪交加,汉斯·克尔将军亲自带领他们到首都郊外五十英里处的战场遗址,只见到处一片废墟,被遗弃的枪炮堆积如山,田里沟里是一箱箱弹药,公路上留下瘫痪的小坦克和卡车。高原上遍布意大利士兵的尸体。汉斯将军说:意军的惨败粉碎了佛朗哥包围马德里的美梦。民主力量日益强大,几个月后将发动反攻。海明威马上给国内发报道。

　　一天晚上,海明威到格兰·维亚旅馆的地下餐厅,迎面撞上玛莎和富兰克林。他们从不同的路线来巴伦西亚。海明威对玛莎说,我知道你来了,女儿! 因为我给你办妥了手续,你才能来。玛莎听了很生气。事实上,他只打了一两次电话,具体没干什么。玛莎是以《柯立尔》杂志特派记者的身份来的。她认为自己是个铁杆的反法西斯主义者,政治上比海明威坚定。她一来就跑了一天,又冷又累,还没住定。

　　第二天,海明威老老实实陪玛莎去认识新闻检查官,办了安全通行证和汽油证,请他们安排住宿。往后几天碰上好天气。一天清晨,玛莎跟海明威去瓜达拉哈拉红色的山峰,观察叛军的行动。他们和政府军士兵聊天,了解前线对峙的情况。郊外比市内好些。叛军天天炮击首都市区,到处是弹片、碎石和灰尘。市民生活不得安宁,经常遭殃。

许多好朋友纷纷赶到马德里。海明威精力充沛,信心十足。他喜欢战地生活,在枪炮声中写报道,仿佛他年轻时在意大利的经历,使他习惯了身边的枪林弹雨。他和汉斯将军保持密切接触,及时了解战地消息。这使他的报道更有权威性。但他与老朋友多斯·帕索斯,仍在为《西班牙大地》的主题和内容争论不休。其实,两人的意见可相互补充,效果更好。

盖劳德旅馆是国际纵队苏联支队的活动中心。海明威常打电话去采访。人们知道他的名字。他每次去那里,大门口的哨兵总是彬彬有礼,向他亲切招手。他心里挺开心的。起先,他不大喜欢去,后来发现那里食品和饮料相当丰富,记者约见交谈的很多。前线的消息不少,还可了解军事形势和司令部的意图。他发觉,许多西班牙指挥官接受苏联的军事理论。所以,他常常到那里去。

苏联《真理报》记者米克海尔·柯尔特索夫经常给海明威提供消息。他是个年轻的大学毕业生,戴着金边玳瑁眼镜,头发卷曲,脸色深黑。他知道海明威不信仰共产主义,但他是个正直的作家。他了解了情况会如实报道的。海明威在他那里结识了另一位苏联记者伊利亚·爱伦堡。两人成了好朋友。爱伦堡回国后成了知名作家,多次写文章,将海明威和他的作品推荐给苏联读者。

在马德里待了两周,海明威对内战双方有了深入了解。他同情无辜的老百姓,尤其是妇女和儿童的遭遇。四月,他决定全力与伊文思合作,拍好《西班牙大地》。他经常和伊文思一起,到前线阵地拍摄。为了赶拍政府军反攻的镜头,他们天不亮就赶到支队司令部,顾不上吃早餐。他们深入前线,离敌人很近,炮弹在他们身边爆炸。他们选择可隐蔽的山脊,居高临下,拍摄整个战场。有一次,海明威没掩蔽好,敌人机枪从山上立即射来一梭子弹,从他脑后飞过去。有时,他们摸到敌人阵地前面,把他们的面目一一摄入镜头。

　　起先,海明威早出晚归,顾不上与玛莎联系。他留在饭店的时间确实不多,司机换了四个。他时常到马德里市郊各个阵地采访,与军事指挥官的接触也扩大了。海明威成了第十一国际支队的常客。这支由德国共产党人组成的支队训练有素,许多人打过仗。他和支队司令汉斯·克尔成了好朋友,曾想为他写本书。第十二国际支队也深受他的厚爱。支队司令是年仅四十一岁的卢卡斯将军,他是个著名的匈牙利小说家和文艺理论家,他的轻松幽默使海明威特别高兴。卢卡斯的政委、德国人加斯塔夫·里格勒和医务官威纳·海尔布兰也是他喜欢的人。他们都是坚定的反法西斯主义者,对海明威很敬重。海明威夸他们打得出色。

　　四月份,叛军加紧轰炸马德里。弹片四处开花,楼房倒塌,平民伤亡不计其数。佛罗里达旅馆也不能幸免。有个杂工腿被枪弹打穿;玛莎房间里的镜子被打坏,幸好她不在里面。马德里食品供应日益紧张。海明威借了一把手枪,到市郊森林里打了一只野鸭和四只野兔,回旅馆加工烧了吃,总算解了馋。

　　第二天,海明威和玛莎一起上前线采访。两人已坠入爱河,形影不离,十天跑了四个主要前线阵地。一天清早,叛军的炮弹打中了佛罗里达旅馆的热水罐,顿时热水四溢,水气升腾,人们从床上爬起来,躲到地下室。海明威迅速去找玛莎,拉着她躲进地下室。玛莎很感激他。随后,两人结伴去前线,先乘车到西尔拉,再骑马涉山过水去视察政府军的阵地。士兵纪律严明,斗志昂扬,给海明威留下深刻印象。他们乘装甲车回马德里,遭敌军袭击,子弹打在钢板上的声音听得一清二楚。

　　《西班牙大地》在炮火中拍完,并装箱待运了。海明威发了最后一篇报道,准备回国。汉斯·克尔举行盛宴,为他送行。那天恰好是五一节晚上,宴会在古城堡里举办。卢卡斯将军、里格勒政委和海尔布兰医务官都到了。他们视他为战友,而非一般记者,这使海明威十分感动。可惜,他意料不到,这次依依惜别竟成了他与卢卡斯、里格勒和海尔布兰的永诀!

停留了四十五天,他的第一次使命顺利完成。

路经巴黎时,海明威应邀到英美新闻俱乐部和斯尔维娅·比茨的莎士比亚书店分别作了讲座,介绍西班牙内战的情势和他个人的感受,听众甚多。乔伊斯也到书店听他讲演。海明威对记者说,他没料到在西班牙待了这么久,他回国修改书稿后,还要再去。

五月十八日,海明威回到纽约,他立刻赶回基韦斯特,携妻儿去比美尼岛避暑,一面修改小说,一面钓鱼消遣。六月四日,他飞往纽约出席第二届美国作家代表大会。卡内基音乐厅挤满了三千五百多人,门口还站着千把人,真是盛况空前,举世瞩目。美国作协主席唐纳德·斯特瓦特主持了开幕式。美国共产党总书记厄尔·布劳德做了报告。他指出欧洲的独裁者用炸弹摧毁了文艺的象牙之塔,作家们都要关心普通人的生活。生活是一切艺术的源泉。荷兰导演伊文思介绍了纪录片《西班牙大地》。他指出:在作家代表大会上放这部影片,有点奇怪,但纪录片是在西班牙炮火中拍的。每个忠实的作家都应到那里去看看。

当大会执行主席阿基鲍尔德·麦克莱斯宣布海明威发言时,全场掌声雷动。海明威脸上闪着汗珠,戴着眼镜跳上讲台。他以"法西斯主义是个骗局"为题,强调指出:正直的作家无法在法西斯制度下生存和工作,法西斯独裁者所说的全是谎言。他的讲话激起阵阵热烈的掌声。讲完时,他显得很激动,汗水直淌,急忙离开会场,不再露面。

返回比美尼岛与家人团聚不久,海明威收到西班牙朋友来信说,卢卡斯将军阵亡,里格勒政委遭敌人炮击,受了重伤。医务官海尔布兰第二天被敌机扫射打死。海明威心中万分悲痛,怒火眼中烧。他握紧拳头,猛击桌子,对法西斯无比仇恨,恨不得马上飞回西班牙。

没过几天,伊文思来电请他七月八日参加白宫宴会,之后陪罗斯福总统夫妇观看《西班牙大地》。他又提了行李飞往纽约,与伊文思和玛莎会合,同乘飞机赶往华盛顿。总统和第一夫人看了《西班牙大地》以后,深受感动。总统认为应该广泛宣传,争取更好的效果。这次会见是玛莎一手安排的。她和第一夫人私交颇深。海明威打心眼里钦佩她非凡的社交才能。

两天后,伊文思和海明威带着纪录片飞到影城好莱坞,为西班牙人民募捐。伊文思亲自放了影片《西班牙大地》,海明威发表了热诚的讲话。他说,影片记录了内战中西班牙的真情实况,虽难以反映西班牙内战全貌,却是在枪林弹雨中拍成的。他特别提到他的好朋友卢卡斯和海尔布兰英勇牺牲在战场上。法西斯叛军狂轰滥炸,造成无数儿童死亡和残废,政府军蒙受损失。他建议大家捐款,一千美元可买一部救护车送往西班牙。海明威声誉好、态度诚恳,影片真实感人,募捐活动马上见成效。短短几天筹集的捐款,可买二十辆救护车。在场的菲兹杰拉德竖起大拇指,夸他干得漂亮。海明威像一阵旋风,席卷了好莱坞。

从洛杉矶返回纽约时,出版社给海明威送来《有钱人和没钱人》的清样。他连夜校阅,以便赶回家过三十八岁生日。八月初,他的假期快结束了,他准备再去西班牙。但富兰克林不想去了,葆琳也不让他去。丈母娘来了一封长信,劝他改变主意。他马上给她回信。他说,葆琳很漂亮,他俩生活美满。但他答应西班牙人民,他要回去。如今,世界变得这么糟,单想个人的前途就太自私了。第一次访问西班牙战场以后,他对战后的生活信念破灭了,对死亡的恐惧也消除了。所以他坚持自己的决定,再去西班牙。

　　海明威前往巴黎途中,先到纽约市停留几天。他理了发,换上夏令西装,打着真丝领带,显得精神焕发。《绅士》出版商大卫·斯马特设宴为他饯行。后来,他去帕金斯办公室,突然见到伊斯特曼。此人四年前写过《午后的公牛》批评海明威的作品。海明威怒气冲冲,找他算账。两人在地板上扭打成一团,帕金斯赶紧将他们拉开。

　　一九三七年夏天,海明威重返西班牙大地。但战况日益恶化。他回国期间,政府军多次反攻,仍不能解除敌人对首都的围困,又无法阻止叛军占领北部各省。九月初,海明威和玛莎在咖啡店见到赫伯特·马修斯。情况还是不妙,叛军已占领西班牙全国三分之二的土地,天天想攻打马德里。

　　不过,政府军在萨拉戈萨的反攻中收复贝尔茨特。海明威和玛莎走访第十五国际支队,成了到达当地前线的首批美国记者。他们有时步行,爬悬崖;有时骑马穿过森林,有时坐卡车,在车上睡觉,到农民家买酒和面包。卡车停在农民院子里,周围是鸡羊成群,清早常被吵醒。山顶已积雪,山区寒气袭人。玛莎以顽强的毅力,经受了艰苦的磨炼。几年后,一谈起这不平凡的战地生活,海明威总夸她是个女强人。 .

　　到了九月底,马德里平静多了。郊外仍有战斗,但炮击减少了。海明威和玛莎搬到佛罗里达旅馆。那里是国际支队成员休假的好去处,他们常来看海明威,跟他聊天,在他屋里洗个热水澡。海明威热情地招待他们,一起吃火腿乳酪,喝烈性酒,听听音乐等。林肯支队司令伍尔夫和政委凯勒带海明威和玛莎去前线爬战壕,看阵地。他们成了好朋友。

　　正当海明威在马德里奔忙时,纽约传来好消息:《有钱人和没钱人》十月中旬出版了。他又喜又急,连打三次电话,问帕金斯销售情况和评论界的反应。帕金斯回答说,至十一月初,该书名列全国畅销书单第四位,已售两万五千册,读者很喜欢,但评论界持否定态度。这是海明威第一本以美国为背景的长篇小说,描写从古巴到基韦斯特的走私活动。主人公哈里·摩根的兴衰也许有道德意义,但不同于海明威其他人物。批评家认为小说结构松散,人物不突出,令人失望。

海明威的心情起伏不定,最后总算平静下来,不去考虑《有钱人和没钱人》的影响了。他想将在马德里收集的资料用起来,写个三幕剧。葆琳将此事透露给帕金斯,说剧本已写好。帕金斯则一无所知。他说有不少读者来信询问。

不久,海明威到达巴塞罗那,准备圣诞节前回国。他宣布他生病,哪儿也不去。后来前线传来政府军在特鲁埃耳反攻的捷报,他很快康复了。第二天大清早,他和马修斯、戴尔默驱车到特鲁埃耳市沙拉比亚上校的司令部采访。司令部设在隧道内一节旧车箱里。天寒地冻,冷风刺骨。海明威与一个战士交谈。那个战士在寒风中烧火取暖,乐滋滋地哼着歌。海明威看见战士在前线这么乐观愉快,非常感动。他认为:共和国要打胜仗,就需要这种大无畏的战士。他们赶回巴伦西亚,将报道发往马德里。

五天以后,共和国军队过铁路,跨山峰,逼近特鲁埃耳市郊,不久就收复了全市。海明威一行三人随军入城,第一次看到叛军投降的场面,看见市民家家户户出来欢迎的情景,心里太激动了。市民们以为他们是苏联人,不相信是美国人。一个个跟他们热烈拥抱,给他们敬献美酒。

圣诞节前夕,他们三人返回巴塞罗那。海明威启程回国。这是他第二次西班牙之行。待了二十三周之久。他带着新的收获回到巴黎。

正当海明威和玛莎悄悄地欢度圣诞节时,葆琳不声不响地独自来巴黎了。她想为挽救他们的婚姻,做最后一次努力。她精心打扮,穿着讲究,连头发也理成玛莎的发型。她请人帮忙办理去西班牙的签证,可是签证还没拿到,海明威就回巴黎了。他感到肝不舒服,去找了医生。医生劝他别贪杯,要多休息。他和葆琳住在艾丽莎旅馆顶楼。两人为玛莎的事大吵了一场,气氛紧张。葆琳威胁要跳楼,给海明威劝住了。

一月十二日,海明威陪妻子乘船回纽约。四年前,他俩也同乘这条船回国,两人心心相印,有说有笑,在船上多快活!如今心情大不一样了。海明威一到纽约,就赶往迈阿密,将他的"彼拉"开回基韦斯特。

也许是肝不好,海明威变得暴躁、多疑,爱跟人家争吵。但他仍时刻不忘写作。三月初,他给《视野》杂志寄去一文,呼吁美国政府改变中立政策,卖军火给西班牙共和国方面,让他们去打败法西斯势力,否则美国将来自己会碰上难弄的对手。

是再往西班牙战场?还是留在家里写作?海明威心里很矛盾。儿子又在此时得了麻疹,打乱了正常生活。他无法安心写作。他想再去西班牙,他与那里的人民有深厚的感情,又跟玛莎难分难舍。海明威很想在那里重新开始生活。但眼前家里麻烦事儿多,他不得不暂时留在家里。

三月十七日,海明威带了葆琳从迈阿密飞往纽约,转邮轮去欧洲,月底抵达巴黎。他与北美报业联盟签了六个月的新合同。《纽约先驱论坛报》有两名记者希思和吉姆与他同行。他们三人乘火车去佩皮尼扬,换汽车前往巴塞罗那。葆琳则独自留在巴黎。

四月一日晚,他们到达巴塞罗那,到处给意大利飞机炸得七零八落,市民逃的逃,躲的躲,街上冷冷清清,没法打听埃布罗河岸边的军事形势,只听说佛朗哥叛军发动春季攻势。第二天,海明威和马修斯向南驱车,到了果园满山坡的塔拉戈纳,忽然遇到敌机空袭,马上在路边的沟里掩蔽。后来,他们往前二十英里,碰到携儿带女的难民。难民后面是撤退的军队和坦克大炮。甘德沙村庄陷落了。

隔天中午,他们在埃布罗河东岸山上,遇到华盛顿—林肯营的几位幸存者。他们中有司令官伍尔夫上校。他们深夜突围,越过敌人封锁线,从埃布罗河游过来。伍尔夫上校在马德里见过海明威,显得老多了。他受了重伤,但精神不错。有个战士叫阿尔瓦·贝斯告诉海明威,他曾在纽约卡内基音乐大厅听过他的报告,后来投笔从戎来参加战斗。海明威紧紧握着他的手,掏了一包幸运牌香烟送给他。

　　叛军占领了维纳罗兹后,成群的难民像潮水般涌向北方。复活节那天,天气沉闷,海明威在桥边碰上一位七十六岁的老人。他逃离家乡,一直担心家里的牲畜。海明威跟他聊了几句,觉得他是深受战争掠夺的象征,便想写个故事。到了第二天下午,那木桥已被炸毁,叛军又往前推进,老人不知流落到何方。

　　形势对政府军越来越不利。但海明威仍不放松采访工作,他听说林肯支队政委凯勒住院养伤,就和马修斯带了火腿和乳酪去慰问他。他捎去一张军用地图,详细询问凯勒在埃布罗河被俘和逃走的经过。他在医院里偶然遇到一个名叫玛丽娅的护士。她美丽可爱,沉默寡言,待人诚恳。内战打响不久,她父母惨遭杀害,她也被叛军士兵蹂躏,留下很深的心理创伤。她的遭遇打动了海明威的心。过去十八个月里,他在西班牙大地上,听到的事儿太多了。但没比这件事更使他难以忘怀的!

　　返回巴塞罗那途中,司机急转弯失控,汽车翻进路边水沟里。海明威给甩出车外。他爬起来,跪在草地上,扎上绷带,擦去脸上的血迹,若无其事地安慰别人。

　　三天后,海明威飞往法国马赛取邮件。帕金斯来信夸他的《第五纵队》写得好。他拿了信不敢久留,急忙赶回巴伦西亚北部前线,再从那里回马德里。他离开马德里整整五个月了。他想念那里的朋友,担心那里的人民的遭遇。他见到老朋友乔·诺思。两人到佛罗里达旅馆,谈了不久,又争论起来。海明威说,共产党人当了战士,他喜欢,如果他们成了牧师,他就恨他们。诺思不赞成他这么划分。最后,他认为,不管观点如何,诺思是个好战士,令人敬重,值得信任。

五月中旬,海明威和玛莎回到巴黎。凯勒、胡里汉和林肯支队几个人,碰巧跟海明威同船回国。

到了纽约,海明威对记者说,他打算马上回基韦斯特写作,如果情况好转,再去西班牙。他到过几个前线战区,写了些报道。叛军兵员短缺,外国军队之间闹摩擦,互相自我牵制。共和国军队纪律严明,获胜的机会是存在的。他给《视野》杂志写文章,批评美国国务院想用禁止西班牙政府买武器自卫的办法来结束内战,另一篇则抨击英国首相张伯伦姑息养奸,背叛西班牙人民。他呼吁罗斯福总统尽早支持西班牙共和国,做个伟大的总统。六月底,他又给该刊写了三篇文章,严肃地指出,最迟于一九三九年夏天,欧洲将爆发一场大战。他反复强调:必须在希特勒和墨索里尼席卷欧洲大陆以前,反对法西斯势力在欧洲蔓延,阻止和避免第二次世界大战。西班牙内战是另一次大规模军事行动的序幕,千万不可掉以轻心。

海明威在纽约时,看望了艾伦夫妇,打听葆琳是否想维持他们的婚姻。他责怪葆琳的妹妹珍妮使他们夫妻不和,不承认玛莎是第三者。这令艾伦大吃一惊。艾伦认为葆琳实际上已接受既成事实。

酷热的夏天到了。基韦斯特不适于写作。海明威像以前一样,送妻子和两个儿子去怀俄明山区避暑。他刚躺下不久,十八个月来的战地生活浮现眼前:他改写和发表了一部长篇小说,与别人合搞了一部影片,完成一个剧本,写了十五篇报刊文章,发了价值一万五千美元的新闻报道。他三上西班牙,既没给炮火吓破胆,又多次绝处逢生,没负过伤。他越想越骄傲,越自以为是。亲友们怪他暴躁无情,令人难以容忍。

海明威又编了一个集子,取个别扭的书名《第五纵队和首批四十九篇短篇小说》。他写了序言,并在扉页上题词"献给玛莎和赫伯特"。然后寄往纽约。从西班牙到纽约,他与玛莎的关系成了公开的秘密。他却佯装镇静,似乎家里一切正常。集子出版时他将题词删去,但他似乎已决定另娶玛莎。他在怀俄明待了不久就回纽约。

第二天,海明威登上开往法国的邮轮。到了巴黎就去找玛莎。帕金斯写信告诉他:新集子近六百页,是他最长的一本书。两周内卖掉六千册,评论界反应不一,褒贬参半。海明威闷闷不乐。其实,著名评论家威尔逊和考莱都很欣赏他的短篇小说,对他的剧本则兴趣不大。

十月下旬,海明威答应葆琳,尽早离开西班牙战场回国。他想再去卡拉塔隆德走一趟,就回家写小说。过了一周,他又到达巴塞罗那。这是他第四次,也是最后一次西班牙之行。马修斯和戴尔默为他介绍了最新战况。国际纵队九月底被迫撤出防线,但第十五支队仍坚守在埃布罗河桥头。第二天,汉斯将军陪他们驱车南下,到达塔拉戈纳。埃布罗河洪水猛涨。他找了一条船送他们过河。恰好第五支队的李斯特将军想撤离桥头,叫人将记者们送走。他们就挤在一条小船上。水流湍急,幸亏海明威会划桨,才安全到了对岸。第二天他们抵达靠近法国边境的小城波耳,遇到等候调动的美国支队战士。

当晚,海明威出席了《真理报》记者波列斯拉斯卡娅举行的招待会,又参加安德烈·马尔罗的私人酒会,一起喝威士忌聊天。大家唱歌跳舞,玩到深夜。最后,主人提议为马德里保卫战中牺牲的人们默哀。海明威拿起酒杯,低着头,默默站了三分钟,悼念死去的朋友们。

离开西班牙时,形势日益恶化,共和国军队仅能控制马德里和巴塞罗那。尽管司令官和士兵英勇善战,但德国和意大利法西斯的公开干预无人制止,海明威感到无能为力。十一月底,他终于回到纽约。葆琳租房的期限已到,带了孩子和海明威分别返回基韦斯特。两人表面上客客气气,仿佛仍恩爱如初。他为左翼的《新群众》写了一首自由诗《献给在西班牙牺牲的美国人》,将诗稿和《西班牙大地》的手稿拍卖,捐赠林肯支队当基金。他的心仍系着远方的西班牙。

二月十四日,海明威到哈瓦那访问了一个月。每天上午连续写作四小时,然后打网球、游泳或钓鱼。他完成一个短篇小说《在山脊下》,动手写一部长篇小说,回基韦斯特时已写了五千多字。班比放春假回来,葆琳请来许多朋友聚会,家里太喧闹,他不能安静地写作。

四月十日,海明威再上哈瓦那。玛莎远道来看他。这是她第一次到古巴,想陪他待下去。海明威答应她找个房子,可是没找到。玛莎在蒙杜斯酒吧找到他,没生他的气。她自己去波拉找到一个旧庄园叫瞭望田庄,它离哈瓦那仅十五英里,田庄包括一座山坡,可俯瞰大海和市区。因年久失修、阴沟不通,气味难闻。但全部租用,每月仅一百美元。海明威陪玛莎去看,立刻感到恶心,拔腿就跑去钓鱼。玛莎自己掏钱租下来,请了能工巧匠来装修,很快就住进去。

海明威埋头写小说。葆琳带孩子去欧洲。海明威开车送玛莎去圣路易斯探望她母亲,自己去怀俄明山区。他抵达目的地时,第二次世界大战爆发了。他早有预言,所以并不觉得意外。

天太冷,牧场条件差,海明威太孤独了。他想结束与葆琳的夫妻关系,约玛莎到太阳谷来——那是爱达荷州西部老矿镇克茨姆附近的小村庄。三十年代时,铁路财团在那里建了滑雪场,后来成了疗养胜地。玛莎陪了他几天,就动身去芬兰采访。

一周以后,海明威回到基韦斯特家里。葆琳带了孩子去纽约。人去楼空,寂寞和冷淡伴他度过了可悲的圣诞节。他仍专心写长篇小说。一月中,玛莎与他在瞭望田庄相会,他已完成二十三章。上午继续写作,下午陪玛莎打网球,上酒吧,看朋友。四月下旬共写了三十五章。他初选了二十六个书名,比较想用《未发现的国家》,又花了两天,从《牛津英国散文集》里找到约翰·堂恩作品中的"丧钟为谁而鸣",觉得十分满意。堂恩根据伦敦十七世纪葬礼风俗,用地理形象说明人类之间的相互依存关系。这与海明威小说的主题不谋而合。

《丧钟为谁而鸣》一九四○年十月问世,很快入选"每月读书俱乐部"书单。头五个月就销售五十万册,轰动美国整个读书界。人们认为此书弥补了海明威三十年代作品的不足,提高了他的声誉。但左翼评论家批评书中歪曲了国际纵队司令官的形象。大多数文学评论家则持肯定的态度。原支队司令汉斯将军认为这是一本真实而伟大的作品。小说的反法西斯主题和主人公乔登的献身精神,深深引起读者共鸣。据说第二次世界大战期间,赴欧洲打仗的美国官兵几乎人手一册。其影响之大,可想而知。

朋友们纷纷来信来电,祝贺海明威的新作空前成功。海明威的心情是复杂的。他为新作付出了代价。他花了一年半时间,又失去了一个妻子。十一月四日,他与相处十三年的妻子葆琳正式离了婚。过了两个星期,他与玛莎在夏安市正式成亲。他俩终于在哈瓦那开始了新的生活。玛莎成了瞭望田庄的女主人。

第十一章　中国战地蜜月行

　　早在结婚以前,玛莎就劝海明威陪她到"缅甸之路"度蜜月,他欣然答应。一九四〇年十一月初,他俩成了正式夫妻,玛莎就开始准备远东之行。《柯立尔》派她当特派记者,去中国和东南亚采访。海明威与纽约《午报》签了合同,作为该报特派记者,前往中国采访抗战的消息。玛莎与罗斯福夫人私交甚笃。白宫委托她和海明威搜集中国抗日战争的情报,深入了解蒋介石当局及其对手共产党的情况。不久,两人便匆匆动身。玛莎曾怪海明威是个"不情愿的旅伴",其实海明威喜欢远东之行。

　　一月二十七日,他俩从纽约飞到洛杉矶。著名演员贾利·库柏夫妇到机场迎接,陪他俩到好莱坞影城参观了两天。海明威请库柏饰演《丧钟为谁而鸣》的男主角乔登。玛丽娅谁演,还没选好。他们将英格丽·褒曼从六百英里外的滑雪场找来,与海明威夫妇见面。他们一起探讨了电影的人物和细节。褒曼演玛丽娅,当场就定了。海明威风趣地问她:你还得剃光头,怎么样?褒曼笑嘻嘻地点点头。

海明威夫妇登上开往香港的邮轮，一路顺风到达夏威夷。他姨妈到码头迎接，给新婚的外甥夫妇戴上花环。一些记者闻讯赶来拍照和采访。夏威夷大学五六位教授在渔民码头设午宴招待他俩。主持人辛克莱不喝酒，所以午宴没备酒，海明威很不高兴。后来，他自己去找来几瓶意大利红葡萄酒，喝了几杯，心情好一些，但烦闷难消。有的教授问起他的新作《丧钟为谁而鸣》，他对左翼批评家的意见耿耿于怀，为乔登和玛丽娅战场上相爱的情节辩护。另一位教授说，他的学生正在读《丧钟为谁而鸣》，海明威叫他们别读，还是读一读《太阳照常升起》，那是宣扬好道德的。两小时后，他看到亲戚们在等他，就匆忙与教授们告辞。

到了香港以后，玛莎先去马尼拉采访，海明威在香港停留一个月，以便熟悉中国的风土人情，了解各方面对抗日战争的态度。香港是英国管辖的，号称国际自由港。日本侵华战争已打了四年，日本人在香港进进出出，自由自在。海明威住在豪华的旅馆，未闻见战争的火药味。他白天逛大街串小巷，品尝粤式风味小吃，跟三轮车夫、小摊贩、中国富商、当地警察和官员聊天，既跟中国人谈，也找日本人谈。他觉得香港地区"士气是高的，但道德低落。大约有五百个中国百万富翁，从中国各地带了数千名美女逃到香港，过着花天酒地的生活。海边一带驻了不少英军，吸引了大群妓女。市场上食品丰富，质量不差。赛马、斗蟋蟀、赛橄榄球几乎天天有。周末常常举办足球联赛，观众很多"。

过了几天，海明威会见了摩里斯·柯恩将军。这位英国人个子矮，体格壮，精悍能干，腰间常挂着手枪。他是个有名的"中国通"，能说普通话和广东话。二十年代他到中国，当过孙中山的保镖，后来成了广东省的警察首脑，直到日本攻陷广州，才撤来香港搞情报工作。他不喜欢蒋介石，但很敬重孙夫人宋庆龄。他讲了一些蒋介石的故事和军阀头目的趣闻。海明威欣赏柯恩博学多才,处世老练,熟悉中国内情,给他提供了宝贵的情况。他曾想为他写一本传记。不久,玛莎平安回港与海明威团聚。

海明威以前没到过远东,这是他第一次中国之行。他认识重庆政府行政院副院长兼财政部长孔祥熙。孔祥熙就读美国奥伯林学院时曾在海明威家里住过,他们两人早就熟悉了。所以,重庆方面专门派了孔祥熙夫人宋霭龄和机要秘书夏晋熊到香港,接他俩到重庆。玛莎在香港买了热水瓶、毛巾、蚊帐、铺盖、虱粉和香烟,海明威买些威士忌,就准备先到中国广东前线看看。

三月二十五日,海明威夫妇乘中航"南京号"从香港飞抵南阳,换乘一辆旧式雪佛兰汽车,沿着泥泞的道路颠颠簸簸,到达韶关第七战区司令部,受到司令官余汉谋、蒋光鼐和余景唐将军的热烈欢迎。他们设午宴招待他俩。余司令官致了热情洋溢的祝酒词,海明威发表了激动人心的讲话。他拿着酒杯到各桌与主人干杯,情绪高昂。海明威爱吃中国菜,又喝了不少白酒。午宴后,主人拿出军用地图,给海明威介绍了敌我双方的军事形势,提供了一些资料。海明威觉得日本侵占了中国四分之三的土地,把战争推进到山区就动弹不得了。双方处于相持阶段,前线暂时不打仗,但气氛与香港是大不一样的。第二天上午,省长请他俩喝早茶,品尝清香的茉莉花茶和传统的甜点心。他俩乘车往还近两小时。由于道路崎岖不平,雨天泥泞不堪,车颠得很厉害。不过,他俩还能适应。

在韶关待了三天,海明威夫妇只进行了礼节性的拜访。他俩参观了一座佛庙,看了五百罗汉和三座高大的金菩萨,见到穿着蓝衣服的清贫的和尚。海明威不爱观光,但喜欢佛庙旁边那片参天古柏。玛莎无心欣赏美丽的风景,一直被旅馆的肮脏和简陋弄得焦虑不安。

原来,他俩下榻"韶关之光"旅馆。房间里有两张木板床,一张摇来晃去的竹桌和两张竹椅,一只黄铜色的脸盆盛着浑水,还有两盏煤油灯。走廊尽头的地板上挖个茅坑,边上放了一罐水供冲洗用。天冷而多雨,蚊子到处飞。玛莎很不适应,尤其是两人合用一盆水,怎么洗?是两人先刷牙,再用同样的水洗脸?玛莎站在屋里发愣。海明威叫她干脆别洗,最好控制自己爱卫生的怪癖。"别泄气!"他一边挂蚊帐,一边问她:"是谁要到中国来的?"

　　山区的春天,酷冷多雨,加上蚊虫多,用水脏,玛莎手脚都肿了。她是个倔强的女性,到过炮声轰隆的马德里,但遇上这原始的山区还是第一次。陪同的军官建议她喝点蛇酒,她一看就想吐。这种酒是用大米酿制的,瓶底泡着几条盘着的小蛇。另一种鸟酒是米酒里泡着小杜鹃。海明威斗胆试了几口,起先有点不舒服,后来感觉良好。他开心地写信给朋友介绍这种蛇酒"能治脱发症"。

　　离开韶关,海明威夫妇到一百英里外的粤北前线访问。他们先坐旧卡车到北江岸边,再换小船去前线阵地。海明威看到白鹭和野鸭在水面上飞翔,岸边郁郁葱葱,景色如画,如入世外桃源,心情豁然开朗。可惜不能打猎。小船上每天两顿饭,每顿一碗饭一杯茶。某司令官特别关照要多给他们烧点好菜,尽心招待。他俩倒也习惯,饭后没甜食,就用威士忌拌开水代替。入夜,繁星隐没,小船在沙洲上搁浅,不得不改道驶往岸边的渔村。隔天早晨,他们上了岸,一个排的士兵牵着八匹小马列队迎接他们。士兵身上的棉布军装给雨水淋透了,个个冻得发抖。海明威精神抖擞地接受他们的敬礼。他选了一匹马,幽默地说,他的马很幸运。他有时骑,有时步行,那匹马实际上有六条腿。他俩和陪同的人冒着滂沱大雨出发,个个默不作声。

　　走了好久,海明威一行到达一所士官学校。学校有两栋新建的大楼,门口哨兵立正向他们敬礼。他们走进军官餐厅,看到墙上挂着希罗斯福、斯大林和蒋介石等人的画像,陪同说,这差不多是当今世界上伟大的政治家。接着,他们又冒雨骑马走了五英里路才到了某师部。眼前有座凯旋门横跨在路两旁,上面写了几条标语,虽被雨水冲淡,仍依稀可见"欢迎正义与和平的使者""欢迎我们的国际友人""加强一切民主国家的团结"和"我们将抵抗到最后胜利"。师长是个将军,迎他们进师部,一起围坐在火盆旁,向他们介绍战区情况:蒋介石的军队分成九个战区。他们第十二军团属第七战区的前线防区,所辖面积相当于比利时那么大,人口三千万(比利时仅一千万),将士十五万。防区四周都是深山密林,仅有一条羊肠小道穿插于无数村庄之间。海明威夫妇看到老百姓住泥坯房子,村里农民养猪养鸭,水塘里飘着大粪,苍蝇成群乱飞。士兵通常赤脚,身穿粗布军装,每人每月津贴约两美元八十美分。大米是够吃的,但买不起日用品。个个面黄肌瘦。军纪是德国式的。没见到野战医院或急救站。军队缺医少药。初春的南方,丛林里很冷,海明威看到士兵们仍穿着汗衫,非常生气。后来,他对司令官和参谋长说,要关心士兵的冷暖,士兵才会协力打仗,不能叫他们挨冻。他怕翻译马先生冻坏,立即脱下自己身上的羊毛背心送给他穿上。在场的军官们都很感动。

在平静的交战区,他俩度过不眠的夜晚。衣服都淋湿了,没干衣服可换,只好和着湿衣服躺在木板床上。一会儿打个盹,不一会儿又醒过来,冷得直发抖。第二天清晨,他们又骑马出发。一口气跑了二十五英里,只喝了几口热开水提提神,没吃上一口饭,直到下午才休息。他们到了丘陵地带的村庄。村村有滋生疟疾的鸭塘。小孩没见过高鼻子白皮肤的洋人,有的兴奋地尖叫,有的吓得大哭。翌晨,他们又冒雨骑了四英里才吃上早餐(茶和米饭),到达另一个师部。师长王将军介绍,日军曾两次几乎打到韶关。他们已作了部署,准备给予反击。海明威夫妇应邀出席在练兵场上召开的欢迎会,看到周围挂了许多标语"打倒日本鬼子"、"支持罗斯福总统的演说"和"永远感谢国际友人的援助"。

　　海明威夫妇住进一间铺石头地板的房子,门外飞来成群的苍蝇和蚊子。威士忌喝光了,玛莎躺在木板床上,失望地说:"我真想死!"

　　"太晚了!"海明威在黑暗中回答,"是谁想来中国?"

　　村里的公厕很特别,外形像个纪念碑式的竹塔楼。有个摇晃的竹梯通上去,顶部用竹苫子盖着,下面地上放个五英尺高的大坛子,用来收集农民珍惜的粪便。早晨,玛莎想去方便,小心地爬上竹梯,心里好紧张,生怕竹楼倒下来,幸好还挺稳。过了不久,有人敲铁片发出空袭警报。村里人都跑光了,连猪也给赶走了。一个中队的日本轰炸机从空中掠过。玛莎提心吊胆地走下塔楼。海明威迎过来大笑地说:"可怜的玛莎,如果刚才给炸死,那是多么光荣! 勇敢的战地记者玛莎,执行公务时以身殉职。可是国际新闻界会问:死在哪里? 是怎么死的?"

　　他俩又冒雨到了另一个军营,观看了军队的实弹演习。枪弹在轰鸣,火光冲天,爆炸声响彻群山。海明威太高兴了。他终于在中国前线听到见到枪炮声。他叫翻译告诉司令官:"我们深深敬佩……你的军团举世无敌。"夜晚,寒风掠过练兵场。四周点起六堆篝火。一千八百名官兵坐在湿地上,司令官陪他俩观看文艺演出《一群鬼子》和《广州的横断面》。临时搭的舞台上点了一盏乙炔灯,挂上蓝色布幕。演出结束时,台下大喊:"好极了!"掌声雷鸣。海明威夫妇看了三个小时,开心地笑了。

　　第二天,他们一行继续冒着大雨策马远行三个多小时,到达某团团部。士兵列队在门口冒雨迎接,小学生挥动小旗引吭高歌。海明威激动地讲了话,向他们表示感谢。接着,他们视察了一个训练营地、一座兵营和一些教室。到处张贴着欢迎的标语。据说,记者和外国人从没来过,重庆的高级官员也从不涉足此地。海明威夫妇与士兵交谈,知道他们已驻了两年,自己不识字,父母在农村也不识字,所以跟家里

125

好久没联系了。士兵没探亲假,军队又没邮件传送系统。海明威很同情他们,呼吁军官们别忘了士兵的苦衷。

送别宴会非常隆重,将军们、上校们、随从们和翻译们陪海明威夫妇就餐。连续上了好几道菜。玛莎手中的筷子不听使唤,悄悄换上刀叉,吃个不停。十四个军官轮流站起来敬酒。海明威大方地起身奉陪,双方碰杯后一饮而尽。喝的是黄色米酒。一个敬酒者刚坐下,另一个又站起来,再干一杯。每人都敬过一巡以后,又开始第二轮斗酒。海明威一个人面对十四个人,毫无惧色,好像非胜不可。军官们不久就脸红,一个个滑到桌下。有的脸发白,像中弹似的倒了下去。海明威喘着粗气,像个顶天立地的巨神,站着巍然不动。玛莎却为他担心,不断提醒他别忘了医生的忠告。但他容光焕发,充满自豪感,仿佛为美国人争面子,把命搭上去也在所不惜。司令官王将军脸红得像茄子,眼泪直淌,视力模糊,勉强站起来敬酒时竟面对墙壁,而不是面向海明威干杯。翻译醉成烂泥一团,没法将海明威华丽的答谢词译成中文。这场狂饮酒会从上午十时半开始,到下午一时才结束,所准备的酒全喝光。王将军对此失礼行为深表歉意,下午又隆重欢送一番。

由于久雨成灾,回韶关无陆路可走,只好再坐小船。海明威顺便买些焰火和三亚蛇酒。

海明威夫妇从韶关上火车,二十五小时后到了桂林。奇山异峰在雨中略隐略现,千姿百态,令人陶醉。海明威夸桂林是"中国最美丽的地方"。他俩参观了七星岩,看到数千人挤在山洞里防止日本空袭,很同情老百姓的遭遇。他对日机轰炸很气愤,希望风景如画的桂林能恢复原貌,供人赏玩。他回到下榻的皇宫旅馆,不禁大吃一惊。墙上涂满被打死的臭虫,板床上和桌椅上臭虫在乱爬。走廊下面卫生间的马桶溢水,流了满地。耐心的海明威顿时失去忍耐。他说,如果有把手枪,就把臭虫打光。后来,他抓起一只鞋将墙上的臭虫打下来。

中航定期航线没有桂林站。海明威夫妇只好乘载钞票的运输机到山城重庆访问。

雾都重庆是国民党政府战时的首都。城市布局杂乱,街道沿着又高又陡的山坡延伸,水泥建筑与贫民的棚屋散落在灰暗的树丛中。但有个菜市场很热闹。日本飞机曾来炸过,市民遇到空袭就躲进山洞,有时仍惨遭不测。一次,日机投弹封死了一个洞口,造成洞内五百多平民罹难。但日机炸毁的房屋,很快就被重建成临时小屋。街上常见到乞丐和麻风病人。行人见了害怕,给点钱叫他们走开。玛莎看了受不了。海明威情绪不错,他从美国大使馆弄到威士忌,精神大为振作。他俩下榻宋子文公馆,感觉蛮好。

孔祥熙副院长设宴为他俩接风。老朋友重逢,分外亲切。他送给玛莎一大盒巧克力和一件红缎面中式旗袍,上面绣着黄紫两色的花卉。海明威不喜欢这件旗袍,觉得它太俗气,跟重庆妓院的姐儿们穿的差不多。宴会时,孔博士安排他俩坐在他左右两侧。他不断给玛莎夹菜,皮蛋、海参、炒三鲜、荷包蛋等,每道菜玛莎都喜欢,但吃得很饱,只好先停下来。孔博士笑嘻嘻地说:是不是怕吃得太胖,穿不下他送的漂亮旗袍?玛莎笑笑,不吭声。

初春的山城,大雾弥漫,能见度很低,日本轰炸机不敢来了,重庆暂时听不到炸弹的爆炸声。小黄山一带平静些。位于山顶的蒋介石官邸,人来人往很多,周围的树木郁郁葱葱。处在半山腰的"松厅"是第一夫人宋美龄的住处,灯火日夜通明。它的左边山下是孔祥熙的别墅"孔园"。海明威夫妇到达重庆后,就在"孔园"落脚。

打从海明威来华后,蒋介石就把他当做政府的贵宾,给予高规格的接待。在他看来,海明威不仅是个国际知名的作家和记者,而且是美国政府的代表。蒋介石既委派孔祥熙夫人宋霭龄和他的秘书夏晋熊博士专程赴香港迎接海明威夫妇,又破例同意他俩到广东第七战区前线采访。蒋介石急于改善与美国的关系，争取更多的美援，壮大自己的实力。因此，海明威夫妇飞抵重庆不久，相继会见国民党政府的高级官员，如总参谋长、将军、国防部长、财政部长、交通部长和教育部长，受到热烈的欢迎。

一天，蒋介石亲自接见海明威夫妇，与他俩共进午餐。蒋夫人宋美龄出席作陪，兼任翻译。这个四人宴会气氛亲切友好，席间，双方讨论了苏联干预中日战争的问题。

宴会后，双方言犹未尽，便漫步走上几十个台阶，到山顶的蒋介石官邸"云岫楼"二楼客厅继续交谈。客厅摆设简朴，有一套沙发，上面铺着枕垫。赭红色的木地板整洁干净。据玛莎回忆，蒋夫人风韵犹存，美丽、风骚、别具魅力。她从小在美国受教育，精通英文，当个翻译，自不待言。蒋介石个子高高瘦瘦的，腰板挺直，身着朴素的军装，面色发黄，一颗牙也没有，仍不乏委员长的威风。海明威夫妇有点惊讶，后来听驻重庆的美国大使馆官员说，蒋介石接见他俩时，将假牙拿掉，规格不凡。他将两位贵宾当成自己的亲人。

"二位到过广东前线，感觉如何？"蒋介石先打开话匣子问道。

"不错。那里的官兵斗志很旺。但前线比较平静。双方处于相持状态，没有打仗。"

"最近，西方报刊登了一些文章，同情中共，你们的看法怎样？"蒋介石策划了皖南事变，对新四军搞突然袭击，引起西方报刊的批评，有点坐立不安。

"我们还没读过。"海明威望望玛莎，坦率地答道。

"共产党都是宣传老手，但没有多大战斗力。"蒋介石抑制不住内心的冲动，竭力贬低中国共产党的作用。

"共产党没有什么战斗力，"蒋介石继续说，"政府没有必要诉诸武力来对付他们。如果共产党想制造事端，有害于抗战的话，政府将采取措施来对付他们,作为纪律问题来处罚。中国的新四军事件(皖南事变——作者注)是非常微不足道的事情。"蒋介石停顿了一下,看看两位客人的反应,然后接着说,"共产党在美国大力宣传,使美国人相信,共产党对于抗战是必要的。恰恰相反,共产党正在阻碍中国军队抗日。"

"如果美国对共产党感到担心,那恰好说明他们中了共产党的圈套。"蒋介石越说越激动,嗓门也拉高了,下意识地站了起来。

"我收到一些美国朋友来信,批评国军在毛泽东的新四军按照蒋委员长的命令撤退时,从背后向他们开了火。"蒋夫人急忙插话,想缓和一下交谈的气氛。

"那是不真实的,"蒋介石坐回原位,用手一挥地说,"我并没有命令士兵向新四军开火。倒是共产党只要可能就解除国民党军队的武装,以补充他们自己的武器和扩大地盘。"

"我们不打算消灭他们。"蒋夫人用英文强调说。

蒋介石夫妇这些谈话并不能说服海明威。这位阅历丰富的美国作家,后来在给他的朋友摩根索的信中指出:"蒋介石委员长的各种解释,跟他自己以前的声明是不一致的,跟众所周知的共产党努力抗战的事实是相矛盾的。"玛莎在她的回忆录中也说:"蒋介石夫妇要说服我们,最后是竹篓打水一场空。"

"政府允许民众言论自由吗?"海明威及时地转换话题,认真地问道。

"当今乃抗战非常时期,非有高度的统一不可。我们不允许任何人发表反政府言论。不过,与国外情况相比,我们的情况好多了。"蒋介石自负地答道。

"贵党政府中有人主张与日本媾和吗?"海明威又问。他在香港时听说,有些国民党官员和地主富商带了家产和美女逃往香港。这些人暗中想与日本人单独媾和。

"不能说一个都没有。汪精卫一帮人当了汉奸,自然有人跟他走。但我们跟日本人是势不两立的。唯有抗战到底,方是我国之出路。"蒋介石从容地回答。

"委员长对美国有何期望?"

"美国乃伟大之友邦,反法西斯之台柱也。希望美国鼎力援助中国抗日,共同努力打败侵略者,实现远东之和平和世界之大同。"

"我会把你的期望转呈有关方面。"

"十分感谢。你在华期间可去成都看看我们的军事学院和机场建设。"

"很好!谢谢。"

第二天上午,蒋夫人陪同玛莎参观重庆市容。没料到,她们多次见到路边上麻风病人在乞讨。玛莎忍不住问道:"你们为什么不关照麻风病人,让他们沿街行乞?"

"中国人讲人道,爱文明,不像你们西方人那样,把麻风病人关起来,使他们跟其他人断绝联系!"蒋夫人不顾礼节,大发脾气。

"当你们的祖先住在树上,浑身涂成蓝色时,中国早有了伟大的文化了。"蒋夫人鄙视地补充说。

"哪种祖先?猿猴还是古代不列颠人?你给我说清楚!"玛莎十分恼火,当面给予回击。

两人谈得不欢而散。后来,海明威知道后,笑着说:"我想,这下子你该懂得怎么对付这位中国皇后了!"

有一次,玛莎在市场上逛,有个戴男士毡帽、身穿花布上衣的金发女郎悄悄地走近她,问她是否想见见周恩来。玛莎不知道周恩来是谁,答应回去问问海明威再说。后来,海明威一听玛莎介绍,马上就同意去见周恩来。

　　第二天,按照事先约定,海明威和玛莎装作若无其事的样子,上街逛逛,后来发现没有人跟踪,便去那市场与德国女郎王安娜接头。王安娜领着他俩穿街走巷,进一步避开密探的跟踪,匆忙钻进黄包车,蒙上双眼,走了一段路,到了曾家岩五十号,人们称它为"周公馆"。

　　周公馆是一栋两层小楼。周恩来在一楼的四壁刷白的小房间里会见了海明威夫妇。屋里陈设简朴,有一张桌子和三把椅子。周恩来穿着开领短袖白衬衫,黑裤子,脚穿便鞋,坐在桌子后面。双方用法语交谈,由王安娜当翻译。寒暄握手之后,周恩来便与海明威亲切交谈起来。

　　周恩来早年留学法国,熟识法语。海明威夫妇从他那炯炯有神的目光知悉,他们的谈话不用翻译,周恩来也听得懂。双方谈笑风生,格外亲切。玛莎回忆说,海明威虽然对中国了解不多,但他知道周恩来是荷兰名导演伊文斯的朋友,在重庆担任中共驻重庆的代表,可以直接会见蒋介石。周恩来在重庆的外交工作非常出色,是备受各界尊重的共产党人,海明威特别敬重他。

　　双方交谈了一个多小时。据王安娜回忆,周恩来请海明威介绍了广州前线的情况,谈谈他来华的感受,大部分时间听海明威谈话,偶尔插话。玛莎则说他俩一直悉心地听周恩来谈话,心里太激动了,竟忘了记录,没法将周恩来的谈话传给后人,但深深感到他是代表中国人民根本利益的伟人,是他俩在中国见到的唯一的真正的好人。中国的未来将属于以周恩来为代表的共产党人。

　　末了,周恩来将一份关于皖南事变的报告交给海明威,托他带给美国政府。

　　四月十四日下午四时,中美文化协会、中国新闻学会、全国文艺抗敌协会等九个单位在风景秀丽的嘉陵宾馆举行盛会,欢迎海明威,各界来宾三百多人到会。孔祥熙、张道藩等人出席作陪。孔副院长起立敬酒,事先约好海明威不讲话。接着古瑟和琵琶分别演奏《阳关三叠》和《蜀道行》,最后加上一曲军歌《十面埋伏》。全场鸦雀无声,犹如夜泊江边小舟,品味着"同是天涯沦落人,相逢何必曾相识"的千古绝句。许多人围着海明威夫妇问这问那。海明威笑着说:"中国太奇妙了!"他真诚地表示:"我一定再来,尽情地欣赏这伟大的中国!"

第二天,海明威夫妇一起飞往昆明。他独自沿中缅公路去曼德勒。昆明是"缅甸之路"的起点,从那里沿湄公河南下直达腊戌。日本飞机天天轰炸昆明,妄图切断中国大西南的后勤补给线,许多外国援华的军用物资都是从这里运来的。海明威亲眼看到公路上几座大桥给炸毁了。中国军民日夜抢修,将桥迅速重建起来。海明威从腊戌又坐汽车到曼德勒,转火车直达仰光。进入市区时,远处金色的佛塔在闪闪发亮。天气特热,气氛平静。玛莎已先期飞来。两人继续欢度蜜月,在仰光停留一周,然后暂时分手,各自东西。玛莎飞往新加坡和雅加达,海明威则取道昆明飞回香港。

飞抵香港上空时,天电干扰相当厉害。飞机上的无线电不能正常工作。飞机在二百多英尺的高度盘旋了近一小时才降落。海明威松了一口气。他的远东之行艰苦而愉快。他已飞了一万八千多英里,还要飞一万二千英里才能到家。他觉得很疲倦,但仍抽空给帕金斯写信,又给玛莎写信,抱怨她单身去印尼,令人挂念。

在香港停留时,海明威偶遇以前在马德里相识的罗蒙·拉瓦尔。他到九龙他家叙旧,特别喜欢他四岁的女儿。他想:有个女儿多好!三年来,拉瓦尔常走私商品到广东一带做买卖。一天夜里,海明威随他离开香港新界,深入广东三十英里,越过日军封锁线,与当地中国游击队相聚了几个小时。他觉得非常过瘾。

离开香港以前,海明威先后与孔祥熙夫人共进晚餐话别,跟罗斯福总统的儿子吉姆交谈了重庆的情况。吉姆也刚访华返港,但这些活动并不能消除他的苦恼。帕金斯来信说,一九四一年老作家安德森和弗吉尼娅先后去世。想想前两年,菲兹杰拉德谢世。福德和伍尔夫先后离开人间,海明威感到无比悲痛和愤慨,他在回信中说:"作家们确实死得像苍蝇一样。"他的忧郁加深了。老作家要能多活几年,那该多好! 死神为什么这么无情?

海明威时刻不忘写作。他在香港为《午报》写了三篇报道。为了防止出境时搜查,他将稿子塞在脚上的鞋子里。五月六日,他飞往马尼拉,拉瓦尔到机场送行,发现他心情沉郁。到了马尼拉,他又补充些笔记,又写了三篇。他从那里经关岛飞往夏威夷转机回国。

到达旧金山时,风和日丽,碧波粼粼。岸边一片翠绿。金门大桥在雾中像彩虹呈现在眼前。行程三万里的远东蜜月之行终于结束。

海明威回到纽约,等待玛莎归来。过了几天,《午报》主编拉尔夫·英格索尔带了一位秘书到旅馆找他,请他谈谈中国和缅甸的形势、美日开战的可能性等。海明威在地板上铺开远东地图,详细回答英格索尔提出的问题,秘书作了记录,后来又请海明威修改定稿,连同他写的七篇报道(包括一篇关于印尼的报道),在《午报》上陆续发表。《午报》是个小报,不刊登商业广告,创办不久就停刊。但它发表了海明威有关中国抗战的报道,获得了社会各界的好评。六个月后,日本偷袭珍珠港,美国正式对日宣战。海明威的预言不幸而言中。人们对这位大作家又刮目相看了。

第十二章　古巴岁月

哈瓦那—太阳谷—哈瓦那 1941 年 6 月至 1944 年 5 月

历时三个月的远东之行终于结束。玛莎回到纽约与丈夫相会,两人再一起南下,在华盛顿短暂停留,向有关方面介绍远东的军事形势。他们会见了海军情报局的汤默逊上校,然后赶回基韦斯特与两个儿子团聚。他出国时,两个孩子去加利福尼亚州和葆琳度暑假。后来,海明威给他的朋友、财政部长摩根索写了一封长信,详细谈了蒋介石与他交谈的情况、他的印象和支持中国抗击日本侵略的建议。

没料到,斯洛皮·何酒吧的老板何·拉塞尔突然去世,这使海明威很难过,他是海明威的老朋友,海明威部分地将他作为《有钱人和没钱人》主人公哈里·摩根的原型。他怀念这位不普通的普通人。不过,写作任务在身,他必须在哈瓦那从六月十五日待到九月十五日。他请朋友奥托·布鲁斯将小孩带往太阳谷等他。

九月底,海明威夫妇在古巴住了三个月以后,回到太阳谷,见到阔别多年的老朋友——泰勒·威廉斯夫妇、阿诺德夫妇、阿金逊夫妇等人。海明威不想打野鸭和雉鸡,想先去打羚羊。威廉斯带他们越过萨尔蒙河中段交叉处的山峰,到达猎区的顶部,发现许多羚羊三五成群在走,一听到火车的汽笛声,就跑得无影无踪。第一次他空手而归,第二次再去,海明威发现目标,从马背上跳下来,步行百码,一枪打中正在奔跑的一只羚羊。

十二月初,海明威夫妇离开太阳谷。海明威答应陪玛莎去看看亚利桑那州印第安人的居住区。他们在大峡谷停留数日以后越过得克萨斯州界,到达圣安东尼奥,电台忽然传来日军偷袭珍珠港的消息,美国海军举世无敌的神话破灭了,战火已将美国拖入大战。海明威知道这个结局,在他看来,一九四二年开门不吉,他的祖国已进入战争状态,他自己受到所得税问题困扰。

海明威原想再写几个短篇小说,但一九四二年作品寥寥可数。三月初,他去纽约,有人想为他出个选集,选取《永别了,武器》卡波列托大溃退和《丧钟为谁而鸣》索多游击队在敌机狂炸下壮烈牺牲这两部分,请海明威写个前言。好莱坞的达德莱·尼古尔斯准备将《丧钟为谁而鸣》改编成电影剧本,但海明威知道他对原著增删的设想后,很不赞成。尼古尔斯对情节处理得不错,但没有表现彼拉用以团结全体游击队员的政治信仰的力量,也没有说明乔登心甘情愿慷慨捐躯的原因。剧本里对爱情部分的处理也不太令人满意。

海明威被珍珠港的轰炸震撼了身心。他觉得影片和选集都可以为美国参战助威,但他希望发挥更主动的作用。他自己想上战场:儿子长大了,送他们去当兵。他不愿写官样文章。他写信给北美报业联盟总经理威勒,想再当一回战地记者。威勒回信说,军事部队正忙于打仗,不让任何记者上前线。他婉言谢绝了海明威的请求。

机会不久就来了。他和玛莎去墨西哥市休假两周回来后,想在哈瓦那搞个反间谍组织以对付纳粹德国第五纵队在古巴的渗透。古巴有许多西班牙大俱乐部公开反对美国,亲德、日、意轴心国。古巴最有影响的报纸是个西班牙富翁办的,经常放肆地攻击美国。外国间谍纷纷以假护照混入古巴。德国潜艇出没于加勒比海,攻击盟国的货船和邮轮。这不能不引起人们的关切。

海明威拟订了一个大胆的计划。海明威首先与美国驻古巴大使馆的乔伊斯联系。后来,他们让海明威向新到任的大使斯普鲁伊尔·布列敦说明他的计划。海明威说他精通西班牙文,交际广阔,只需要美国政府提供小型武器和弹药。他想用瞭望田庄的小客楼当司令部。布列敦大使与古巴总理讨论了这件事。海明威得到授权进行准备。

海明威迅速物色人选,从哈瓦那巴斯克俱乐部招了不少人,其中有饭馆侍者、古巴渔民、西班牙反法西斯的流亡者、码头工人和游民。布列敦大使给这些人起个暗号叫"罪船",海明威将它改为"钩厂"。这个组织松散,是靠海明威个人的威望和平时酒吧的交情搞起来的。消息用口头或书面传给海明威,再由他交给大使馆的乔伊斯。海明威每周开车进城一次,到处逛逛,再悄悄去乔伊斯办公室汇报。后来,他又建议将他的游艇伪装成猎潜艇。他们以美国自然历史博物馆科学家身份在墨西哥湾一带收集标本做掩护,监视和侦察德国潜艇的行动。艇上要配备几名训练有素的水手,装备手榴弹、机关枪、反坦克炮和易爆炸弹。他和汤默逊上校讨论了这个计划。上校说,德国潜艇司令不会这么笨,让你的人将炸弹扔到他舱里。不过,布列敦大使破例地帮他获得必要的装备。

海明威从他熟识的朋友中挑选了八名水手,他们的行动暗号叫"无友"。这是他田庄里一只爱猫的名字。汤默逊上校帮助从使馆里送来一名机枪手叫唐·萨克逊。其他都是当地人。手榴弹装在鸡蛋箱里运来了。机关枪分解为散件,放在小口袋里运来了。还配备了一部电台和一条救生橡皮船。海明威抓紧带他们练习,要求保持机枪的清洁,允许进行手榴弹演习。他准备牺牲他心爱的游艇,换取抓获或击沉敌人的潜艇。尽管头几周他们常在海边放哨。电台也收到德国潜艇官员通话的信号,"彼拉"却始终没撞上德国潜艇。他们一共发现十一艘德国潜艇,但仅一次靠近过它们。海明威传话起锚追赶,但德国潜艇不理睬,不久在东北方向溜走了。

热带的夏天极热,海上烈日将海明威脸上晒软了。他不刮胡子,经常和"钩厂"成员出海巡逻。他穿着淌汗的圆领衫,褪色的蓝短裤,光着脚丫,步行到哈瓦那的佛罗里狄达酒吧等地。

海明威一面备战,一面不忘写作。八月底,他完成《男人们在打仗》的前言约一万字,寄往纽约。这本集子既有小说,又有非小说。海明威强调真实性,他希望选集里的文章,能向美国青年展示战争的真实情况,激发他们的爱国热情。每年七月,是他在意大利负伤的周年纪念,他总是重读曼宁的战争小说,提醒自己记住那难忘的岁月,不论写什么都不要欺骗自己,也不要欺骗别人。

《男人们在打仗》于十月份正式出版。此书由海明威编选和撰写前言,共收入八十二篇战争故事,包括《永别了,武器》和《丧钟为谁而鸣》一些篇章和有关内战时马德里的报道。初版两万册,反应不错,十二月份被列入非小说畅销书的榜首。这时刚好是美国对日宣战十个月以后,读者对这本书的兴趣日益增加。珍本俱乐部重印了《丧钟为谁而鸣》,由诺贝尔文学奖获得者辛克莱·路易斯写前言。他高度赞扬海明威在这部小说中所写的三个方面都非常成功:爱情故事、冒险故事和乔登的献身精神。

但是,海明威的家庭生活并不愉快。玛莎还没回家。她结束加勒比海的访问,但又去了荷属几内亚的丛林,然后准备回华盛顿去见总统夫人。海明威常去俱乐部与古巴朋友玩棒球,自得其乐,改变他单调寂寞的生活。

玛莎回家以后,以为家里一定很安静,可以好好休息和写作,结果发现海明威邀请在西班牙认识的杜兰将军夫妇来访。杜兰将军已加入美国籍，他带妻子来哈瓦那看望海明威。有一天，他俩去美国大使馆参加舞会，半夜才回瞭望田庄。司机在楼下乱按喇叭，吵醒玛莎。玛莎不得不吃了安眠药，白天无法工作。海明威很尴尬。杜兰夫妇只好一大早搬去旅馆住。后来，杜兰不愿接受海明威叫他协助"钩厂"的任务。在大使馆的一次午宴上，海明威当面骂杜兰，两人多年的友谊毁于一旦，犹如海明威跟多斯·帕索斯和阿基鲍尔德一样。

海明威与玛莎的不和日益加剧。他交了许多朋友，常在家一起饮酒闲扯，弄得很脏。他不洗脸，不刮胡子，邋邋遢遢，不像个人样，又弄了一大群猫，屋内更是混乱不堪。有人说，海明威也许是最热情好客的，可是怎么跟他一起生活呀！

玛莎跟海明威已共同生活五年，她感到海明威太自私，想完全占有她，支配她。她春夏期间到处旅行，想抵制他这种利己主义。他对她胡吹他海上的冒险经历。两人的分歧逐渐扩大。一天晚上在哈瓦那，海明威公开说她是个吝啬鬼，舍不得给田庄的仆人送圣诞礼物，然后独自开车回家，将玛莎甩掉不管。另一个晚上，海明威喝醉了，玛莎不让他开车，他用手背打了她一下。玛莎故意将车开到野外树下，自己走回家，把他扔在那里。

与此同时，"彼拉"的海上巡逻没什么效果，成了海明威个人爱好的猎奇活动。玛莎跟他们跑过一趟，感到很平淡。他们在墨西哥湾一个浮标周围进行机枪实弹射击和手榴弹演习。人们责怪海明威的"钩厂"行动目标不明确。各个情报机构在古巴钩心斗角。罗斯福总统下令：一切反间谍组织都划归联邦调查局管辖。联邦调查局迅速派了十六名特工到哈瓦那，他们很瞧不起海明威"钩厂"那简陋的方法，海明威气愤地骂他们是"佛朗哥的铁骑"。他们中有个人当过记者，跟西班牙叛军那边关系密切。海明威反映到大使馆，那人不久就被调回国。

但"钩厂"解散了。海明威想为祖国效劳的一片心意付诸东流。

"钩厂"的结束,加深了海明威与玛莎之间的裂痕。玛莎早就强烈反对他搞"钩厂",如今,她又说:"彼拉"的猎潜巡,不过是海明威领取配给的机油,带朋友外出捕鱼的借口。她说文明世界许多人在跟法西斯打仗、受伤甚至牺牲,海明威却在玩乐。海明威听了气得脸色发白,他俩经常为此事争吵不休。海明威又开始酗酒,经常上佛罗里狄达酒吧痛饮龙舌兰酒,有时喝得醉醺醺的,谁给他报告欧洲战场的新消息,他就替谁付酒钱。他想知道该上哪个战场去,但何时动身,去干什么,他心中无数。他成了一个晃来晃去、无所事事的人。

海明威对人家称他"爸爸",越来越开心。其实,那是他在家里的称呼。他的孩子们叫他"爸爸",玛莎也叫他"爸爸",有时幽默地叫他"朴爸"。后来这个称呼在俱乐部里慢慢地传开,成了对海明威的尊称。有个小伙子叫马伊托,他是古巴前总统的孙子,后被父亲抛弃,离开大学。海明威收容他,作为田庄的一员。海明威叫他干什么,他总是回答:"好!爸爸!"这个称呼破门而出,在哈瓦那几个海明威喜欢去的酒吧里广泛流传开。随后,他的老朋友也这么叫他。

玛莎不愿意像哈德莱和葆琳一样跟着海明威夫唱妇随,海明威到哪儿,她就到哪儿。她不喜欢老是陪他出海捕鱼。有一次,她上了"彼拉",就对海明威说:"你为什么不经常洗澡?"海明威的自尊心受了伤害。他精心设计了一个远洋捕捞计划,玛莎毫无兴趣,引起他气愤。他不明白玛莎为何这样。葆琳对捕鱼从没兴趣到很有兴趣,不是改变了吗?他抱怨玛莎不近人情,他想看看两个儿子时,她总是给他脸色看。他感慨地说,心甘情愿受女人摆布的人,就像得了不可治的癌症。

海明威觉得,欧洲战场有很多地方,可以去待很久,但不用特别焦急。玛莎却整天唠唠叨叨,坚持要他快去。她责问他:其他人都纷纷上战场,他的爱国主义自豪感哪里去了?帕金斯来信介绍了许多海明威的朋友的战况,比如约翰·赫尔曼、伊万·斯帕曼和汤默逊上校都参加了非凡的军事行动。海明威的大儿子班比已经从大学辍学,进入预备役军官学校,不久将被派往国外参战。

然而,海明威还在瞭望田庄徘徊不定,他似乎不愿离开他"彼拉"上的好友,离开他可爱的猫群,留恋他的俱乐部打鸽子活动,留恋他在近海捕鱼,在沼泽地打野鸡以及在佛罗里狄达酒吧喝龙舌兰酒,留恋他田庄里的网球场和游泳池……

麦克莱斯写信告诉海明威,庞德赞赏法西斯意大利的首脑墨索里尼的神学经济理论,问他有什么感想。海明威说,庞德太蠢了,最后可能被当作叛徒而坐上审判台。但海明威不为这些事烦恼。他表示乐于跟麦克莱斯恢复朋友关系。他经常挂念老朋友,包括多斯·帕索斯。他对在西班牙内战时期自以为是的行为感到遗憾。

签约两年半以后,由派拉蒙电影公司拍摄的影片《丧钟为谁而鸣》七月十日在纽约首映。直到首映,海明威才明白,拖这么久,是因为好莱坞怕得罪佛朗哥将军。帕金斯去看了影片,印象很好,但他更喜欢卡蒂娜·帕克辛努和阿基·塔米罗夫姆演的彼拉和巴布罗,甚于褒曼和库柏演的玛丽娅和乔登。海明威出海五十八天后返回古巴,收到帕金斯这封信,心里很扫兴。他发誓他绝不被迫去看这部影片。

为了庆贺海明威四十四岁生日,卡查多尔斯俱乐部举行一次射击比赛。海明威在热烈掌声中获得冠军。太阳落山时,庆宴移到瞭望田庄。库基马村的渔民给他送来一头烤全猪,作为生日礼物。他们共饮龙舌兰酒,欢欢喜喜地围坐在松树下的餐桌旁,唱起动人的古巴民歌。当烤全猪抬上餐桌时,唐·安德烈叫祝福的人互相用硬面包卷对打。海明威赶紧喊"暂停",他说,今天是他生日,等大家吃了点心以后,才能允许他们用面包卷对打。

玛莎终于写完小说,决定去纽约定稿,然后作为《柯立尔》的战地记者到英国去。帕特里克和格里哥利返回学校,海明威打算乘"彼拉"出海三个月。玛莎觉得不必要再跟仆人待在田庄了。她早盼望上欧洲前线去,于十月二十五日出发,路经葡萄牙的里斯本,十一月初抵达伦敦。

妻子和儿子都走了,宽敞的田庄变得空荡荡的,海明威的孤寂感油然而生,他抱怨像生活在冷清的监狱里。他训练的家猫波依斯和伍尔夫叔叔,像狮子一样,盘卧在前面门廊的圆柱旁。他埋头练射击。俱乐部六次射击比赛,他得了五次冠军。"彼拉"的水手走了几个,还留下几个。十一月,他们遇上狂风大作,航行艰难,仍冒着危险救了一艘纵帆船。仆人胡安给海明威带来信件,他担心,冬天气温低,田庄里的猫可能太冷了,如果天不转暖,他要回家看它们。

圣诞节前,帕特里克和格里哥利回家探亲,待了几天,大儿子到国外当黑人军事警察排排长。海明威感到骄傲。不过,海明威抱怨,为什么安排班比去警察部队任职,而不去正规军参战?玛莎不在家,他感到寂寞,只能与猫狗为伴。他请了几个秘书,可没一个待得久的。信件堆在两大木箱里,来不及回信。瞭望田庄的管理一天不如一天。他在海上风风雨雨几星期,回到家里又累又困,喝了几口酒,听听唱片,躺在地板上就呼呼睡着了。

尽管牢骚满腹,懒于笔耕,除了《男人们在打仗》那篇前言,这一年多写作上几乎空白,可是他的声誉并未受影响。《丧钟为谁而鸣》仍深受欢迎,一再重版,在美国共售出近八十万册,在英国卖了十万册。除了通俗小说《飘》以外,这是那几年最畅销的美国小说。但海明威心里又急又烦。有时,创作的冲动使他觉得比坐牢更难受。他斩钉截铁地告诉帕金斯,他不想被人家当做"酒鬼"或"江郎才尽"的作家。他那些丰富多彩的新经历值得他战后大书特书一番,这是他聊以自慰的。

一九四四年,世界大战进入了关键的一年。年初,双方在欧洲和非洲好几个战场上进行着殊死的决战。海明威在瞭望田庄待不住了。他逢人便说,他要扬鞭快马,去追赶他的妻子。他决心横跨大西洋,跟着她,叫她回家或上军事学院。他娶她当妻子,不是做画魂。家里没主妇,生活挺艰难。一九四一年以来,他拼命写,但写不出东西。妻子几个月不在家,够他烦心的。政客们的阴谋诡计使他愤怒不已。他老是说要到纽约安排去欧洲的事,实际上似乎不急于动身。一月底,他写信给玛莎,说他对欧洲并没特殊兴趣。

玛莎接到信后,三月初飞回家,要海明威果断地采取行动。她认为海明威拖得太久了,该是离开古巴,上欧洲战场的时候了。她为此找了英国驻华盛顿大使馆武官罗尔德·达赫尔,武官说,如果海明威愿在美国报刊上介绍英国皇家空军的英雄事迹,驻伦敦的英国空军乐于给他留个座位。海明威终于被玛莎说服,他愉快地接受了她的建议,很快跟《柯立尔》杂志签订了合同,赴欧洲前线采访。

海明威告别瞭望田庄,与玛莎一起飞往纽约。达赫尔武官到旅馆会晤海明威夫妇和拳击教练布朗。他们一起品尝鱼子酱,共饮香槟酒。海明威感到很愉快。他虽然常到纽约,这种例行的聚会已司空见惯,但气氛特别亲切、融洽。他要等待航班,因为战时空运特忙,大概要等几天。他乘机去会会老朋友。

正在空军服役的维辛特·斯恩恰好在纽约休假。他于一九三八年西班牙埃布罗河战役时与海明威共患难,如今见到他格外亲切,陪了他好几个小时。海明威提起小说家约翰·斯坦贝克,曾夸奖他一九三九年写的《蝴蝶与坦克》。斯恩夫妇立即请他们一起在餐馆吃饭。斯坦贝克和夫人也到了。后来,作家约翰·赫西也来吃饭。另一位名作家约翰·奥哈拉则站在前面房间的酒吧旁边,他带着斯坦贝克送给他的拐杖,黑刺李木做的,质量很好,但用很久了,比较脆。海明威一看到拐杖,就跟奥哈拉打赌五十美元,说他能用自己的脑袋敲断它。

奥哈拉同意了。海明威用手拿住拐杖的两端,往头盖骨一顶,拐杖断了。他把两截拐杖扔在一边,不屑一顾,仿佛打了个大胜仗。奥哈拉丢了拐杖,又赔了五十美元。斯坦贝克看了这一切,感到憎恶。

五月十三日,玛莎等不着,先乘船走了。海明威还没等到航班的座位,又去看望小说家岛恩·鲍威尔。那天碰巧是母亲节,他带了苏格兰威士忌和一瓶辣酱去看她。两人从早上边吃边喝边谈,直到下午六点钟,一边爱抚自己的小猫。海明威责怪玛莎离开田庄时,没跟爱猫说声再见。

五月十七日,海明威准备飞往伦敦。他的行李很简单:一个挂床包,一个野战挎包和两个大水瓶。他的随身用品仅有一把牙刷、一把梳子和几瓶苦艾酒。酒是给英国朋友捎去的。他像个普通士兵,轻装奔赴欧洲战场,重新开始他的战地生活。

第十三章　随军挺进巴黎

伦敦—巴黎 1944 年 5 月至 1945 年 3 月

到了英国首都伦敦,海明威觉得这古老的名城,一切都挺新鲜。这是他首次访问伦敦。他的祖辈来自英国,他有点回老家的亲切感。大战已打了五年,德国飞机不时来骚扰,警报声响彻夜空,但海德公园的树木已吐绿,草地上散发着春天的芳香。他住宿的多切斯特旅馆仍然舒适和安谧。

第二天,海明威到皇家空军司令部报到。他要求随飞行员去欧洲大陆执行任务。来自世界各地的三百多名记者云集伦敦采访。新闻官乔治·休顿委派约翰·麦卡丹作为海明威的飞行顾问。他们一起商议和安排活动。德军在苏联战场上节节败退,盟军将在欧洲开辟第二战场。皇家空军日夜待命,即将采取大规模行动。

海明威耐心等待战机。许多老朋友来旅馆看他。玛莎仍在大西洋。海明威有点寂寞,开玩笑地说,满脸大胡子把美丽姑娘都吓跑了。不久,海明威结识了在伦敦工作的女记者玛丽·威尔斯。她来自明尼苏达州的伯梅基,念过西北大学新闻系,在美国几家报刊当过记者。

她个子瘦小,满头金发,芳龄刚三十六岁。在芝加哥当了五年记者后,在伦敦比弗·布鲁克勋爵办的《每日快报》任专栏作家,后来嫁给澳大利亚记者诺尔·蒙克斯。一九四〇年,她转到《时代》《生活》和《幸运》三大杂志驻伦敦记者站工作,是个"老伦敦"。大战爆发后,玛丽就一直待在伦敦,仅仅一九四二年回纽约一次。她的住地离美国大使馆不远,与海明威住的旅馆近在咫尺。丈夫蒙克斯常外出采访,她在家勤奋好学,研修政治和经济,丰富写作知识。

玛丽知道海明威来伦敦,但觉得与她关系不大,没去过问。一天中午,青年作家厄温·萧请她到苏荷区白塔餐厅吃饭,介绍她认识大胡子海明威。海明威笑嘻嘻地握紧她的手,对她一见钟情。从此,两人开始来往,一发而不可收。

朋友们纷纷请海明威赴宴,使他应接不暇。一天深夜,他带了弟弟莱斯特和高尔医生到卡帕家,酒过三巡,他乘兴与高尔比赛拳击,一直玩到凌晨三时。高尔夫妇自愿开车送李尔·伍坦贝克和海明威回旅馆。李尔没上车。他俩单独送海明威走。高尔喝多了,车子开了不到半英里,撞上路边的贮水钢罐,海明威的头给挡风玻璃划了个大口子,胡子眉毛全是血。高尔受了轻伤,还能走路。三人给送进圣乔治医院。经医生诊断,海明威严重脑震荡,双膝肿了起来。医生为他进行了两个半小时手术,伤口缝了五十七针,头上扎了大绷带,不久恢复知觉,但头隐隐作痛,很不好受。

不巧,玛莎乘船经利物浦,赶回伦敦。记者问她,海明威发生车祸,她有何感想。她无可奉告。她跋涉欧洲各地,旅途劳累不堪,原想回伦敦好好歇歇,没料到丈夫出了事。她知道车祸是在一次通宵酒会后发生的,感到很气愤。战争期间,酗酒是常事,但海明威搞成这样,她觉得很可鄙。她住进多切斯特旅馆,但不跟海明威同房。她到诊所看他。海明威躺在床上,双手合十,放在脑袋后面,胡须掩了半个腮边,绷带斜扎着前额,像个披头巾的穆斯林。她禁不住哈哈大笑。海明威觉得她嘲笑他,太不人道,心里极难受。她问他怎么受伤,他很反感,不理她。后来,几个好心的朋友来看他,海明威心里才好过些。他对同机越洋来伦敦的海军军官诺思和伯克说,他最担心的是,会不会因伤病失去参加欧洲登陆的机会。登陆的时间日益逼近,他想早日康复。

五月底,海明威总算出院了。医生不许他再喝酒,但他耐不住,不久又喝威士忌了,他盼望早日恢复元气上前线。一天清晨,莱斯特弟弟来探望,海明威脑子嗡嗡响,叫弟弟陪他去室外散步。车祸后,他在伦敦并不吃香。他埋怨玛莎无情,想伺机报复,叫她难堪。

夫妇俩闹别扭时,玛丽·威尔斯带着鲜花来看海明威。真是雪中送炭!海明威太感激她了。玛丽坐在他床前,用手轻轻地摸他的前额,不停地问这问那。海明威心里暖呼呼的。

海明威坚持要参加随军采访,更加紧准备工作。皇家空军发给他一套带"记者"肩章的制服,还给一只应急小包,内有地图、药片、罗盘、现钞和巧克力。万一飞机被击落,足够维持三天生活。六月二日周末,他和数百名记者汇集于英国南部海岸。大规模登陆行动即将开始。

六月五日晚,细雨蒙蒙、海风阵阵,海明威一瘸一拐地登上运输攻击舰,由爱尔兰人李希指挥。凌晨二时,庞大的舰队徐徐驶出港口,迎着英吉利海峡的风浪向东开去。清早五时,舰队到达登陆海域。海明威不甘示弱,敏捷地抓住缆绳,爬上小船,准备登陆。

西北风卷着巨浪向舰队袭来。前面出现火光。海水淋湿士兵的制服。海明威站在波伯·安德森司令官身旁,望着那大型的军舰"得克萨斯"和"阿肯萨斯"率领无数舰艇,向法国海岸猛烈开火冲击,他用轻型望远镜注视着海岸线上的变化。

　　岸上的景色清晰可见,漫长的沙滩上堆放着巨石,悬崖上有碉堡,机枪在交叉扫射。两辆坦克在水边燃烧。盟军六批突击队首先冲上沙滩,突破敌人的封锁线。第七批突击队员正陆续上岸。大部队紧紧跟上。记者们交头接耳,议论登陆的地点。海明威用望远镜一看,认得出是格林沙滩。时间是:一九四四年六月六日,星期二。

　　驱逐舰长驱直入,摧毁岸边敌人的碉堡。德军的尸体连同武器遍布各处。驱逐舰同时救了一些伤兵和落水者。安德森命令将海明威送回舰上,返回英国。

　　与海明威不同,玛莎随医疗船横渡海峡,六月六日在法国岸边收伤员时,她上岸去了。这一点,她比丈夫强,但海明威并不买账,也不原谅她。返回英国时,玛莎碰到比尔·杜森,听说海明威已回伦敦,她很高兴,写了一张便条托他交给海明威。可是,玛莎见到海明威时,他还没收到便条。她回到旅馆时发现,海明威正和一个姑娘在她房间里约会。玛莎很生气,简单收拾了东西,转身就走了。海明威则继续追求玛丽。同时他坐下来,给《柯立尔》写第一篇诺曼底登陆的报道。

　　盟军登陆以后势如破竹,疾速向法国内陆纵深推进。希特勒德国招架不住,立即向英国东南沿海一带发射 V 型飞弹。大量飞弹在伦敦北部和沿海地区爆炸,伦敦市内可听到爆炸声。海明威回来十多天,赶到皇家空军采访。他们有一支代号为"飓风"的飞行中队,专门对付敌人的飞弹。从凌晨四时至深夜,中队的飞机轮番起飞,在空中拦截飞弹。海明威有一天到沙里斯伯利平原,恰好见到飞弹爆炸造成的损失,因此,他对"飓风"飞行中队很感兴趣。

　　一天,晴空万里,能见度很好。海明威经中队司令部批准,头戴钢盔,穿上皮夹克制服,带上降落伞,戴上钢边眼镜,坐上副驾驶座位。中午时,轰炸机群飞上蓝天,十二架飞机组成两个方阵。不到五分钟,轰炸机远离地面,飞临英吉利海峡上空。紧接着,机群突然接近目标,向该地区扔下数百颗炸弹。六架飞机往下俯冲投弹,再拉上蓝天,然后胜利返航。轰炸任务圆满完成,海明威觉得军事行动太快了,要求再来一回。但司令部不同意。执行轰炸任务太冒险了。海明威后来在司令部听说,第二方阵的主机被击落。

海明威在伦敦车祸受伤,皇家空军的军医曾要求他停飞,再休息一周。他不得不服从,便利用空闲时间给玛丽写情诗——《在伦敦致玛丽》。他在这首自由诗中抒发对玛丽的恋情,对比在古巴的清闲和在伦敦的奔忙。字里行间交织着他的愁思、感伤和希望。他力图证明:他的脑袋瓜还挺好使,他还能写出好作品。他憧憬着他俩未来的幸福生活。

上天的机会又来了,皇家空军某部驻朴茨茅斯的司令巴恩斯热诚地请海明威去访问。该部原先负责轰炸敌人在诺曼底的交通运输线,后来改为轰炸德军情报部盖世太保在欧洲各占领城市的司令部。他们每次都出色地完成任务,敌人恼羞成怒,将巴恩斯列入暗杀的黑名单。海明威见到他特别高兴,详细问了他日夜执行轰炸任务的情况,表示很想跟着飞一次。

巴恩斯司令爽快地答应他的要求。他亲自带海明威登上他的蚊式飞机进行试飞,在英吉利海峡上空转了一圈就返回基地。午夜以后,他们又升空了。巴恩斯接到指示,不要带海明威飞入敌占区。巴恩斯载着海明威在英国海域上空飞行,忽然一枚德方飞弹以每小时四百英里的速度射向英国目标。夜间要拦截它是非常困难的。巴恩斯向飞弹开火,然后避开它。海明威看到周围一片火海,格外兴奋。十分钟后,又发现一枚飞弹。巴恩斯知道他的任务不是击落飞弹,便加速下降去接近第二枚飞弹,向它开了两炮,然后往旁边拉开,后面突然升起巨大的火柱,飞机激烈摇晃,犹如狂风中的叶片。有人给击中了,但不是他们。巴恩斯巡航了一会儿就安全着陆。每次遇到险情,海明威都很沉着,他挺喜欢冒险,亲身参加战斗。后来,他告诉朋友,他在中型轰炸机上飞行时置生死于度外,但他参加一万二千英尺的夜间战斗飞行,次数越多,越想活命。巴恩斯和海明威返回帐篷时已近拂晓,十分钟以后,巴恩斯睡着了。海明威却坐在打字机旁写报道,一夜没合眼。巴恩斯对他的尊敬油然而生。

七月初,海明威越过英吉利海峡,到达诺曼底。他满脸笑容,胡须都剃光了。他给他的新朋友比尔捎去积压一个月的信件。这是他在伦敦待了六周后第一次踏上法国土地。他在比尔的地方住了一周,滔滔不绝地谈起他在巴恩斯蚊式飞机上的见闻。他早上和记者们一起去采访,做了笔记,但没立刻写出来。一周后,他悄悄地返回伦敦,继续追求玛丽。

一天中午,海明威亲热地带玛丽到白塔餐厅用餐话别。那里是他俩首次认识的地方。如今故地重游,感触良多。两人好像有说不完的话。他对玛莎的印象淡薄了,心里老怪她只到医院看过他两次。玛丽给了他安慰和温暖。第二天清早,海明威又跨海到法国,参加开始不久的战斗。他在伦敦的停留结束了。

海明威到了诺曼底,见到处处留下激战的痕迹,立即赶到美军装甲师所属的第四步兵师报到。他到达师部记者营,求见司令官雷蒙·巴顿将军,将军记得海明威是个体育记者,跟哪个名人比过拳击。他正忙于扩大登陆的战果,指挥部队乘胜追歼德寇,迅速向纵深推进。他指派负责公关的斯蒂文森上校关照海明威。

在斯蒂文森的陪同下,海明威会见巴顿司令部的有关军官。七月底,美军发动突破性攻势。三天后,海明威和伊拉到前线一间小农舍采访第二十二步兵团。军事形势不太明朗。美军与德军靠得很近,有时仅相隔一排灌木林。第二十二团前天向前推进了十英里,俘虏德军三百多名。团部设在小农舍里,个个忙得不可开交。

第二十二团司令官是巴克·兰哈姆。他来自华盛顿特区,矮个子,棕眼睛,毕业于西点军校。他是个作家和诗人。投笔从戎后,他指挥果断,但脾气暴躁。有人告诉他:一位来自华盛顿的战地记者柯立尔想见他。海明威走进他的办公室,兰哈姆问他是不是柯立尔上校。

"不是。我是《柯立尔》记者,名叫海明威。"

"那肯定是欧尼斯特啦?"

"对。我就是欧尼斯特·海明威。"

兰哈姆热情地请海明威坐下,简要地介绍当天军事进攻的情况。海明威聚精会神地听着,认真记了笔记。他才思敏捷,军事知识丰富,给兰哈姆印象深刻。双方谈得很投机。末了,兰哈姆请他共进午餐。席间,他将话题转到文学上,但海明威不愿多谈文学,更愿了解战争动向,多写些报道。

接着,海明威留在二十二团,随部队向法国南方推进,达一个多星期。玛丽仍在伦敦,海明威给她写信说,前线生活非常快活。有时沿公路穷追敌人,有时深入小丛林搜索。山上枪声不断,山下布满烧焦的坦克、毁坏的枪支和敌人的尸体。七月三十一日,巴顿将军给海明威派了一名司机。海明威乘吉普车随军攻入城,马上找当地居民交谈。法国人看到海明威背着枪,挂着手榴弹,以为他是个美国军官,便领他去见市长。市长热情地送他两大瓶香槟酒。他走出大门,正撞上兰哈姆上校,顺手送他一瓶,两人匆忙分手。海明威将自己的见闻写成报道寄给《柯立尔》。报道写得有血有肉,既有事实,又有个人感受。前线的战斗相当激烈。海明威穿梭于阵地之间,俨如一名真正的战士。他习惯枪炮声,一点也不害怕。他觉得在特殊的环境中才能写出特殊的报道。身处危险的前线是个特殊的好机会。

盟军的进攻势如破竹,迅速向巴黎挺进。八月的第三周,海明威离开第四步兵师,驱车到达沙特市美军第五步兵师指挥部。两个师打算在通往巴黎的南布列会师。

　　海明威和司机找到第五师第二步兵团。不久,他们到了离巴黎仅几公里的该团前线阵地。海明威见到法国游击队,游击队司令叫塔翁·马索。他们证实:当天拂晓德军已放弃南布列,但在城南搞了许多路障和布雷区。海明威请游击队带他去现场看看。果然不错。有座田庄高墙下设了路障,梧桐树横卧路中,夹着两辆毁坏的吉普车和一辆破卡车。壕沟里堵着两辆德军坦克。德军曾伏击了一辆美军卡车,将车上的美国制造的地雷四十多个,拿来埋在横卧在马路上的树干下面。

　　当天下午,美军第二步兵团进驻南布列。反坦克连的克里格中校立即带人来扫雷并清除路障。克里格是个乐观幽默的胖子,扫雷很内行。海明威叫一名游击队员进城了解情况,摸清城里没发现德军。但敌人主力埋伏在离城不远的近郊,大约八百人,装备有十五辆坦克、八门反坦克炮和四门野战炮。海明威马上将情报转告克里格中校,建议他重新布雷,防止敌人反扑。说完,他有点不放心,连夜赶往师部,请欧文将军支援一些轻重机枪,加强守城力量。但他空手而归,心里很气愤。幸好当天夜里,彼特森率领的第五侦察中队赶到了。隔天清早,海明威又去第二步兵团驻地,给侦察中队要来新给养。

　　法国游击队比较松散,急需加强与美军的联系。海明威和游击队司令在通往南布列路旁的一家旅馆里设立指挥所。美军战略情报局的大卫·布鲁斯上校到那里时,发现海明威指挥着十名游击队员,不时有人来向他报告敌情。美军大部队还没进驻南布列,海明威和法国游击队员估计,德军当晚会组织反扑。布鲁斯上校听了他们汇报后,立即找了附近的美军,请桑顿少校支援他们守卫南布列。海明威自愿全力协助。由于《日内瓦公约》禁止记者携带武器参战,海明威请布鲁斯上校写了手令,指定他指挥那支游击队。由桑顿少校和海明威分头带人到郊区坚守重要阵地。当晚大雨滂沱,德军没敢来犯,仅有个敌人的巡逻兵接近海明威的阵地,但没有交火。

解放巴黎的任务将由法军第二装甲师莱克列克将军负责执行,据说这是艾森豪威尔将军和布列德莱将军达成的协议。南布列离巴黎仅三十英里,大批战地记者闻讯后,赶到海明威下榻的旅馆。有人听说海明威带武器指挥游击队参加战斗,认为他违反《日内瓦公约》,但海明威不管它。他衬衫里装着布鲁斯上校的手令和一个黑本子,继续为法军进攻巴黎收集情报。后来,他曾说过,他对巴黎南郊至南布列一带的路障、军区、雷达、防空火力、反坦克炮和大炮的情况了如指掌,甚至熟悉坦克的数量和位置。这不免有点夸张,但他在南布列的确干得相当出色。布鲁斯上校说,在游击活动和收集情报方面,海明威是个地道的专家。他自始至终都非常勇敢,又有智谋,对敌方的突袭或异常行动十分警惕,他具有侦察兵的非凡才干。几天以后,海明威的小股游击队并入新来的巡逻队,增加了手榴弹和机枪。他们主动出击,英勇无畏,提供了不少有价值的情报。

布鲁斯上校和他的助手帕斯托感到海明威很善于提问,能对所了解的情况迅速作出判断。有一次海明威乘吉普车外出,在城北六英里处见到一个老人,就接他回去,结果这老人提供了敌军在公路布雷和反坦克装备的详细地点。有时,他们在黑夜里接到密电,便立刻赶往指定地点,接受美军的空投武器。海明威生活在他们中间,像个普通战士。他锻炼了一口流利的法语。十个星期以后,他开玩笑地说:他完全忘了英语。他有时穿着中士的军服,笑嘻嘻地,与大家一块儿高唱战歌。

八月二十四日,解放巴黎的战斗打响了。当晚,大雨倾盆,一直持续到白天,在南布列郊外卡车上的人浑身湿透了。法军的装甲师向前缓缓推进。海明威和布鲁斯上校抄近路绕到前方,奔向巴黎。德军撤退时在公路扔下许多破车、长树干,尤其是一大堆遗弃的军火。有的炮弹炸得冲天高,子弹在呼啸,爆炸声不断,好像四面八方都在交火,非常危险。海明威一行通过公路时,距离那弹药堆仅几码之远。下午五时许,海明威越过小山逼近塞纳河,看到街上两旁站满市民,家家户户挂着法国国旗,欢庆巴黎解放。人们高呼:"法兰西万岁!"但市内的战斗并没结束,布鲁斯和海明威一行穿过人群,继续向既定目标奔去。人们知道他们是美国人,格外激动,不仅跟他们热情握手拥抱,还送给他们许多名酒:香槟酒、兰姆、威士忌和法国葡萄酒。他们不敢停留,直奔一英里外的目的地。这时,在塞纳河桥下法军坦克遭遇躲在一家工厂的德军的负隅反抗,直到第二天中午才消灭敌人,使大桥畅通无阻。

布鲁斯上校一行过桥后,突然遭到三辆德军坦克的阻拦。他们拐进小巷,直奔凯旋门后面停车处。布鲁斯上校和海明威及司机帕尔基迅速开车前往旅行者俱乐部。那里门口没有车辆,所有客房都上锁了,仅酒吧开着,老板和几个老伙计在看家。布鲁斯、海明威和帕尔基是到达俱乐部的第一批美国人。老板马上打开香槟酒与他们共同干杯,庆祝胜利。正当他们干杯时,一名狙击手从隔壁的屋顶上向他们开枪,帕尔基马上举起来福枪进行反击。

接着,他们三人带了几名非正规军穿过稀落的弹雨,从俱乐部疾速冲到和平咖啡馆。他们发现歌剧院挤满了欢呼的人群,男人、女人和小孩将他们围得水泄不通,与他们拥抱亲吻。他们赶快溜到里茨旅馆。

在德军占领期间,里茨旅馆一直照常开业,所以完好无恙。但这时除了经理以外,其他人都跑掉了。经理到门口欢迎布鲁斯和海明威,给他们安排住宿,问他们需要什么。他们要了五十瓶马丁尼酒开个酒会,但侍者一个也没有。酒会开得不算热闹。不过,海明威终于成了里茨旅馆名誉上的老板。他在这里宴请与他并肩战斗的美国军官和随军采访的战地记者，热烈庆祝巴黎的解放。

经历了德军占领四年的艰难岁月，巴黎变化不大。海明威如梦初醒，见到久别的朋友，不禁喜出望外。他每到一处都备受欢迎，人们像对待英勇的解放者一样，热烈欢迎他。他到斯尔维娅·比茨书店看望女老板斯尔维娅。法国报刊第二周撰文介绍海明威精力旺盛，勇敢地随盟军攻进巴黎。法国记者纷纷传布"海明威神话"，推崇他在解放巴黎战斗中的英勇事迹。结果，许多读者给他来信，有的要求见他，有的想请他吃饭。他二十年前的老房东索达德听说他重返巴黎，非常兴奋地约他去聚会。

海明威在里茨旅馆住下来。八月底，玛丽从伦敦飞到法国勒蒙前线，报道莱克列克将军进军巴黎的胜利消息。不久，她乘吉普车赶往巴黎里茨旅馆，海明威在门口迎接她，两人热烈拥抱，久久说不出话来。她看到海明威仍穿着军装，但记者的标志掉了，肩章上仅留下第四步兵师的标志。

解放了的巴黎，到处是欢乐的气氛。海明威随盟军攻入巴黎，充满胜利的喜悦。玛丽远道来跟他相会，喜上加喜。但他那些第四师的战友乘胜追击敌人，兵分两路进逼比利时边境。九月一日，海明威忽然接到兰哈姆来信，催他快上前线。第二天拂晓，海明威立即全副武装乘吉普车向北急驶而去。

一路上，海明威看到德军溃退时丢盔弃甲的景象，坚信战争不久将以胜利告终。但敌人仍在负隅反抗，德国的飞弹从他们头上射向英国。到了一个村庄，村民说前面的路已被德军装甲车切断。他们只好绕道走，终于在九月三日赶上兰哈姆的部队。不久，他见到兰哈姆司令官。这位顽强而幽默的老朋友握着海明威的手说："你安全到达前线，太幸运了。"海明威笑笑，感谢他的催促和安排。

　　勇敢的"海明斯坦"以自己的行动证明:他是个倔强的战地记者,又是个大无畏的反法西斯战士。他在法兰西大地经受战火的考验。不久,他完成任务,返回里茨旅馆与玛丽团聚。他陪她去看他战前的故居。玛丽上街买了一些名画,挂在海明威房间里。其中有一幅是十九世纪荷兰画家凡·高的油画:工人的破靴子。这使她想起海明威的军靴。它反映了海明威的性格和战时的经历。

　　第四师的快速推进,使海明威在巴黎待不住。九月七日早晨,他们在比利时境内往纵深拓展了八十五英里。海明威又一次离开巴黎奔赴前线。这回同行的人较多。他们分乘两部轿车、两部吉普车和一辆摩托车。除了海明威和戴桑以外,还有两名伦敦《每日邮报》记者,两名游击队员和一名巴西记者。

　　越过高原到索桥途中,他们遇到一股强风,黑云滚滚,松林里寒气逼人,幸好没下雨。他们的车队露宿在草地上。海明威太困了,一躺下就呼呼大睡。第二天早晨,天气晴朗,他们继续赶路。出了松林,路上传来阵阵坦克和重型武器的喧闹声。不久,他们进入第二十二步兵团驻区。他们开到比利时最西部的村庄找兰哈姆上校。战斗打得很激烈,德军装甲车企图冲过该村的桥梁逃出城市。兰哈姆派出坦克小分队向德军装甲车开火,把它们消灭,尽力保护桥梁,让美军军车通行。德军撤退时设置了路障并布雷,在桥下放了大批 TNT 炸药。当兰哈姆乘吉普车进入城里的主要广场时,大桥给炸掉了。

　　海明威随军到达广场,看到兰哈姆上校给市民团团围住了。他们送来一筐筐鸡蛋和糕点,一箱箱美酒白兰地,慰问入城的官兵。兰哈姆正在找人商量修桥的事,因为二十二团的工程师还远在后续部队。市民们热情参加修桥工作。海明威陪兰哈姆在篱笆旁观看。有的行人看到海明威身材魁梧,一副军官模样,便称他将军。海明威谦虚地说,他只是个少校。他们惊讶地问:你这把年纪还没晋升? 海明威苦笑地回答:因为我既不会读,又不会写。

秋天美好的天气逐渐变成冷雨。兰哈姆率部乘胜追歼节节败退的德军。他们已攻入德国境内,在苏威勒市建立桥头堡。美军炮兵不断轰击敌方阵地,支援步兵向前推进。当晚,兰哈姆在指挥部请海明威和其他十多人吃牛排。宴会时,外面炮声轰隆,有一发炮弹向指挥部飞来,但没爆炸。兰哈姆劝海明威到地洞里躲一躲,他不肯。不久,另一发炮弹穿过墙壁。海明威继续吃,兰哈姆劝他下地洞,他仍不肯。他们边吃边争论,直到炮声停止,其他人从地洞里上来,宴会又继续进行。

师部不断有谣传:海明威在南布列搞侦察活动是违法的。有人想攻击海明威引以自豪的工作,让他身败名裂。海明威一点都不着急,他认为,他那么做,是紧急情况下应尽的义务。他的朋友会支持他的。

不久,上面果然来了公函,要求海明威到司令部说明一九四四年八月十八日至二十五日在南布列一带的活动情况。此案由帕克上校负责。有记者指控海明威拿掉有"记者"字样的肩章,在南布列充当司令官,帮助守卫该城。他一直冒充"上校"和"将军",坚持参与和指挥巡逻。同时,他们在他房间里发现反坦克炮、地雷、德国火箭炮和小型武器。他在南布列市还有一间军事地图室。有个上校当他的参谋长。他自己对同事说过,他不再写报道了。

如果这些指控成立,海明威将失去战地记者的资格,立刻返回美国。

第二天上午,海明威去见帕克上校。他承认,因为八月天太热,他曾拿掉过有"记者"字样的肩章,但仅仅是暂时的。他从没指挥过军队,虽然法国抵抗组织一再要求他当他们的指挥官。他只当过桑顿少校的顾问,安排游击队守卫南布列郊区。那些称他军衔的人,仅是表示亲热而已。那些武器弹药放在他房间里,也是为了游击队执行任务时的方便。军用地图和参加巡逻是为写稿收集资料……

另一个问题是:解放巴黎以后,海明威是否参加过第四师的具体战斗,从法国进军比利时。海明威说,他一直由该师的公关部长斯蒂文森少校陪同,他可以作证。巴顿将军和兰哈姆上校也能证明他无罪。

帕克上校耐心地听了海明威的回答,频频地点头。他叫海明威放心。不久,这个意外的告状案宣告结束。海明威别有用心的同行的阴谋没有得逞。

海明威动身回巴黎,一路上雪花纷飞、地冻天寒。他到达里茨旅馆时,玛丽已经走了。他跑到那间酒吧,独自痛饮几杯。说真的,他宁可待在前线,不愿住在旅馆。诉讼案虽已过去,他心里仍惴惴不安。如果指控成立,怎么回国见江东父老?他急忙给巴顿将军和兰哈姆上校各写了一个报告,给几个老朋友写信。十月份,他留守巴黎,与玛丽继续热恋。他又给她写首情诗,表达他的真情。同时,他开始构思另一部小说:在加勒比海猎潜艇,跟皇家空军执行轰炸任务,随步兵师挺进巴黎。海陆空的经历全有了,写出来一定别开生面、引人入胜。

在巴黎停留六周多以后,海明威听说第四步兵师将发动新攻势,由比利时直捣希特勒的老窝,立即连夜乘吉普车赶到前线。当天午夜后,兰哈姆在指挥部会见了他。海明威给他带了一瓶威士忌,两人边饮边聊。海明威提起大儿子战时执行任务时突然失踪,玛莎闹离婚,心里够烦的。兰哈姆安慰了他几句。

第二天拂晓,兰哈姆率第四师向德军发起进攻。德军炮兵猛烈反击。战斗十分激烈。海明威陪兰哈姆视察各部队的前线阵地,检查执行命令的情况。战斗空隙时,两人就地聊天。兰哈姆夸他懂军事又勇敢。十二月四日清晨,第四师突破德军防线,进驻卢森堡市近郊。胜利来之不易,全师死伤两千多人。海明威待了十八天,目睹战场上的生死搏斗。但天太冷,他不适应,想早日回美国。

　　海明威还没离开,德军就以大量机械化部队,疯狂进行反扑。巴顿将军指挥的第一军首当其冲。海明威立刻中断回国计划,打电话到军部问巴顿将军:有好戏看吗?如果有,他马上就到。将军回答说:"好戏正热闹,欢迎你快来!"海明威不顾发烧生病,借了一辆吉普车赶去了。到了司令部,他冷汗直冒,换了四件衬衫。后来,巴顿将军建议他到兰哈姆指挥部去打针吃药。他就住到那里治疗。四天后,他仍抱病随兰哈姆上校到山上观看美军反击战。回到师部,他马上写报道,连续工作了一天半。

　　圣诞节前夕,玛莎来到前线。指挥部派车送她到海明威住地,跟二十二团官兵欢度佳节。海明威不以为然。但他陪玛莎出席巴顿将军举行的酒会。兰哈姆早知道他俩关系不好,仍热情接待,放假一天,让他俩到各处阵地参观。不料,两人用法语争吵相骂。他俩以为兰哈姆不懂,其实他全听懂了。在前线相逢好不容易,他俩却闹得不欢而散,他俩的婚姻已难以挽回了。

　　一月初,海明威回到巴黎。他愉快地会见了名作家乔治·奥威尔。他听说,大儿子班比还活着,被关在德国纽伦堡俘虏营里。他是一九四四年七月加入美国战略情报局的,后来空降到法国蒙特巴列,训练游击队员,不幸被俘。海明威知道儿子的下落,心里宽慰点,盼他早日归来。

　　兰哈姆从德国到巴黎休假,给海明威和玛丽带了两把德制自动手枪,作为特别纪念品。海明威太激动了,竟将玛丽丈夫蒙克的照片挂在火炉上,拿着上了膛的手枪想瞄准射击,被兰哈姆制止。海明威冷静后,用法语说,他对自己的过激行为表示遗憾。他欢迎老战友光临,感谢他们赠送的厚礼。他得意地宣布:他在里茨宾馆的房间是第二十二团全体老战友在巴黎的指挥所。玛丽非常恼火,曾想与他中断来往。

尽管口头上老说怀念在二十二团的战地生活,但海明威又想回国了。他打算先回古巴,打自己另一场仗,关照他自己的部队:玛丽和三个儿子。这也许比留在欧洲,待到战争结束更难。但他不得不愤然前行。他苦恼的是,近来经常头疼,这是他两年来四次脑震荡的严重后果。头一疼就睡不着,他上床前先洗个热水澡,这个办法也不怎么管用。

三月初,他飞往纽约。临行前,他给玛丽写下一封情意绵绵的短信,表示他将努力使他俩正式一起生活。他每时每刻都忠于她,想念她。路过伦敦时,他抽空去看了玛莎。她患了流行性感冒,正在旅馆里卧床休息。他在她房间里没停多久,他俩昔日甜蜜的生活已成为过去。

第十四章　瞭望田庄的女主人

哈瓦那 1945 年 3 月至 1948 年 9 月

　　海明威乘轰炸机从伦敦飞回纽约,停留了一周,他忙着给在欧洲打仗的朋友的家属打电话报平安。他会见了在香港见过的莫里斯·柯恩将军,与帕金斯进行了长谈,然后带着两个儿子帕特里克和格里哥利回古巴度春假。

　　返回瞭望田庄,海明威就忙着雇人装修,以新面貌迎接玛丽的到来。这田庄是玛莎第一次来哈瓦那时租用的,后来他花钱买下了。离家这么久,杂草长得比人高,屋子里外显得很破旧。他不惜时间和金钱,想将它彻底修缮一新,接待新的女主人,在这里开始新生活。

　　春假结束了,两个孩子分别回纽约和迈阿密上学去。海明威一个人孤单得很,办不了什么事。他怀念欧洲战场的紧张生活。在战时的巴黎,他虽没写出什么惊世的作品,却没有负罪的感觉。他随军攻入巴黎,亲临比利时和德国前线采访,感到十分自豪。他经常思念军队里的战友,他和他们曾在战壕里和丛林中,冒着敌人的炮火和敌机的轰炸,度过了多少不眠的夜晚!如今他回老家了,还不能坐下来动笔写东西。他感到茫然,似乎自己无所作为了。不过,他并不以酒浇愁。他记着玛丽的嘱咐,节制饮酒。酒量减少百分之九十。他告诉玛丽,他打算读散文家梭罗的《沃尔登或林中生活》(1854),但他并不想过单身汉的日子。他热切地盼她早日来跟他团聚。

玛丽终于来电话。四月十三日,她飞回纽约。在电话中,她说,她要先回芝加哥,向她父母说明跟蒙克离婚,和他结婚的理由。海明威耐心地听她那缓慢的声音,然后回答:他也许不能再等待两周,而没见到她。但他决心利用这段时间修缮瞭望田庄。

装修工作进展顺利。海明威雇了许多人来帮忙管理和做家务。他请来一个管家、一个中国厨师、一个女佣、一个司机和两个送信的男孩。他还请了四名园艺工来整修被一九四四年飓风破坏的花圃和树木。他自己打扫了书房,清理了信件和图书。他早晨不再喝酒了,午餐只喝四分之一瓶酒。他只想节酒,不想戒酒。晚上难熬,他开车去哈瓦那老城区逛逛,然后到佛罗里狄达酒吧喝冰冻的龙舌兰酒,直到凌晨两点。他的心里太空虚了,没法享受独处的乐趣。但他的身体还不错,胸口的伤已康复,头也不疼了。

第二天,何塞·赫列拉医生来田庄看望海明威。海明威跟他说了他战时两次车祸造成脑震荡的不良后果,激烈头疼、思维迟钝、讲话缓慢,记忆力差、耳鸣不断、听力有点失灵,有时写字时字母倒写。何塞医生感到吃惊:海明威在伦敦车祸受伤只卧床四天,头伤根本没有恢复。他建议海明威每天不要太动脑筋,让受伤的脑袋慢慢恢复。海明威接受了。后来,他常去俱乐部参加活动。他注意体育锻炼,每天下午打打网球、游泳或举重。他想恢复体力,先写写私人信件,再写简单的故事,进一步写点复杂的短篇小说,最后写一部长篇小说。他盼望早点康复,开始他的写作计划。

五月二日,玛丽飞到哈瓦那。海明威开了林肯牌轿车到机场接她。玛丽发现他比三月初离开巴黎时胖多了。她第一次到瞭望田庄，很高兴地住下来。她喜欢热带气候，喜欢他养的猫，喜欢蓝色的大海，喜欢钓鱼和游泳。她感到海明威跟佣人们和宠物相处得很好，有时他还主动帮忙做家务。玛丽要学点西班牙文，才能指挥佣人们干活。

玛丽的到来使海明威的生活重新开始，他先前的孤独感和无所作为的想法一扫而光，但他忘不了欧洲仍在打仗。兰哈姆来信说他已晋升为少将。他高兴极了。更使他高兴的是：他大儿子班比在德国战俘营里关了六个多月，终于获得解放，不久将来瞭望田庄休养。富兰克林·罗斯福总统突然去世的消息，并没有引起他的关注，他以前不喜欢他，现在也不愿参加他的悼念活动。

六月初，班比在两个弟弟陪同下回来了。他挺快活的，但需要疗养休息。他的伤口还没好。班比吃着家里的饭菜，感到特别香。他们三兄弟与继母玛丽友好相处，如同以前跟玛莎一样。他们接受了这个事实：玛丽是瞭望田庄新的女主人。

玛丽想回芝加哥。六月二十日，海明威送她上机场。那天早上，大雨倾盆，哈瓦那郊区的山坡上，卡车来往多，溅起团团泥浆。道路很滑。海明威虽然十分谨慎，慢慢开车，仍然失控。车子跃过一道壕沟，撞到树上。他的头撞到后视镜上。驾驶盘撞裂了他四根肋骨，左膝盖骨受了重伤。玛丽左脸颊给深深划了一道，前额还有些小伤口，满脸淌血。海明威急忙送她到急救站治疗。

意外的车祸推迟了玛丽与蒙克离婚手续的办理。不过，她双亲已同意她嫁给海明威。两个老人送给海明威三本宗教书籍，作为第一批礼物。海明威在回信中说明了自己对宗教认识的变化。一九一八年，他从意大利战场负伤归来，心里很怕死，祈求上帝帮助，所以信教很虔诚。在西班牙内战期间，他看到教会与法西斯势力结盟，非常气愤。海明威认为光为个人的利益而祈祷是自私的。这成了他信仰的转折点。一九四四年,海明威经历了一些艰难岁月,没有做过一次祈祷。因此,他放弃了为个人的危难而求助上帝的简单信仰,像《丧钟为谁而鸣》的主人公乔登一样,抱着自己的信条:"生活、自由和追求幸福"。他建议,他和玛丽要相互信任,按自己的行为准则行事,尽量做到理解、忠诚和周密考虑,为他们的理想共同奋斗,让孩子们像他们一样健康成长,写出让别人获得无限乐趣的作品,使世界变得更美好。

整个夏天,海明威的健康情况逐步好转,偶尔又头疼。先锋出版社送来一本描写欧洲战场的书,请海明威写个序言。海明威打算重操旧业,恢复写作。八月底,玛丽飞回芝加哥,办完了离婚手续。海明威没陪她去。因为古巴法律规定,他要在哈瓦那与玛莎办理离婚手续,必须在那里连续居住六个月以上。

不久,海明威获悉巴顿将军因病回国住院,便给他写了一封热情洋溢的信。他在信中赞扬第四步兵师在巴顿将军指挥下,战功卓著,成了美国军事史上最伟大的军队之一。他感到自豪的是:他能将第四师的捷报提供给其他报刊的记者们,使他们避免上前线而遭受伤亡,也使第四师的战况能及时传播出去。他还感到自豪的是:能为法军司令列克勒克提供德军在南布列和巴黎之间部署的情报,虽然他遭到指控,心里很痛苦。后来,他听布鲁斯上校说,他可望因在南布列的工作而获得一枚奖章。

巴顿将军收到信后,立即给海明威复信。他说,在他退役以前,他要做的几件事之一就是提名海明威作为欧洲战区(ETO)勋带和铜星奖章的获得者,他衷心感谢海明威帮助他提供了宝贵的情报。

海明威收到巴顿将军的回信后,非常高兴。玛丽还在芝加哥。九月二十二日,兰哈姆将军夫妇应海明威的邀请,来古巴度假。兰哈姆刚奉调回国,担任战争部情报教育处处长。海明威第一次见到兰哈姆的太太玛丽·彼特,对她印象不错。海明威陪他俩到哈瓦那看拳击比赛,去佛罗里狄达酒吧饮酒聊天,到中国餐馆品尝东方菜肴;在俱乐部打鸽子,乘"彼拉"游艇出海捕鱼。兰哈姆将军很喜欢这些活动。在一次午宴上,他当面赞扬海明威在战争期间的勇敢行为。海明威表面上有点尴尬,内心却非常感动。两人谈得很投机。从师部团部的战友谈到世界政治问题如日本的投降、苏联在战争中的地位以及原子弹的作用等等。兰哈姆说,他还没读过《激流》,海明威急忙拿出一本送给他。午餐以后,兰哈姆去休息,海明威与他太太玛丽·彼特交谈。她坦率、健谈,善于坚持自己的看法。她认为斗牛太残酷,古巴树丛里可能有毒蛇。海明威不喜欢她的意见,但他坦率地指责母亲逼得父亲自杀,将玛莎说得一无是处,但兰哈姆太太尽量保持沉默。

兰哈姆夫妇在瞭望田庄待了两周。他们快走时,玛丽从芝加哥回来了。海明威有时头疼发作,很难坐下来写作。不过,他很想写作。他将屋里屋外整理得干干净净,创造清爽的工作环境。

十二月二十一日,玛莎来哈瓦那,与海明威正式办理离婚手续。海明威解除了心理负担,开心多了。他认为这是上帝赐给他的圣诞礼物。

一九四五年圣诞节标志着海明威战争期间创作上"冷却时期"的结束。他开始传播自己在战争中陆上、海上和空中的神话,赞扬兰哈姆将军是美国最英明、最善战和最优秀的军官。他小心翼翼地指出:在一九四四年九月、十一月和十二月战斗最激烈的几个星期里,他曾在兰哈姆将军身旁,亲眼见过他指挥打仗的动人情景。

三月十四日,海明威和玛丽在哈瓦那正式举行婚礼。地点在一座老式房子的律师事务所,律师迅速地宣读用西班牙文写成的婚约。在场的有海明威的儿子、温斯顿·格斯特和几位古巴朋友。第一次仪式结束后,他们一起去佛罗里狄达酒吧吃午餐。第二次见律师后,他们在维德多的库柏夫妇家中举行香槟酒会,最后在瞭望田庄正式举行婚礼。

　　海明威着手再写一部长篇小说。书名叫《伊甸园》，有点古怪。他想将过去和现在的生活经历结合起来。小说有一部分以他的前两次婚姻为基础，写到他现在与玛丽生活的野游的情景。故事写的是十九世纪二十年代，新婚夫妇大卫和凯瑟琳在法国某海滨城市度蜜月，新娘故意耍出种种花招考验新郎，新郎不得不一一迁就，后来，新娘与少女玛丽妲闹同性恋，没料到玛丽妲竟与大卫热恋，甚至同居。小说写了三个人的恋爱关系，令人想起海明威在巴黎时和妻子哈德莱、女友葆琳三人行的经历。葆琳后来成了他的第二任妻子。海明威想以少年人天真的目光，揭示人世间的冷漠和孤寂。

　　不久，玛丽怀孕了。海明威准备送她回太阳谷。八月初，他俩动身回国。一路上还算顺利。十八日晚，他俩在怀俄明州卡斯帕市过夜。第二天清晨，海明威正在整装准备出发，玛丽醒来感到疼痛。她患了子宫外孕，输卵管受阻塞。当地医院的主治医师碰巧外出钓鱼。玛丽病况恶化，脉搏减弱，失去知觉。值班医生脱掉手套，叫海明威与妻子道别。她没有希望了。

　　海明威是个刚强的人。他不忍心眼巴巴地看着妻子死去。他到医生值班室拿了面罩，叫医生用针刺玛丽的静脉，疏通输液导管，再打一针试试。他紧紧地守候在玛丽身旁。过了片刻，玛丽的脉搏恢复跳动，心跳近乎正常。主治医师回来了，经过多方抢救，玛丽终于转危为安。玛丽的勇气使他很感动，海明威的果敢行动救了她的命。

　　九月初，海明威送玛丽到太阳谷。爱达荷州的天气好极了，正是打猎的好季节。他带着两万多发手枪子弹和步枪子弹，可以好好狩猎一番。他和儿子天天出击，战果辉煌。他们几乎天天晚上吃野味——山羊、雉鸡和野鸭……应有尽有。他们放了影片《杀人者》，这是从他小说改编的影片中，他真心喜爱的第一部。

　　海明威夫妇在太阳谷住到十一月十日,然后去盐湖城、新奥尔良和纽约访问。玛丽的父母亲特地到新奥尔良看望新女婿。这是他们第一次,也是唯一一次会面。两天后,海明威夫妇赶往纽约,由环球电影公司和《杀人者》的编剧马克·海林格负责接待。海明威主要想见见兰哈姆将军,以前答应陪他去加珍纳岛打猎,玩一个星期。该岛位于长岛东部几英里外,加珍纳家族从十七世纪以来就拥有该岛大片土地,那里森林里有许多野鸡、黑野鸭、野火鸡和小鹿群,犹如世外桃源。

　　过了两天,兰哈姆将军从华盛顿赶来,捎来一件貂皮袄送给海明威。他发现海明威讲话时有点像印第安人的模样,穿着土里土气,脚着室内的拖鞋,衬衫上纽扣已掉了几个。见面时,两人紧紧地拥抱。海明威说要带将军去赴宴,可是迟迟不换衣服,不刮胡子。兰哈姆将军借给他一条领带,劝他刮胡子,请玛丽替他缝纽扣,后来才一起去吉斯托克俱乐部赴宴。第二天,他们去加珍纳岛打猎,可惜天气太暖和,没打到什么。他们在幽静的夜晚打桥牌、聊天、争论,倒也过得挺愉快的。

　　客人走了以后,海明威继续写《伊甸园》。小说的主题在他的艺术想象中逐步形成。严格来说,与《永别了,武器》和《丧钟为谁而鸣》比较,《伊甸园》并不新鲜。海明威对人生的观察比较成熟,他觉得:人总要失去伊甸园的幸福。

　　直到一九四七年春天,瞭望田庄是平静而祥和的。海明威新婚后,家庭生活幸福美满。可是,四月初,灾祸一个个接踵而至。帕特里克和格里哥利兄弟去看生母葆琳,不幸发生车祸。弟弟的膝盖受了伤,脸上划了一个口子,头疼不断。玛丽的父亲患癌症,病况恶化,她火速飞往芝加哥。海明威赶快将田庄变成临时医院,请来胡安和赫列拉医生,轮流值班。葆琳赶来帮忙料理家务,海明威十分赞赏。她诚恳地澄清了一些谣传,比如说海明威酗酒、追女人、赌博等等。这全是谎言。

五月十八日,玛丽回到田庄,海明威感到惊讶的是:她和葆琳友好相处,不分你我,犹如姐妹一般。她们还不时跟他开玩笑,使他格外开心。但他有时睡眠不足,爱发脾气。

有一天,海明威读报时发现,小说家福克纳在密西西比大学对学生演讲时说,美国现代最优秀的作家是伍尔夫、多斯·帕索斯、考德威尔、海明威和他本人。他将海明威排在名单后面,说海明威是个懦夫。海明威觉得深受侮辱,火冒三丈,立刻将剪报寄给兰哈姆将军,请他告诉福克纳他在一九四四年战场上的表现。兰哈姆将军真诚地写了一封长信给福克纳,详细介绍了海明威在战斗中的表现,说海明威是他所了解的最勇敢的人,不论在战场上或在和平时期。福克纳收到信后立刻给兰哈姆将军回信作了解释;并给海明威写信道歉。

事实胜于雄辩。六月十三日,美国驻古巴大使在大使馆举行隆重仪式,代表政府授予海明威铜星奖章。授词中说,作为一个战地记者,海明威从一九四四年七月二十日至九月一日、十一月六日至十二月六日在法国和德国服务出色,表现出他十分熟悉现代军事知识,对敌我双方的攻守作了精彩的估计和报道。为了获得准确的战况,他冒着炮火在战区里到处采访。海明威通过他天才的表达方式,使读者能够对前线士兵的艰难和胜利,对军队在战斗中的组织能力,获得生动的印象。海明威异常激动地接受了奖章,将它带回家。

正当海明威沉浸在欢乐的气氛中时,从纽约传来帕金斯于七月十七日突然去世的消息。斯克莱纳出版社寄给海明威帕金斯的临终遗言,他称海明威是他最好的朋友。海明威立即发去唁电,并写了一封信。他说,帕金斯是他最忠实、最优秀的朋友,是他生活上和写作上最精明的参谋,又是一个伟大而杰出的编辑。

帕特里克的病况有了好转,海明威让玛丽到基韦斯特陪葆琳照料他。不久,他们一起返回哈瓦那,共同祝贺海明威的生日。《杀人者》的制片人海林格来信说,他想再购买海明威四个短篇小说的版权,将它们拍成电影,每篇七万五千美元,外加给作者每片赢利的百分之十。

但是,厄运又悄悄来临,八月,海明威发觉脑袋里有嗡嗡的声音,像乡下路旁电话线的声响。赫列拉医生查出:他的血压升高了,高压二百一十五,低压一百二十五,他的体重达二百五十六磅。他劝海明威立即节制饮食。海明威将情况偷偷地告诉玛丽,但对其他人保密。他希望到太阳谷换换空气,锻炼锻炼,争取早日恢复健康。

玛丽和葆琳留在瞭望田庄,葆琳继续照料小儿子。玛丽在监督建筑施工。她设计了一座三层塔楼,楼顶上可眺望大海和远处的市容;一楼让宠物爱猫自由活动,在那里吃饭、睡觉和分娩;二楼是书房,让海明威有个安静舒适的地方工作;三楼是她自己日光浴的私房。不过,建成以后,海明威从没在那个书房里写作过。

在太阳谷山区,海明威严格控制饮食,清早和下午到野外锻炼。到了年底,他的体重减少了二十八磅,血压也降到接近正常水准。他刚到那里时,医生对他的病况很吃惊,他恢复得这么快,也使医生吃惊万分。

海明威自己感到吃惊的是,他的朋友一个个死去,从帕金斯开始。九月十二日多斯·帕索斯太太车祸死去。他以前在西班牙的两个战友也死了。汉斯将军病故,卡洛尔将军被暗杀。他在田庄的厨师拉蒙猝死于心脏病。海明威惊呼:够了,够了,天父呀,你该关心关心你的臣民呀!

圣诞节前又传来海林格突然去世的消息。他年仅四十四岁,英年早逝。他不久刚与海明威签了协议,打算再将他四个短篇小说拍成电影。他已预付一半保证金五万美元给海明威。

送走一九四七年,迎来一九四八年,海明威心中闷闷不乐。在纽约举行的新年宴会上,他对著名影星英格丽·褒曼说,新的一年可能是他见过的最糟的一年。

但是,与海明威的预言相反,春天过得挺顺利。著名文学评论家马尔可姆·考利二月份带妻儿来古巴度假并采访海明威,准备为《生活》杂志写一篇长文,介绍海明威的生涯。《纽约客》杂志的专栏作家李立安·罗丝小姐不久前到克茨姆访问过他。他们仍继续通信。她也想写一篇评介海明威生平的文章。海明威会见了考利,回答了他提出的问题,建议他去找兰哈姆将军,了解他在战争期间的活动。后来,他与考利保持联系。海明威为他提供了一些个人经历的细节,甚至介绍了父亲自杀的详细过程。他说他恨母亲逼得父亲走上绝路。他发觉父亲是个懦夫,内心非常痛苦。这成了他一生中第一次的心灵创伤。

纽约的报刊对海明威越来越感兴趣。没过多久,《世界主义者》杂志派了一名记者到古巴采访海明威。这个记者叫艾伦·霍茨纳,二十多岁。他念高中时就喜欢海明威的作品,但他拿不准能否见到这位文学大师,能否完成编辑的委托:请海明威写一篇《文学的未来》。令霍茨纳感到意外的是:海明威对年轻人非常热情,毫无名家的架子。他约他到佛罗里狄达酒吧会面,请他喝各种冰冻龙舌兰酒,跟他无所不谈,但不谈"文学的未来"。第二天,海明威带他上游艇"彼拉"出海捕鱼。后来,他们在旅馆门口人行道上握手道别。海明威对约稿答应了一半,霍茨纳带着对这位文学巨匠的崇拜和感激飞回纽约,两人从此开始长期友好的往来并成了忘年之交。

海明威在文学界的影响日益扩大。美国文学艺术院六月请他入会,他骄傲地拒绝了。他给查尔斯写了许多信,拉拉家常。月底,帕特里克完全康复,准备返校念书。海明威和玛丽带了两个儿子和两个朋友出海游览,天天捕到不少鱼,满载而归。他在船上还为《永别了,武器》插图新版本写完了序言。

　　七月下旬迎来了海明威四十九岁生日。他们又出海捕鱼,为他祝寿。阳光普照,和风习习,水天一色。望着亲人的笑脸,海明威激动地说,他觉得自己才三十岁呢! 刚好是《永别了,武器》轰动文坛时的年龄。他希望到了五十岁时,全世界的读者会更喜欢他。他打算重访欧洲。这将是他战后的首次欧洲之行。太阳谷有青山翠谷,令人留恋,但游客太多,该换个新地方了,也许上威尼斯是个明智的选择! 田庄的女主人玛丽完全赞成丈夫的决定。

第十五章　威尼斯美梦的困扰

威尼斯—巴黎—哈瓦那 1948 年 10 月至 1952 年 4 月

海明威和玛丽乘船抵达热那亚。秋高气爽,碧波荡漾。三十年前,他曾从这里坐船回国,青年时代的浪漫生活令他记忆犹新。二十年代初,他陪前妻哈德莱来过。一九二七年,他和盖伊·希库克又来过,但停留不久。他曾在这美丽的土地上洒过热血,如今故地重游,倍感亲切。

玛丽是首次到意大利,一切都无比新鲜。山谷里那紫色的浓雾,山下那盛开的秋海棠,使她陶醉不已。北部的人民热情欢迎他俩。出版商阿尔伯托说,战后海明威的作品在意大利的销售量,远远超过任何别的作家。从普通水手到贵族子弟,人人都爱读他的书。他俩开车从斯特列萨,经科摩直达柯蒂纳,一路上眉开眼笑。小镇扩大了。那红色的山峰依然如故,那村野的景色还是那么优美动人。

十月下旬,他俩到达威尼斯。这童话般的水上城市太迷人了,它勾起海明威多少难忘的回忆!一踏上水城的土地,他俩就受到热烈的欢迎,仿佛这里是他们自己的家乡。他俩住在皇宫旅馆,常到哈里酒吧与朋友饮酒叙旧。人们没有忘记他当年的战功,更为他今日的成就而欣慰。

海明威想起往事,抑不住内心的激动。他带妻子重访三十年前他负过伤的地方。往日的战场早已烟消云散,小城旧貌换新颜。河边数里长的战壕已填平,成了长满青草的防洪堤。芦苇在岸边迎风摇曳。大堤后山谷里有栋又长又低的黄房子,那就是当年奥军迫击炮弹爆炸后幸存的遗物。海明威俯身在屋旁挖个小洞,埋下一张一千里拉的意大利钞票。它象征着,他在这古老而文明的大地上,献出了鲜血和金钱。

为了方便写作,他俩有时住到威尼斯北郊的小岛上。他大清早爬起来写作,下午去打野鸭。望着附近那十一世纪雄伟的大教堂,想想三十年来的兴衰,他心潮澎湃,难以平静。他提笔为《假日》杂志写了《大蓝河》,顾不上陪妻子骑摩托车去佛罗伦萨等地游览。玛丽只好跟几位英国朋友去玩了几天,尽情欣赏意大利名画和古今独特的建筑艺术。

冬天到了。他俩移居柯蒂纳。十二月初,海明威跟卡罗伯爵去打野鸭,偶尔结识了意大利姑娘阿德里阿娜·伊万茨奇。她是打猎队中唯一的姑娘,芳龄十九。她以前从没打过猎。那天大雨淋湿了她的头发。海明威一行在烤火,饮酒聊天。她在厨房里火边烘头发,但没梳子。海明威从口袋里掏出一把梳子,折成两半,给了她一半。她很感激他的热心和帮助。

阿德里阿娜上过威尼斯天主教女子学校。父亲已去世,母亲多拉常陪伴她。她中等身材,亭亭玉立,两眼炯炯有神,鹰钩鼻子,显得端庄大方。她酷爱素描和卡通画。海明威喜欢她轻柔的话音、成熟的女性美和虔诚的宗教信仰。她站在火边梳头时,他亲切地与她交谈,后来又请她与玛丽见面,共进午餐,称她"女儿"。

马尔可姆·考利的《爸爸先生的肖像》在《生活》杂志上发表,提到海明威在二战中的不平凡的经历。海明威认真读了一遍,觉得虽然细节不太准确,仍很耐读,引人入胜。海明威给考利写信,肯定他写得好。考利回信提出,将此文扩展成一本传记,海明威立即婉言谢绝,他认为一个人活着的时候,叫人家写传记吹捧是不妥当的。

二月,愉快的气氛中出了意外事故。玛丽溜冰,不慎跌断踝骨。海明威患重感冒,卧床两星期。玛丽不久拆掉石膏绷带,感觉良好。海明威左眼角小划口受感染,很快波及脸部。医生担心影响大脑,叫他立即住院,给他服了大量盘尼西林,才退了烧,控制住。

阿德里阿娜的哥哥从纽约归来,海明威请他们兄妹共进午餐。哥哥名叫基安弗南克,年仅二十八岁,矮个子,棕头发,棕眼睛,性格开朗活跃。二次大战中,他是个意大利装甲兵军官,在北非负伤回国,后来加入美国军事情报局,当了维尼托地区的游击队长。他一度被坏人抓去。家里的房子给美国轰炸机误炸,父亲遭暗杀,凶手下落不明。海明威对他们一家的遭遇深表同情。

四月三十日,海明威夫妇乘船回哈瓦那。有人问及他的新作,他不愿多谈。他想将长篇小说放一放,先写个短篇。五月下旬回到家时,他发现信件堆积如山,要设法处理,便从美国驻哈瓦那大使馆请来一位业余秘书胡安·尼妲帮忙。海明威口授,由她笔录或打字,赶快复信。

不久,宾客盈门。兰哈姆将军从华盛顿来,儿子格里哥利从基韦斯特来。海明威热情好客,雇了古巴渔民圣地亚哥,开船送他们去比美尼岛海域捕鱼。他的小说创作暂时中断。进入赤日炎炎的七月,他的五十岁生日快到了。他嘴上说,他已经"半百",心里相信自己仅二十五岁。他抱怨美国亲友没来贺电,只收到几张外国出版商的贺卡。七月二十一日下午,他和五个朋友乘"彼拉"出海游弋,喝了一箱香槟酒。许多生日礼物陆续到了,他笑得像个孩子。体重降到两百磅以下。小说写了三千多字,自我感觉良好。每天清晨,他站在打字机前写作,感到很顺利,该想个书名了。他想到《我所知道的事》或《一个刚被暗杀的骑士》,后者是他所喜欢的,这回可派上用场啦。

海明威听说,有人要去采访他母亲,非常生气。母亲格拉斯七十七岁了,住在橡树园老家,由卢丝陪着。海明威装成"孝子",每月寄钱给她,可是心里一直对她不满。他急忙写信,劝她别会见记者,否则他一分钱也不寄了。

艾伦·霍茨纳九月初携妻子来古巴度假。他俩住旅馆,怕干扰海明威写作。海明威很感动,立刻带他俩上"彼拉"出海。他将写好的几章请霍茨纳朗读,但游艇在海浪中游弋,难以集中精力细读。霍茨纳托词将稿子带回旅馆去看。

霍茨纳夫妇走后,海明威考虑再三,决定用"过河入林"当书名。他趁玛丽不在家时,加快写作速度,完成四万五千字。十月初,玛丽返家,他对她说,十一月初可脱稿。他从意大利之行借用不少当地的景物和阿德里阿娜一家的不幸遭遇。女主人公雷娜妲就是以她为原型的。

海明威日夜赶写《过河入林》,还没完稿就和妻子带了十四件行李飞往纽约。他俩准备与女记者罗丝前往巴黎。路过纽约时,海明威去见了几位朋友,劝霍茨纳跟他们去。赫伯特主编终于同意让霍茨纳跟海明威同行,等他写完《过河入林》,将稿子全拿回来。海明威开心地笑了。

十一月初,阴雨蒙蒙,天色灰暗,海明威夫妇到达巴黎,住进里茨旅馆战时住过的房间。老板早叫人在里面放了清香的玫瑰。不久,霍茨纳也到了。他住在另一家旅馆。海明威心情舒畅,一面会友,一面写作。不久就完成《过河入林》第一稿。他卖给杂志连载的版权,得了八万五千元。他蓄着胡子,自以为像法国著名作家福楼拜。他带着霍茨纳沿塞纳河左岸漫步,穿街走巷,讲了许多战时的故事。这些故事,大部分是事实,有些经他精心编撰,霍茨纳也信以为真。他们还去看赛马,中了一回彩票。

圣诞节前,海明威夫妇驱车前往法国南方城市。他们在瓦郎斯吃了圣诞餐,见到了小阳春的美好天气。海明威坐在前座,不断地讲往日的战斗故事。到了尼斯,霍茨纳等人乘火车回巴黎。海明威提着打字机赶写报道。

一九五〇年一月初,天气转晴,海明威夫妇坐船回到威尼斯。贵族朋友天天陪着他俩,有时带玛丽去打猎或到教堂弹钢琴。每天晚上,海明威床头柜上总有两瓶葡萄酒。意大利的美酒他都尝过了,两人的生活过得挺惬意的。过了几天,他收到霍茨纳来信,说他被杂志社解雇了,海明威感到惋惜。他和玛丽决定返回巴黎。

停留了几天后,海明威夫妇便启程回国。阿德里阿娜等人到码头送行,与海明威依依惜别,海明威心里很难受。他抱怨说,他的心快碎了。

四月初,海明威夫妇经纽约回到哈瓦那家里。不久,他接连收到阿德里阿娜三封信,心里宽慰些。他回信说,他时刻想念她,想请她来帮点忙。但他情绪不太正常,有些轻率行为惹得玛丽发火。他觉得同时爱上玛丽和阿德里阿娜,并不犯罪。真正的创作总是在恋爱中开花结果的,效益极显著。他天天沉浸在威尼斯的美梦中……

七月初又来了两个朋友,海明威陪他们出海捕鱼。那天海浪滔天,小船晃得厉害。格里哥利急忙掉转船头,避开浪尖,"彼拉"向右倾斜,海明威失去平衡,从飞桥上滑倒在湿淋淋的甲板上,头上划破一大口,鲜血直流。赫列拉给他缝了三针。第二天起床时,他脑袋瓜还有点疼。这意外的受伤,加上对阿德里阿娜感情上的困扰,使他变得喜怒无常,暴躁不安。这些病因,他心里全明白,但他不愿去找心理医生,甚至暗示想自杀。

不如意的事接踵而来。与海明威的自我感觉相反,《过河入林》发表后,反映很差劲。评论界的评价是:令人失望、令人难堪、令人失去兴趣。玛丽恰好回国去安顿年迈的父母。海明威写信告诉她:评论家分两类,一类贬低他的新作,一类夸奖他写了最美的散文。但后一类为数不多。他心里很不好受。他右腿又激烈疼痛,赫列拉医生给他作了X光透视和电疗,曾考虑手术,被他谢绝了。

他在家里的行动,越来越困难。评论家的偏见叫他气愤难消,腿疼使他受不了,他心理极不平衡。有一天,他打开收音机,一位专栏女作家在乱发议论,说什么海明威夫妻关系破裂了,有个意大利贵族姑娘待在瞭望田庄,公开与海明威同居。玛丽一进家门,海明威就大发脾气,敲桌子,砸盘子,当面用脏话侮辱她,责怪她给朋友写信乱说。玛丽给愣住了,这是以前从未发生过的事,她怀疑丈夫可能得了精神分裂症。

但是,许多读者来信说,小说主人公的故事深深打动他们。《过河入林》的销售量不断上升,逐渐跃居畅销书榜首。布莱克里、多曼·奥高万和兰哈姆三位将军来信赞扬他写得好,这给了他莫大的安慰和鼓励。

夏去秋来,红叶满山,气候凉爽。十月底,阿德里阿娜在母亲多拉的陪同下,从意大利来瞭望田庄访问。这是海明威所日夜盼望的。他和玛丽带了家人和佣人到码头迎接她们。他笑眯眯地握着阿德里阿娜的手问长问短。回到田庄以后,他表面上对她不冷不热,不敢多与姑娘接触,舞会上也没请她跳舞,以避免谣言对他攻击。但他内心对她是相当热情的。他和妻子专程陪她们母女进城购物,到俱乐部打鸽子,乘"彼拉"出海捕鱼兜风。感恩节前夕,玛丽为客人举行了一次盛大宴会。海明威心情激动,慈父般地关照她们。他总以为阿德里阿娜像朝霞一样美丽可爱,似雪山上青松一样,永远年轻迷人。他很喜欢她。

十二月上旬,海明威浑身是劲,写得很顺手。他对意大利姑娘说,她在他身边,给了他力量和安慰。圣诞节前,他郑重地宣布:他已写完了有关海上历险三部曲的第一部。主人公是个美国人,名叫哈德森。他的外貌、气质和经历都是以海明威本人为基础的。哈德森的妻子在书中频频亮相。她酷似海明威的前妻哈德莱。他们的长子很像海明威的大儿子班比。大家向海明威表示祝贺。这部小说的完成,加上意大利姑娘远道而来,海明威两个儿子带着妻子或女友来家,好几位朋友从美国来打猎,他们过了一个热闹而愉快的圣诞节。

佳节传佳音,纽约又传来好消息。小说家福克纳荣获一九五〇年诺贝尔文学奖。海明威真心为他高兴,马上打电报给他表示祝贺。他觉得福克纳是个好人,作品又好,配得上这殊荣。他还对朋友开玩笑说,如果把诺贝尔文学奖授给他,他会很客气地谢谢他们,然后拒绝出席授奖仪式。

海明威做梦也没想到,他正在动手写的小说,竟使他美梦成真,步福克纳的后尘,成了荣获诺贝尔文学奖的又一个美国小说家。

欢乐的节日过后,天气转凉了。大清早,田庄四周静悄悄的,寒意袭人。海明威灵感又来了。他开始写一部古巴老渔民和大马林鱼搏斗的小说。这故事是一九三五年卡洛斯告诉他的。他搁了十多年,一直没敢碰它。如今,他创作欲望强烈,下笔如神,成章成段地写出来。到了一月中旬,已写了六千字,相当于全书的四分之一。小说主人公圣地亚哥是个古巴老渔民。他每天出海前喝杯咖啡,然后与小男孩曼诺林挥手道别,划船出海捕鱼⋯⋯

海明威写作之余,常陪朋友去看斗鸡,到酒吧饮酒聊天到深夜。

第二天一大早,就爬起来继续写作,越写越有劲,平均每天写一千字。他一口气连续写了十六天,成果很可观,比他平时的效率高一倍。下午他照常休息,游泳、打猎或钓鱼,尽量消遣。他心情轻松愉快。

阿德里阿娜和妈妈多拉将动身回国。玛丽陪她们飞往佛罗里达游览。她俩再从那里坐火车去纽约,转轮船回意大利。海明威到机场为她们送行,目送着阿德里阿娜缓缓登上弦梯,心里恋恋不舍。她那临别时的笑容留在他心间。

两位远方客人和妻子都走了,海明威觉得很孤单。但他埋头写小说,别的都顾不上了。到了二月中旬,他的小说基本完稿。写得这么快,这么顺手,究竟为什么?他自己也说不清。他以非凡的毅力和速度,简洁而生动地描绘了古巴老渔民圣地亚哥与鲨鱼搏斗的过程,揭示了生活的含义。

一些研究海明威生平和创作的著作陆续问世,引起海明威的注意。普林斯顿大学的卡洛斯·贝克教授来信说,他打算写一部全面评介海明威作品的著作。纽约大学的菲力普·扬教授也想写一本海明威评传。海明威分别给他们回了信并提供了资料。他重申了他的主张:评介作品可以,为他写传记不行。他在世时,不想让任何人写传记,为他树碑立传。

家里的手稿越堆越高,海明威心里有些得意。他趁精力旺盛时继续写哈德森的故事。经过两个半月的苦心笔耕,五月中旬宣告完稿。但他最关心的是刚写好的圣地亚哥的故事。初稿约二万七千字。他感到不太满意,决定分别寄给查尔斯、霍茨纳和贝克教授等朋友,请他们提提修改的建议。不久,他们陆续回信。他们不约而同地说:这部小说里有一种其他作品所罕见的"神秘因素"。海明威很欣慰。

兴奋的气氛中传来母亲去世的噩耗。海明威感到震惊和悲伤。格拉斯老太太是在孟菲斯逝世的,终年七十九岁。她一直由女儿珊妮照料,近来身体不适,离开老家到那里走走。去世后,她的遗体运回老家,安葬在橡树园公墓里。瞭望田庄附近的居民闻讯来悼念她。村镇上的钟声在黎明前为她而鸣。不管怎么说,老人作古了,海明威在私人信件或小说里不会再用不敬之词提到她。他随后改口说,在他们家族破灭以前,他的童年生活是愉快的。

七月初,玛丽回来了。她回国期间,海明威几乎天天写信给她,抱怨自己独守空房,心里难受,责怪女佣不会做菜,家务事乱糟糟。玛丽回家,他不用烦。他又随意开着"彼拉"出海,在海上游戈,欢度五十二岁生日。七月是哈瓦那最热的日子。他跑到五十英里外的小岛附近,天气凉爽多了。临行前,他写信给查尔斯·斯克莱纳,说如果他出事,请他尽管出版《老人与海》单行本。这是他第一次给圣地亚哥故事取书名。他还同意他们出版哈德森故事的第二和第三部分。他暂定书名为《湾流中的岛屿》。他觉得小说中有不少精彩的篇章,所以他不想删节。但他心里明白,三个部分要重新调整,风格上才能统一起来。

海明威的母亲去世后不久,传来玛丽父亲病危的消息。死亡,是人生的归宿。电报和长途电话变成魔鬼的工具,老是传来坏消息。九月三十日,葆琳从旧金山来电报,说儿子格里哥利在洛杉矶遇到麻烦,她想去看看。第二天午夜,她又来电话,说她会将情况写信告诉他。可是,第三天中午,葆琳妹妹珍妮来电说,葆琳当天凌晨四时死在洛杉矶一家医院的手术台上,年仅五十六岁! 海明威接到电话,难过得说不出话来。

祸不单行,坏消息又来了。贝克教授来信说,普林斯顿大学系主任戈斯去世了。感恩节前,胡安船长心脏病复发,急忙送回瞭望田庄。《纽约客》的作家哈罗尔德·罗斯突然早逝。眼前发生的一切,使海明威觉得死亡太可怕了。

聊以自慰的是,这一年这么糟,他却做得那么好。他写完《湾流中的岛屿》"在海上"三个部分后,一直在修改第四部分。《老人与海》得到几位朋友的赞扬,他仍继续请其他朋友读一读,谈一谈,帮他改一改。到了年底,气候干湿,海风刺骨。他喜欢下午到户外活动,去朋友的农场打野鸡,在附近杂草丛生的小路上步行或在田庄的游泳池里游泳。紧张的创作活动告一段落以后,他往往要易地休假一下。到哪儿去打猎捕鱼呢?墨西哥,还是亚利桑那州,纽约,还是欧洲?

他还没拿定主意,想跟玛丽聊聊再说。

新年在捉摸不定的气氛中来临了。三月初,巴蒂斯塔发动军事政变,在古巴夺了权。海明威顾不上周围环境的变化,一心一意想出书。女佣克拉拉年初自杀,惊动了平静的庄园。里外都出了事,海明威夫妇迷惑不解。他俩乘"彼拉"出海,沿着古巴海岸航行,以驱散心头的迷雾。

他们刚动身片刻,纽约来了电报。查尔斯·斯克莱纳心脏病突发,二月十一日去世了。海明威夫妇知道后,海上刮起大风暴,第二天急忙逆风驶回来。海明威沉痛哀悼好友查尔斯的突然去世。他觉得,这个损失是无法弥补的。

春回大地,迎来新的转机。老朋友勒兰·海华德携妻来哈瓦那度假。海明威热情接待他们。交谈中,勒兰建议《生活》杂志用一期全文刊登《老人与海》。海明威同意了。他寄了一份手稿给华莱斯·梅尔编辑,并附了一信。他在信中说,这是他一生中最优秀的作品。但《老人与海》比较短,他担心出版社不愿意出单行本。

勒兰·海华德返回纽约不久就来电说,《生活》杂志接受了他的建议。梅尔编辑也答复说,他读过小说,非常喜欢。海明威太开心了。他感到他的身体空前健壮,心情极其舒畅,简直比获得诺贝尔文学奖更愉快。他亲热地拍拍他的爱犬"黑狗"。是它,每天上午陪他写作几小时,下午又跟他上游泳池,在池边抓小蜥蜴。

　　春风送暖,气象万千。玛丽的玫瑰园里鲜花盛开,棕榈树下水仙花在和风里摇曳,散发着阵阵芳香。游泳池里的水变暖和了,海明威和玛丽常在宁静的中午裸泳。两人在水中并肩向前,亲亲热热。海明威似乎从威尼斯的美梦中苏醒过来,脾气温和多了。家里充满祥和、理解和亲切的气氛,犹如那美好的五月天。

第十六章　顶峰的光与雾

哈瓦那—马德里—蒙巴萨 1952 年 5 月至 1954 年 11 月

《生活》杂志破例地刊发《老人与海》并及时汇来稿酬,海明威太兴奋了,简直不敢相信这是真的。

《老人与海》问世后,《生活》杂志在两天里卖掉五百三十多万份。在美国,该刊预售额高达五万份,后来每周卖掉三千零六十份。在英国,预售额达两万份,后来每周销售两千份,数目相当可观。更令人惊讶的是:海明威每天接到许多表示祝贺的电话。见到他的人,总跟他握手,感谢他写出好作品。评论界一片赞扬声,有的夸它是"人与命运搏斗的奇迹的赞歌";有的称它是"高超的杰作",犹如一座丰碑,令人振奋,亲切动人。接连三个星期,海明威平均每天收到八十到九十封来信,从高中生、餐馆侍者、大学教授、纽约的专栏作家到意大利、比米尼岛和蒙塔那州的老朋友,个个都交口称赞小说写得好,夸他是个真正的艺术家。

纽约各界人士想集会庆祝《老人与海》获得空前的成功,请海明威去参加,但他谢绝了。他觉得在公众面前露面太多不好。如果上纽约去,他得跟各种头面人物干杯和应酬,搞得他醉醺醺的。玛丽可代他去,分享胜利的喜悦,他则宁愿待在古巴捕大马林鱼。

巴蒂斯塔上台后,很快就露出独裁者的面目。海明威私下表示,他不喜欢在这种政权下生活,但古巴政府决定授予他一枚荣誉奖章,他大大方方地接受了。

喜讯接连不断。海明威沉浸在成功的喜悦里。格里哥利写信来,责怪他对他生母葆琳态度粗暴,并说《老人与海》是部感伤的粗俗货。儿子今年二十一岁了,未必精通文学,但他的说法也许表明,年轻人长大后要求精神上独立。它给海明威多虑的心田上投下阴影。

同年十二月,海华德到瞭望田庄,与海明威商谈将《老人与海》改编成电影脚本的问题。海明威很感激他说服《生活》刊载《老人与海》。海华德曾是《南太平洋》、《叫我太太》和《奥克拉荷马》的制片人,改编电影很有经验。他向海明威推荐了影片的编导和主要演员,建议采用当地的船、当地的人,在当地海面上拍摄。同时,让海明威目睹拍大鲨鱼的实景。海明威原则上同意了,但他更有兴趣的是到非洲打猎。二儿子帕特里克和妻子正在肯尼亚,热诚欢迎他去。他去图书馆借了参考书给玛丽看,开始做些必要的准备。纽约正在上映电影《乞力曼扎罗的雪》。他的猎枪已擦得雪亮,他的手在发痒,恨不得马上就飞到东非去。

在海上操劳近三年,如今,他迫切想上山打猎。他眼下想访问非洲。他梦中经常出现非洲的青山和各种珍禽猛兽。

有一次,凌格宁兄弟杂技团到哈瓦那演出。海明威为当地报刊写了一篇推荐该团的短文。杂技团团长破格接待他,让训兽员赫妲小姐陪同他走进表演场地,与两只棕熊合影留念。有只棕熊还亲了海明威的脸,让他提着它的脚爪。海明威跟它们成了好朋友,他还跟大象和白马分别照了相。

一九五三年一月底二月初,海明威接到珊妮妹妹的电报,说她丈夫心脏病猝死。他急忙打电话去安慰她。玛丽发烧喉咙疼,卧床一周。爱猫威利被汽车撞伤,两只右脚都断了,仍爬回田庄。海明威看它治不好,开枪将它打死,然后大哭一场。他担心一九五一年的厄运又重演。

春天明媚的阳光迅速驱散了海明威心头的愁云。许多朋友陆续来访,酒席不断。海华德夫妇带来导演特拉斯。特拉斯实地考察了港口渔民的生活。他待人诚恳,机智聪明,勤快好学。海明威感到高兴。复活节是玛丽的生日,她独自在塔楼上的阳光里待了一小时。他俩结婚七年了,她觉得家中和谐、友好,生活美满如意。

五月初,海明威、玛丽和好友出海捕鱼,忽然从上午六点钟的新闻广播里听到海明威的名字。原来是《老人与海》获得一九五二年普利策奖。这是他第一次获此殊荣。一九四〇年,他的《丧钟为谁而鸣》曾获提名,可是后来没评上。这回他尽量装得若无其事,避免喜形于色。

纽约的《瞭望》杂志五月中派人来哈瓦那找海明威,约他写几篇即将开始的非洲狩猎行的文章,他们将付给优厚的稿酬。海明威夫妇的非洲之行终于落实了。

海明威打算去非洲前,顺道到西班牙的潘普洛纳参观奔牛节。但是,佛朗哥还掌权,海明威当年支持共和国方面,久已闻名,他的朋友劝他光荣地回去,闭口不谈政治,好像他什么也没写过。海明威接受了。他带着妻子六月二十四日上船,三十日到西班牙,先去潘普洛纳,后到马德里,再去法国马赛港坐船前往蒙巴萨。

海明威夫妇到达潘普洛纳时,发现所有的旅馆全住满了,只好到离潘市三十三英里的列坎伯里住宿。第二天,他俩驱车到市区看望老朋友胡安尼托、卢帕特和几个美国人,受到他们的热烈欢迎。海明威顿时愁云消失,满脸笑容。他佯称,他此行是为了给《死在午后》写个续篇,反映现代斗牛的兴盛与衰落。在场的著名斗牛士安东尼奥·欧东涅兹说他用"衰落"这个词太重了。当天下午,海明威看了一场斗牛,然后去旅馆会见英勇的斗牛士。

天公不作美,潘普洛纳一年一度的奔牛节遇上滂沱大雨。玛丽感冒了。但海明威并不扫兴,他带着妻子到《丧钟为谁而鸣》里描绘的山区追寻当年游击队的足迹,看看山泉在小石桥下奔流,山洞口长满松树和橡树,眼前展现起伏的丘陵。他感到很满意。战场的硝烟早已消失,游击队员的热血化作成片的青翠松柏。他的小说帮助人们永远缅怀他们。

随后,海明威夫妇到马德里等地参观游览,观看了几场斗牛,然后匆忙赶往巴黎。八月四日上午,他俩从马赛港登上开往蒙巴萨的邮轮。

海明威站在甲板上,望着晴朗的天空和碧蓝的波涛,不禁想起一九三三年的非洲之行。欧洲大陆的山区不时刮来阵阵寒风,给八月的暑天增添几分寒意。路经埃及苏伊士运河时,天转热,风停了。晚上满天繁星,过往的船只灯光闪烁,景色迷人。船上举行舞会,笑声伴着优美的乐曲,使大家忘了旅途的疲劳。

他俩在雨中抵达蒙巴萨,先到马萨何斯附近莫瓦山的基坦加牧场安营扎寨,再去内罗毕买些生活必需品,办了狩猎执照,缴了狩猎费,准备立刻行动。

不久,他们沿着小路走了几英里,碰到一个年轻的牧场主丹尼斯,说有犀牛可打。海明威和玛丽跟他走进草丛里,发现一只犀牛站在荆棘灌木旁。它有点紧张。海明威慢慢走近他,到了二十步左右就开枪,犀牛闻声四处乱窜,海明威又补了一枪,犀牛跑进荆棘丛里。夜色渐浓,他们沿着血迹往前追,但天太黑,看不清,只好放弃。他们回到原地时,丹尼斯和一些小伙子已在河边树下搭好帐篷。丹尼斯提醒他们，许多大象晚上可能经过帐篷去河边喝水，他们要穿好高筒套鞋，装作巨人模样，有只古怪的狮子也许会来帐篷悄悄地瞟一眼……

当晚平静无事。第二天，海明威跟当地向导扎菲罗去寻找那只犀牛，它果然中弹死了，倒在昨天他们停止搜寻的地方。扎菲罗成了海明威的朋友。他是个英国人，二十七岁，中等身材，战时当过兵，战后来非洲赤道警察队服务，在肯尼亚狩猎部已干了一两年，具体管理有关狩猎的事儿。由于他多方努力，南方狩猎区不久前获准开放。

沙林盖河区域有大量的鸟禽和野兽。海明威喜欢打飞行中的鸽子和野鸡。丹尼斯说，这里居住着四百只大象、十只犀牛、二十只左右的狮子，还有各种各样的野禽。九月中旬，海明威夫妇和丹尼斯等人往东驱车到马塞族的住地。海明威拿出斑马的肉当诱饵，准备打只狮子。他和玛丽随丹尼斯在黎明前出发，走近第一批诱饵时，听到树枝折断的声音，定睛一看，七只大象正在吃诱饵，没见到狮子。他们悄悄走过去，只见斑马肉给吃光了，剩下一堆骨头。他们离开时，又发现三只大象。不久，野牛群来了。海明威数了一数，共有七十二只。它们浩浩荡荡地穿过小路。许多野牛还带着小牛！

在沙林盖的最后一天早晨，海明威猎到第一只狮子。当时，天色灰暗，他们一行正要上车离开，忽然发现两只狮子不声不响地在吃诱饵。海明威开了一枪，狮子跑掉了。半小时后，丹尼斯找到受伤的一只狮子，急忙连开两枪，海明威又补了两枪，狮子才断了气。扛回帐篷剥皮时，海明威夫妇还尝了生狮子肉的味道。

九月下旬，海明威一行返回沙林盖，住了三天。他们开车去新狩猎区"无花果树营地"。其他几个人纷纷去内罗毕或坦桑尼亚。海明威在新区待了十天。玛丽很想打只狮子。十月十三日，他们收拾帐篷，开车到内罗毕，然后返回基坦加牧场，玛丽留下来写一篇文章。海明威飞往坦桑尼亚，看望他儿子帕特里克。他在那里丛林密布的山区草原上买了三千公顷土地,开了一个牧场。海明威剃了光头,头上的伤疤都露了出来。他骄傲地指给儿子和媳妇看,仿佛那些伤疤是他过去光荣历史的见证,他抽空给朋友们写信,夸玛丽在狩猎中表现突出,说他俩一生中还没有过这么快活的日子。

但是,狩猎的第三个月并不理想。他们到乌桑古区一无所得。天太热,禽兽稀少。他们只好回到丹尼斯的新家,在那里待了一周。汽车急转弯时,海明威给摔出车外,脸上和肩膀受了伤。帕特里克夫妇都生了病。

圣诞节来临了。玛丽特地去内罗毕买些东西。海明威将自己的夹克和两条衬衫染成马塞族人的各种色彩,手拿长矛去打猎,过了一回土人瘾。后来,他打了一只豹子,就拿出五瓶啤酒,按西方习俗庆祝一番。但圣诞节仍照非洲的风俗热闹一阵子。早晨,他们给雇佣的土人送了礼品,帐篷里外用树木装饰着。中午,海明威安排了一次别开生面的演出。当地土人都来了。海明威发表了热情洋溢的演说。狩猎队的人表演了舞蹈。大家用茶和碎肉饼共同欢庆新年。

海明威感到,来非洲过新年实在太棒了。

一九五四年一月二十一日,海明威夫妇按计划从内罗毕飞往西南部的"无花果树营地",给丹尼斯发了短信。当天下午,他们转向西部,飞越恩戈隆哥罗火山口和西林盖蒂平原。海明威指给玛丽看了他上次的宿营地和葆琳打死一只狮子的地方。他们在姆旺查降落加油,天黑前飞到基乌。迷人的湖光山色,使玛丽陶醉不已。

第二天,他们继续往北飞行,观看了一连串明珠般的湖泊。玛丽拍了数百张照片,仿佛想把非洲的山山水水都嵌入心间。第三天,他们俯览白色的尼罗河。它像一条彩带,弯弯曲曲地穿过绿色的山区和平原,向东缓缓流去。

为了让玛丽拍摄墨茨森瀑布的奇观,飞行员罗伊·马斯低空盘旋了几回。第三回盘旋时,他想避开空中鹳群的阻挠,降低飞行高度,不慎撞上从悬崖架过来的电话线,它勾住发动机,一直缠到机尾。他立即飞离瀑布,想找个地方迫降。结果,飞机掉在一片荆棘丛中。罗伊叫海明威夫妇赶快逃出机舱。他俩马上跳出去,落在乌干达的土地上,在瀑布区西南三英里处。这是他俩平生第一回踏入乌干达的国土。

飞机轰隆一声后,显得格外平静。罗伊拉开天线,向机场报告飞机掉下来的地点,无人受伤,请求紧急救援!但对方没有回音。他们三人掉在一片无人区,四周全是阴森森的灌木林,可以听到野兽的吼声。玛丽害怕极了,他们让她躺下。海明威有点紧张,仿佛脉搏停止了跳动。玛丽的胸口很疼。海明威的右肩脱臼。他俩都受伤了。

他们不敢久留,赶快爬到一个山坡上。那里有根电线杆伸向天空,目标比较明显。太阳西斜了,海明威拾了一些树枝来烧火。当晚,玛丽披着雨衣和绒衣睡觉,海明威和罗伊围在篝火旁取暖。他们清楚地看到大象和河马到河边喝水。后来,罗伊去搞个标志,标明飞机坠落的地点。海明威夫妇发现河里有条小船,就向他们挥动雨衣,但船上的人没看到。由于象群离他们太近,他们不敢轻易向河边跑去。过了不久,小船靠了岸,有人往岸上走。他们又挥手大喊,这回终于被发现了。一群土人跑上山坡来,玛丽先去上船,海明威等罗伊回来,然后一起付钱上船。

机场接到报告后,曾派了里奇驾机寻找他们的下落。他们足足找了一天,没有发现幸存者,只看到飞机残骸。因此,海明威夫妇遇难的消息便迅速传开了。

晌午,小船开到阿尔伯特湖边的码头。海明威终于见到里奇和警察威廉斯。里奇的飞机有十二个座位,准备中途加油后送他们去安特伯。

　　他们到达机场时,夜幕已徐徐落下。他们发现跑道很差劲,就像犁过的田野。海明威夫妇和罗伊勉强登机,望着前面的土地发愣。飞机颠簸地往前撞上犁沟,吱吱咯咯地升高,又"啪"的一声掉下来。飞机失控不能走,忽然燃烧起来。罗伊用脚踢开紧闭着的窗子,冒着熊熊大火拖着玛丽跑出机舱。里奇跟着逃出来。海明威用脑袋撞破锁紧的门跳下来,在闪烁的灯光中摇摇晃晃逃出火场。这是他们两天内第二次飞机失事。幸亏走运,大难不死。但海明威夫妇身心都受到难以治愈的创伤。

　　各国报刊纷纷以醒目的标题报道海明威夫妇在非洲空难的消息。许多知名人士相继发表讲话,悼念海明威去世。海明威躺在医院的病床上,听到这些报道感到好笑。事实上,出事的第二天,玛丽就发了电报给她父母亲,报告说他们安然无恙。

　　但海明威伤势很重,还没脱离危险。他的下身动弹不得,肝和肾出了毛病,时常呕吐。后脊椎骨下半部受伤,脑袋砸破了,整天昏昏沉沉的。脸部和手臂轻度烧伤。帕特里克赶来医院看他。许多亲朋好友给他发来慰问电,他感到莫大欣慰。他从没受过这么重的伤。他以极大的毅力和勇气顶着。到了二月初,他的脑震荡有好几回使他变得伤感。他的左眼暂时丧失视力,左耳朵暂时丧失听力。这两次飞机失事给他造成极大的痛苦,严重地干扰他往后的文学创作。

　　病情稳定以后,海明威上了渔船到蒙巴萨,然后转邮轮到威尼斯。由于内脏出血,他身体相当虚弱,体重减少了二十磅。三月底,船到威尼斯,海明威马上住进皇宫医院进行 X 光透视和各项检查。他伤势还很严重,虽然他表面上情绪挺好,但内心很苦恼,身上疼痛难受。阿德里阿娜赶到医院看他,给了他极大的安慰。他们两人亲切交谈。海明威对她说,美国文学艺术院给了他一枚奖章,想五月份在纽约举行仪式,但他不想去。他打算去马德里看斗牛,然后从热那亚坐船回哈瓦那。

西班牙之行,安排十分复杂。玛丽先去巴黎和伦敦。阿达莫从意大利的乌迪内赶来。他要开车送海明威去西班牙。霍茨纳从荷兰来陪他去马德里等海明威。五月六日,海明威一行动身去米兰。他们取道托里诺进入法国南部的尼斯,从那里开往马德里,幸运地赶上了当地的斗牛节。玛丽也从塞尔维亚来相聚。海明威会见了《巴黎评论》的记者乔治。随后,他们一行去参观斗牛饲养场。海明威还抽空去请胡安医生检查身体。医生建议他要继续休息,节制饮食,尽量少喝酒。他在马德里最后一周里,尽可能按医生的要求去做。

离家将近十三个月,他总算顺利回到瞭望田庄。他吃得不多,白天读书、午睡,望着碧蓝的大海;到游泳池游泳,完全休息。他不能正常写作。连写一封信也觉得很累。他经常请赫列拉医生来检查。他从乌干达的空难中死里逃生,既不懊悔,又不胆怯。他的伤病还没治好,又日夜在思念遥远的非洲青山了。

海明威才五十五岁。虽然胡子花白了,外貌苍老了,他仍盼望尽早恢复健康,继续写作。他决心再写出传世的不朽佳作。非洲的飞机失事,使他不可摧毁的新神话代替了旧的硬汉子神话,但两者都是假的。在最艰难的时刻,他感兴趣的是写小说,尽管有人认为这是最费劲、最乏味的职业。

滚滚的波涛又迎来了晴朗的夏天。大海显得格外迷人。海明威心情好多了。七月二十一日,他到国际游艇俱乐部接受卡洛斯奖状。那是一年前宣布奖给他的,没料到却成了他五十五岁的生日礼物。玛丽从美国探亲回来,家里恢复欢快的气氛。海明威试着动动笔,但笔不听他使唤。他只能写信,写不出小说。非洲之行,他有许多东西要写。也许到了秋天,情况会好转。

一九五四年十月二十六日,瑞典皇家科学院正式宣布:海明威是当年诺贝尔文学奖的获得者。消息传来,瞭望田庄沉浸在欢乐气氛中。哈维·布列特从纽约打电话来采访海明威。海明威在谈话中说,作为诺贝尔文学奖的获得者,他对他的同胞马克·吐温、亨利·詹姆斯未能获奖感到遗憾。比他们更伟大的作家也没有得过这个奖。如果能把这个奖授予戴恩生①、贝仁森②或卡尔·桑德堡③,他会更高兴。但他尊重瑞典皇家科学院的决定,不愿说三道四。不过,他对诺贝尔评奖委员会有关他的祝词,倒有点不高兴。祝词赞扬他"精通现代叙事艺术,具有独创的有力的风格",但又提到他早期作品"粗野、厌世和媚俗"。尽管如此,他还是接受了。

十一月,美国驻瑞典大使约翰·卡伯特来电说,他从报刊上获悉,海明威因健康原因不能亲自到斯德哥尔摩领奖。如果情况属实,他愿意代他领奖。但诺贝尔基金会主席塔尔部长希望海明威写个简单的讲稿,在庆宴上由别人代为宣读。

海明威二话没说,一切照办。他不但写了一篇讲稿,而且自己录了音,托人将录音带寄去,以示庄重。

海明威在讲话中首先感谢瑞典授予他诺贝尔文学奖。他觉得请他的国家的大使宣读一篇作家的讲话,是无法完全表达他的心意的。他强调,"对于一个真正的作家来说,每本书都应该是个新起点","一个作家应该写出他想说而说不出来的东西"。

各家大报刊非常重视这件美国文艺界的大事,纷纷派记者来采访海明威。他对《时代》的记者说,"我对获奖自然感到自豪"。但没得奖时,他也写得很卖力。由于得奖的时间与他在非洲蒙难的时间这么相

① 艾萨克·戴恩生(Isak Dinesen,1885—1962):丹麦小说家。
② 伯纳德·贝仁森(Bernard Berenson,1865—1959):美国艺术史学家,评论家。
③ 卡尔·桑德堡(Carl Sandburg,1878—1967):美国著名诗人。

近,舆论界自然喧喧闹闹,难以平息,对他的写作干扰太大,他只好带着玛丽坐"彼拉"出海避一避。

圣诞节以前,海明威返回瞭望田庄。他发觉"瑞典奖章"的铜锣还响个不停,瑞典驻哈瓦那领事奥列尔登门向他报喜,各界人士仍在纷纷向他表示祝贺,中国和葡萄牙驻哈瓦那领事也邀请他赴宴。他感到这是不必要的。他想集中精力写作,不受任何干扰。他不愿像动物园里的大象,站在那里供游客观赏。不过,他不想解释,更不想跟谁辩论。

除夕夜,他没有喝酒,很早就睡觉了。第二天清晨醒来时,他感到脸上和胸口很痛,他知道,他的身体还没康复。飞机失事后整整一年,他的腰疼一直没停过。二月中旬,玛丽的父亲病故,她回国奔丧。海明威心情更压抑。

海明威获奖以后,大学生更崇拜他。有的自己跑来找他。一天上午,四名普林斯顿大学二年级学生找上门来了。海明威正在埋头写作,请他们在院子里等候。后来,他穿了衬衫下楼跟他们谈。他们满意地走了。过了不到四个小时,又来了一个卢格斯大学的本科生。他放下箱子和手中的外套,将一把手稿塞在海明威手里,然后等到半夜。海明威读完他的稿子后,给他讲了写作方法,还借给他二十五美元当路费,否则那学生就回不了家。

七月四日,霍茨纳飞来哈瓦那,跟海明威商议将他几个短篇小说改编成电影的计划。他到瞭望田庄与海明威握手寒暄,发现海明威比一九五四年在马德里见面时老多了,不过他精神很不错。《老人与海》拍成电影的协议已签订,这给他带来莫大的慰藉。经过一段时间的锻炼和休息,他的体力已明显恢复。八月初,《老人与海》的摄影师来哈瓦那拍捕鱼的外景,海明威亲自作了周密的安排。他租了四条旧渔船,由"彼拉"领头扬帆出海。九月初,每个集市日都工作,连续工作了两周。第一天,海明威用船载了两条大马林鱼,站在飞桥上指挥船队,犹如战时在墨西哥湾追逐纳粹德国潜艇的海军司令,显得十分老练而沉着。摄影队一行十四人,加上海明威、格里哥利和马伊托的侄儿,成了一支实力雄厚的队伍。有的送冰块,有的放诱饵,有的换鱼钩,海明威跑前跑后,精力充沛,真像在组织一场大规模的捕捞活动。

非洲飞机失事快两年了。海明威从伤感中振作起来,身体也康复了,但伤病仍时有发作。十一月中,他上哈瓦那体育馆领了圣·克里斯托伯尔奖,回家感冒发烧,右脚肿得像个足球,后来右臂感染了,不得不卧床一个多月。医生怀疑他得了肝炎和肾病变。他偶尔爬起来读点书,写点他的非洲小说。海明威终于赶上福克纳,摘取了世界文坛的桂冠,但他不想就此却步。飞机失事造成的后遗症成了他前进的绊脚石。如果说诺贝尔文学奖是他文学顶峰上闪光的辉煌,那么这顽固的后遗症就是一团难以驱散的雾。海明威,这个顽强的硬汉子将在光与雾的交错中艰难地往前走下去。

第十七章　六十大寿在西班牙

克茨姆—西班牙 1958 年 10 月至 1959 年 12 月

早在一九五八年秋天,海明威就想回美国西部找个地方安家。十多年没去过那里了。他左思右想,终于选择爱达荷州的克茨姆小镇。

克茨姆位于锯齿山脉群山之中,距滑雪胜地太阳谷仅一英里。森林里野禽多,酷似非洲和西班牙。镇上居民不足八百人。那里有多位海明威三十多年的老朋友。

海明威先托人在镇上租了一栋木屋,然后载了一大堆行李,由朋友布鲁斯开车来,玛丽和贝蒂乘飞机经芝加哥过来。十月初,他们在克茨姆会师。一路上,海明威经过爱达荷州、内布拉斯加州和怀俄明州各地,浏览了婀娜多姿的山山水水和色彩斑斓的奇花异木,见识了南方罕见的野禽,心里异常激动。他打开收音机,听听世界新闻。一听到播放美国国歌,他总是脱下头上的布帽,轻轻地将一只手按在胸前,表示他的爱国情意。罗马教皇波尔斯十二世病重的消息常常打断广播,他默默地在胸口用手画个十字。在谢里登市停歇时,他们走进一家酒吧,许多人在看电视,有人认出海明威,人们纷纷跟他握手,将他团团围住,嘘寒问暖。

　　到达克茨姆时,海明威和布鲁斯受到朋友们的热烈欢迎。退伍上校威廉斯、购物中心老板阿金逊夫妇及两个医生安德森和沙维尔斯等人亲切地问候他们。海明威长途跋涉,非常疲劳,仍精神焕发,喜笑颜开。阿诺德夫妇设野鸡宴为他们接风洗尘。海明威脱下夹克,抱着阿诺德家的暹罗猫,跳起华尔兹舞,哼着歌,宾主十分愉快。

　　海明威夫妇很快住了下来,但海明威并不急于开始工作,狩猎季节还没开始呢!

　　布鲁斯离开以后,海明威天天外出打猎。他有两年多没摸过猎枪了,如今来到山区,天然的狩猎场任他驰骋。他的外貌和神态渐渐起变化,反应快多了,视力大有改善。安德森和阿诺德常陪他上河边,穿过草地去打猎。他们夸他枪法好,在当地数一数二。

　　海明威没想到在西部克茨姆找到这么理想的住处。生活过得很惬意。他开始请外地的朋友来分享大自然的乐趣。第一个来的是艾伦·霍茨纳。他看到海明威身穿花格衬衫,外面套上羊皮马甲,脚穿高筒皮靴,神采奕奕,像个年轻力壮的猎手。他简直不敢相信他变化这么大。他脸上老挂着微笑,往日那冷漠的表情消失了。他目光那么明亮,先前那滞呆的神色不见了。他忙这忙那,跑来跑去,精力很旺盛。他上午在家里写作,像以往一样,下午带霍茨纳到附近山区打猎,教他飞鸟射击的要领,再领他到车库,参观他的战利品。他夸玛丽枪法好,又善于烹调,他请霍茨纳尝尝她烧的野味。

　　海明威很好客。每个星期五晚上,他总要请一些朋友来家里看电视上的拳击赛,边看电视,边饮酒聊天,看完一起吃宵夜。他主动广交朋友,形成友好的生活环境,跟在哈瓦那一样。他乐善好施,慷慨捐助海莱天主教堂盖个新屋顶,使教堂的奥孔纳神父非常感动。奥孔纳神父早闻海明威大名。海明威刚到,他就登门拜访。一个月后,他邀请海明威到教堂给四十名高中生做个报告。他们每两周到教堂聚会一次。海明威感到为难，尽量谢绝。后来，奥孔纳神父说服了他，只回答问题，不做报告。

海明威天天为此发愁。玛丽劝他别紧张，只是回答青少年一些问题吧，有什么可烦的？

的确，海明威不喜欢在大庭广众面前发表演说。他唯一的一次正式演说，是在一九三七年第二届美国作家大会上。那时他刚从西班牙内战的战场上回来，急需呼吁各界人士支援西班牙的民主力量。至于几次坐船横渡大西洋，他在轮船上爱跟人家谈天，那是非正式的。他了解他的听众。如今，要到一座教堂里，在神父主持下发表演说，这可是正经的事儿。因此，他每天烦恼，心里咕咕噜噜，感到不是滋味。

去教堂那天，玛丽患了感冒，不能陪他去，由霍茨纳开车送他去，担任记录。

教堂里坐着四十位男女青少年，平均年龄十六岁。他们呆板地坐在折叠椅上。海明威走进去时，他们似乎跟海明威一样，看起来不太自在，有点胆怯。奥孔纳神父请海明威坐下，并叫大家轻松一点。几分钟以后，会场逐渐活跃起来，海明威和他的小听众之间的隔阂消失了，双方的问答进行得很顺利。

问：海明威先生，你受过多少正规的教育？

答：我在伊利诺斯州读完高中，就上战场去，没进大学。我从战场上回来时，上大学已经太迟了。

问：你什么时候开始写《老人与海》？你怎么会有这个想法的？

答：我了解一个人捕鱼时的情况。我知道在小船上到大海里与鲨鱼搏斗是怎么回事。因此，我以一个我认识二十年的人的经历为基础，想象他在那种情况下的表现。

问：你每天工作几个小时？

答：我早上六点钟起床，工作到十二点以前。

问：晚上十二点？

答：不，中午十二点。

问：你有过失败吗？

答：如果不好好干，你每天都会遭到失败。你一开始写作，你绝不会失败。你以为写作太妙了，你就感到很愉快。你以为写作很容易，自己就很得意。但，你这是考虑自己，没有考虑读者。读者并不高兴。后来，你学会了为读者写作，你就觉得写作并不容易。事实上，你最后记得你所写的东西只有一句话：写作多么难呀！

问：你年轻时初学写作时，害怕不害怕别人评论？

答：没什么可怕的。起先，我不靠写作来赚钱，但我尽量写得好些。我相信，我写的东西，如果他们不喜欢，那是他们的错。他们以后会喜欢的。但我事实上并不关心评论，也不跟它接触。你刚开始写作时，没人注意你。这是开始时的幸运。

问：你写了多少本书？

答：十三本。不算太多。但我写一本书花了很长时间。两本书之间，我爱玩玩。我参加过多次战争，很长一段时间不能搞写作。

问：你在小说中写你自己吗？

答：一个作家除了自己，还更了解谁？

问：你读过很多书吗？

答：对。我老是在读书。白天，我放下写作，不想再去想它，所以就读书。

问：你怎么学会这么多种语言的？

答：通过住在那些国家学来的。我在高中学了拉丁文，这使外语学习容易些，尤其是意大利语。第一次世界大战时，我在意大利待了好长时间，我很快就学会了意大利语，我以为我说得比较好。可是后来受伤以后,我不得不花时间进行机械治疗,锻炼受伤的腿部。我结识了一位意大利朋友。他也在进行机械治疗。我对他说,意大利语是一种容易学的语言。他夸我说得很好。我说,意大利语太容易学了,没什么可夸的。在这种情况下,他说,你可以学点语法。于是,我开始学意大利语语法,几个月不说意大利语。我发觉,读读报纸,会使学习各种欧洲语言容易些,比如,早上读英文报纸,下午读外文报纸,消息都是一样的。熟识了当天新闻大事,可以帮助我理解下午的外文报纸。

问:你写完一本书后,是否再重读一遍?

答:是的。今天,我就重读和重写了四章。这像一次辩论一样,你头脑发热时写下来,头脑冷静时再改一改。

海明威的回答,获得同学们的热烈掌声。

霍茨纳离开克茨姆以前,贾利·库柏来看海明威夫妇。早在二十年代,他们就认识了。两人都欣赏对方的打猎技术和丰富的知识,彼此坦诚相见,无话不谈。一天,大雪纷飞,地冻天寒,贾利·库柏带来一只熏鸭,海明威拿出法国白葡萄酒,两人在火炉旁饮酒谈心。贾利·库柏说,他成了一个天主教徒,让妻女开心,但自己心里不舒服。海明威说,他三十年前也这么做,结果成了不称职的天主教徒。他很同情他,建议他读一读《过河入林》。

十二月中旬,租房的契约到期了。海明威夫妇搬到一个朋友家里。房子装修没完工,暖气、冰箱都挺好。屋里挂着一台大彩电。玛丽觉得不错。左邻右舍周末都能来看拳击赛或球赛。

海明威看上克茨姆小镇,决定买房长期住下去。朋友帮他找到一栋水泥结构的两层小楼。小楼位于小镇中心西北一英里处山坡上的灌木丛里,刚好在一条砾石路的尽头。屋里有个很宽敞的起居室,四壁铺上橡树板,显得豪华而高雅。楼上有个同样大的卧室,还有间略小的卧室可当书房。四周风景如画,南北边是尖尖的青山,从东边窗口放眼望去,大木河弯弯曲曲向东流去。两岸是高高的白杨树和三角叶杨树。屋主开价五万美元,包括房子、家具和周围十七公顷土地。三月中旬,海明威和霍茨纳去新奥尔良转基韦斯特。路经亚利桑那州的凤凰城时,海明威开了一张五万美元的支票给屋主,正式买下那栋楼房。从此,他的生活和工作中心,就从哈瓦那转移到克茨姆来了。

　　不久,老朋友比尔·戴维斯从西班牙来信,邀请海明威夫妇去度假,观看斗牛赛。海明威跟他二十多年没见面了,听说他在那里混得不错,早想去看看。况且,他要给《生活》杂志写篇文章,介绍西班牙两位最优秀的斗牛士之间的决赛。因此,他愉快地接受了。

　　四月,春光明媚,花红柳绿,海明威和玛丽乘船去西班牙。他很想念那里的人们。他在给霍茨纳的信中说,自从《太阳照常升起》发表以来,他仅在一九五三年匆匆去过一次潘普洛纳,日夜都盼着再去走走。这回是西班牙历史上最重要的夏季斗牛赛。他想跟斗牛士安东尼奥到几个城市观看斗牛,顺便写个《死在午后》续集,奉献给美国读者。

　　的确,这次斗牛赛规模空前,历时五个月(五月至十月)。地点从最北部的城市伯格斯到南方名城马拉加,从东北部的海港巴塞罗那到首都马德里,共有好几个城市。这传统的文化活动,吸引了世界各地的许多文人和游客。

　　这次斗牛巡回赛是"一对一"的对手赛,在西班牙并不多见,也许十年才有一次。它与一般的斗牛不同。常规的斗牛,每天下午三到五时,每场由三个斗牛士出场,每人各斗两头牛。对手赛则是两个斗牛士通过抽签,各斗三头牛。谁砍了牛耳朵和牛尾巴,谁就获胜,成了世界斗牛冠军,或头号斗牛士。安东尼奥和多明古恩是现在最优秀的斗牛士。两人是亲戚,一个娶了另一个人的妹妹。两人都是海明威的老朋友。可是赛场上是毫不含糊的。

　　上次对手赛是在多明古恩和著名的曼诺列特之间进行的。当时，多明古恩是个年轻的斗牛新秀，以纯熟而奇特的技巧闻名。人们鼓励他向头号斗牛士曼诺列特挑战。曼诺列特接受了挑战，但他动作不如以前灵活，结果被牛撞伤死去。多明古恩取而代之，成了全国斗牛场的霸主，直到一九五三年退休为止。如今，他东山再起，接受年轻的安东尼奥的挑战。安东尼奥这位后起之秀是个非凡的天才，很可能夺取霸主的桂冠。海明威对他们两人的人品、勇气和技巧，都相当欣赏。他觉得安东尼奥略占优势。多明古恩斗牛时缺乏感情，比较冷漠，而安东尼奥却令人感动。

　　安东尼奥是个黑头发的半个吉卜赛人，他父亲也是个出色的斗牛士，三十年前就成了海明威的朋友。他的精彩表演，令人想起海明威第一部长篇小说《太阳照常升起》。海明威对西班牙情有独钟，斗牛使他入了迷。他看到年轻的斗牛士在成长，打心眼里高兴。

　　比尔·戴维斯来自旧金山，寄居西班牙已有十年之久。这位快乐的中年人勤奋好学，先后自学建筑、历史、音乐、艺术、文学、宗教、法律、哲学和行政管理。他爱好运动和烹调，性格内向，讲话简明扼要，善于倾听别人的意见，从不显耀自己。他待海明威如亲人，海明威夏天的一切活动，全听从他安排。

　　第一场斗牛赛在萨拉戈萨举行。霍茨纳从纽约赶来，晚了一步没看上。海明威介绍他认识比尔·戴维斯，带他去旅馆见安东尼奥，祝贺安东尼奥第一场精彩动人的表演。后来，海明威又为霍茨纳详细介绍多明古恩如何发挥最佳竞技状态，获得极大的成功。

　　从六月二十九日至七月六日，海明威一行从巴塞罗那到伯格斯，南下马德里，再返回伯格斯，又去维多利亚。一路上，海明威说说笑笑，非常愉快。他们唱起奔牛节的民歌，喝着当地的白酒，吃着涂上乳酪的乡下面包，欣赏沿途红土地上一行行翠绿的橄榄树和光秃秃的栓皮楮,见到来往的形形色色的车辆和游客。七天七夜呀,一晃而过,多么有趣! 他们终于到达山城潘普洛纳。玛丽和戴维斯太太安妮如期从马拉加赶到。奔牛节马上开始,机不可失!

斗牛士安东尼奥来了。他的经理、多明古恩的弟弟也来了。海明威、比尔、霍茨纳和他们一起走上街头。只见大街小巷,人们载歌载舞,酒吧里灯火通明,啤酒销路极好。小镇成了一个不夜城。海明威不论走到哪里,都可以撞上几年前的朋友。好友相见,痛饮开怀,然后引吭高歌,翩翩起舞。人们沉浸在狂欢的快乐中。

七月七日凌晨,奔牛节的序幕揭开了。从小城西南郊的大栅栏里放出一群黄牛和黑牛。黄牛在前面引路,不会伤人,黑牛横冲直撞。牛群沿着古老而狭窄的街道,奔向小城另一隅的斗牛场。人们穿着白衬衫、白帆布短裤,脖子上扎着红围巾,追赶着牛群。男人冲在牛群前面,有的跑在中间,与牛群保持些距离,有些勇敢的人则靠近牛群奔跑,巧妙地避免给撞伤。那天游客有两万五千多人,大部分是来自美国的大学生。他们读过海明威的《太阳照常升起》,慕名远道而来。他们总先到海明威以前常去的乔可咖啡室,打听海明威来了没有。如果来了,就拿出新买的书或汗衫,请他签名留念。咖啡室老板不管人多挤,总留个桌子给海明威。这时,海明威在喧闹声中得意洋洋地带朋友们进去坐下。

以前,海明威曾在年轻人的行列,与牛群在街上奔跑,留下珍贵的照片。如今年纪大了,有点不太自在,便站在街道两旁的栅栏外面。安东尼奥义不容辞地跑在牛群前面,霍茨纳走在人群后面。大约跑了一半路,忽然人群骚动,有人滑倒了,一头大黑牛正向那个人冲去。说时迟,那时快,安东尼奥手拿一张卷好的报纸,冲向跌倒的人,向黑牛吆喝一声"嗨,黑牛",用报纸在黑牛眼前一晃,将黑牛引开。那跌倒的人赶快爬起来溜走。安东尼奥又用报纸晃晃,这回报纸挡了他眼睛,黑牛冲过来撞了他一下。海明威一看，急忙跑到栅栏前面，用夹克猛拍栅栏，黑牛闻声冲了过来。两个大角顶着栅栏的木板，发出噼啪的巨大响声。安东尼奥乘机跑进对面的木围墙里，避免了危险。但他右小腿受了轻伤，仍参加狂欢活动，第二天照样跑在牛群前面。

潘普洛纳东北郊有条伊拉蒂河。河边一片茂密的森林，是海明威一九二四年发现的"魔幻地带"，他在《太阳照常升起》里有过生动的描写。他担心，几十年过去了，也许森林给毁了。其实不然。他们一行到那里野餐，沿河而上，到达山脚下，然后赶回去看斗牛赛。他们下河游泳，逆流而上，只见岸边青松翠柏重重叠叠，山峰连绵，此起彼伏，分外幽静。这"中世纪最后一大片森林"郁郁葱葱，依然保持了当年的美色。

奔牛节在欢乐声中过去了。海明威一行回马德里歇了几天，再驱车南下到马拉加，参加海明威隆重的六十大寿喜宴。七月二十一日是海明威六十岁寿辰。妻子玛丽早为此忙了快两个月。

宴会将在比尔·戴维斯的康秀拉山庄举行，它位于西班牙南部海岸的苏里阿纳市，是一栋精心设计的宫殿式大楼，四周绿树掩映，繁花盛开，犹如景色秀丽的花园。屋里摆设的家具由比尔自己设计，请西班牙艺术家手工制作的。地板、栏杆、楼梯、桌面、浴室和门廊，都用光滑的大理石铺成。那碧蓝色的游泳池也是大理石造的。花园里挂着日本式的宫灯，洋溢着东西方文化交融的气氛。美中不足的是还没装上电话。

以前，海明威过生日很随便，有时到海上或林中歇歇，没认真庆祝过。这回，玛丽决心好好为他庆贺一番，以弥补过去的不足。按照美国的风俗，妻子怎么给丈夫祝寿，要对丈夫严格保密，等到他生日那天，让他惊喜一番。所以，玛丽悄悄地准备，海明威完全不知道她的打算。

　　玛丽对庆宴进行了精心的策划。她从巴黎订购了香槟名酒,从伦敦买来闻名遐迩的中国食品;从马德里买来鳕鱼干——这是她拿手好菜不可缺少的主料。不仅如此,她还从马拉加请来吉卜赛舞舞蹈家,从托列摩里诺斯请来歌唱家,又从巴伦西亚请来焰火专家,从各地请来厨师和侍者。庆宴的内容非常丰富多彩。丈夫走过六十年的人生道路,如今功成名就,誉满全球,最近身体恢复得很好,更值得热烈庆祝一番。她想,这准能让海明威大吃一惊,留下难忘的记忆。

　　七月二十日,宾客从世界各地陆续来了。他们中有济蒲尔土邦邦主和他的儿子、来自华盛顿的兰哈姆将军、美国驻西班牙大使夫妇、来自马德里的达官贵人、来自巴黎的老朋友、斗牛士安东尼奥的三十位朋友、来自威尼斯的阿德里阿娜的哥哥和嫂嫂,从潘普洛纳和马德里来的许多朋友。戴维斯山庄只能住二十五人,玛丽特地订了靠沙滩的旅馆一些房间,让来宾们过得愉快而舒适。

　　海明威六十大寿庆典,从七月二十一日中午开始至二十二日中午结束,整整一天一夜。屋里屋外张灯结彩,鲜花绽开,乐曲悠扬,气氛隆重热烈。海明威衣冠楚楚,精神焕发,拿着一杯香槟酒,不时向来宾们祝酒,说点幽默话。当乐队奏起潘普洛纳奔牛节的音乐时,海明威和安东尼奥领着全体嘉宾绕地一圈。到了傍晚,宴会快结束前,兰哈姆将军特地捎来一本《第二十二步兵团战史》送给海明威。海明威深深地鞠了一躬,感动得热泪盈眶。他觉得这是他一生中最好的宴会,以前从没见过。他对妻子的精心策划、热心组织和杰出的社交才能,赞不绝口。他激动地把她抱起来,双双向来宾致谢,激起全场经久不息的掌声和欢呼声。庆宴达到高潮。

　　接着,焰火专家燃放了多姿多彩的焰火。朵朵焰火升上天空,放出五彩缤纷的火花,照亮夜空,吸引来宾们的目光。焰火是西班牙传统的民间艺术,早已闻名全球。如今用来点缀海明威的六十大寿庆典,更增添无限乐趣,将喜宴又推向新的高潮。

宴会厅里不时传来优美的乐曲。来宾们继续在花园里观看绚丽多彩的焰火在空中开花闪烁。忽然间,有颗焰火筒炸开后落在房子旁边的棕榈树上,点燃树叶。有的客人爬上六十英尺高的梯子扑火,但没有成功。后来召来马拉加消防队,才用高压水枪将火扑灭。这给宴会添了一个意外的花絮。

巡回斗牛赛继续进行。一天下午,一阵风刮来,多明古恩被手中的红布挡住视线,冷不防被牛角刺进股腹连接处,穿透腹肌和腹膜,伤势严重。比赛不得不暂时中断。海明威常说,风是斗牛士最可恶的敌人。他对多明古恩的受伤感到遗憾。几天以后,安东尼奥在帕尔玛被牛角撞伤大腿。两个优秀的斗牛士都受伤了,海明威的日程表只好改动。戴维斯和霍茨纳先返回康秀拉山庄。海明威花了几个上午整理笔记,准备给《生活》杂志写篇文章,再继续写他的巴黎散记。

对手赛订于八月十四日恢复举行,但两位主角伤势不轻,难以快速治好。可是,安东尼奥挺顽强,住院十一天就溜出来,第二天跑来看海明威。大家留他一块儿吃饭,为他的康复干杯。海明威建议,由他教安东尼奥打棒球,请安东尼奥教霍茨纳斗牛。海明威故意宣布,他出任霍茨纳的经纪人,下次对手赛时,霍茨纳将出场向霸主挑战。他的话引起一阵笑声。

玛丽有点不舒服,先返回纽约。海明威继续留下来看斗牛。他认为,这次对手赛是他见过的最伟大的一次,也许是前所未有的最伟大的了。他想请安东尼奥夫妇到古巴和美国访问,看看他在哈瓦那的田庄和克茨姆新居的生活。

十月底,海明威满怀着新的信心和希望,乘船回到纽约。《纽约时报》一则短讯引起了读者的注目。标题是"海明威要求小偷归还钱包",内容如下:

（九月十六日马德里讯）*欧尼斯特·海明威今天呼吁：请上周在莫斯亚看斗牛赛时，偷了他的钱包的扒手将钱包还给他，但可留下钱包里的一百五十美元。*

他说：钱包是他儿子帕特里克送给他的礼物。海明威在当地报纸登了广告说："至于钱包里的九千比索（一百五十美元），你的扒窃技术高超，可作为给你的奖赏。"

原来，霍茨纳离开马德里不久，斗牛赛就暂停了。停赛前几天，海明威的香港式夹克首次被小偷捅开，钱包丢了。他在各地看斗牛时常穿这件夹克，朋友们都把贵重东西寄放在他的夹克口袋里，他引以自豪。可是最后还是给偷了。

海明威照例在纽约待几天办办事。夏天过去了。他永远不会忘记，在西班牙庆祝六十诞辰的盛景。这是他平生最美好的夏天。

霍茨纳送海明威上机场，海明威将飞回哈瓦那与妻子玛丽团聚。海明威让她先回家，显得对她关照不够，心里有点内疚。路经巴黎时，他特地为她买了一只钻石胸针。海明威想，也许她会因为喜欢这个礼物而谅解他！

第十八章　告别哈瓦那和马德里

哈瓦那—马德里—纽约 1960 年 1 月至 10 月

海明威和安东尼奥夫妇抵达哈瓦那机场时,小镇的居民几乎全部到机场迎接他们。他们手中挥动着小旗,向他热烈致意。海明威感到很亲切,好像回到自己久别的故乡。当记者问他,美国对卡斯特罗越来越冷淡,他有什么看法时,他痛苦地说,在古巴住了二十年,他认为自己是个真正的古巴人。说完,他吻了一下古巴国旗的一角。他动作迅速,记者来不及拍照,请他再来一下。他客气地说:"我说过,我是古巴人,不是演员。"接着,他笑嘻嘻地走向站在欢迎人群前面的玛丽。

玛丽看到丈夫平安归来,心里无比高兴。她望着欢迎的人群,想起丈夫平时与镇上的居民亲如一家,谁有困难,他就慷慨相助;年轻人结婚,想跟他合个影,他会愉快地同意;老渔民到他们家里听收音机的天气预报,他非常欢迎,他爱跟他们一起钓鱼聊天……她越想心里越激动。她感谢丈夫给她买了胸针,衷心欢迎安东尼奥夫妇来访。海明威看在眼里,喜在心头。妻子宽容大度,不生他的气。进了家门,他看到书桌上放着九十二封各地来信。玛丽同意请维勒丽来当秘书,帮他处理杂务。说真的,他还没个专职秘书呢! 妻子想得多周到!

海明威陪安东尼奥夫妇乘"彼拉"出海捕鱼。蓝色的大海与蓝色的天空融为一体,呈现出奇特的景色,令斗牛士夫妇兴奋万分。他们又去沼泽地打野鸭,到哈瓦那酒吧品尝龙舌兰酒,过得很快活。后来,海明威专程陪他俩回美国游览。

白雪纷飞,寒风刺骨。海明威开车陪安东尼奥夫妇从迈阿密出发,先到气势磅礴的大峡谷游览,再去举世闻名的拉斯维加斯赌城,然后直奔克茨姆新居。安东尼奥在赌城玩得很痛快。他觉得这次长途旅行很了不起。海明威忘了疲劳,兴致勃勃。玛丽先回家,将里里外外整理得干干净净,新添了瓷器餐具,墙上挂着名画,室内陈设庄重优雅。安东尼奥夫妇感到环境相当不错,称得上美丽的山中别墅。歇了不久,海明威就陪他俩到林区打猎。

可惜,墨西哥传来令人扫兴的消息。安东尼奥的妹妹因家庭危机,几乎发疯。安东尼奥决定中断愉快的克茨姆之行,赶到那里帮妹妹一把。海明威劝他别急,欢迎他俩有机会再来。

送走远方的客人,家里恢复平静。老夫妻难得有机会独处,快乐的心情溢于言表。

不久,海明威夫妇和沙维尔斯兄弟外出打猎。那天,天气不好,地上结了冰,玛丽打中水面上一只针尾鸭,正要转身把它捡起来,不慎绊到木头,跌了一跤,疼得很厉害。他们马上送她到太阳谷医院,沙维尔斯医生给她服了止痛药,找个助手,将她送上手术台。她的左胳膊断了。手术进行了两小时。手臂绑上石膏,但伤口疼极了,能否复原没把握。医生要她住院观察。海明威天天去看望她。出院后,他得关照她的日常生活。他抱怨说,干这些差事,简直跟田庄的佣人没两样。意外的事故,使他既不能打猎,又无法写作。

从马拉加回国后,海明威的写作就中断了,他心里很着急。玛丽的跌伤加重他的烦恼。他的血压升高了,晚上失眠。幸亏连续三天大雪以后,云开雾散,阳光普照。郁郁葱葱的山峦清晰可见。从楼上窗口放眼望去,一对对野鸭在冰上嬉戏,森林中飞鸟成群。面对这动人的景色,他的心情豁然开朗了。

海明威继续为《生活》杂志写稿,他抱怨这篇约稿令人头疼,但仍尽力而为。杂志社约他写一万字,他到了五月底已写了十二万字。超过这么多,他们能接受吗?他心里又很烦恼。怎么办?最好的办法也许是赶回哈瓦那,急电霍茨纳来帮忙删节,或干脆另找个出版社出单行本。他左思右想,烦不胜烦。最后他断然决定,只有再去西班牙一趟,文章才能写好。

转眼间,他的六十一岁生日到了。去年六十大寿,亲朋好友在西班牙康秀拉山庄为他隆重祝寿,那动人的情景至今历历在目。今年,他想一切从简,将生日这一天用于工作,便在楼下起居室一角放了一张桌子当办公室。出版商斯克莱纳来看他,两人就在那里商议出版事宜。他整天埋头写作,足不出户,仅去看过一次眼科医生,陪几个朋友出去吃过一顿午餐。他给大儿子班比的信中说:"我近来身体不好,视力极差,我不想再去西班牙。"他想先回哈瓦那一趟。

玛丽提着摔伤的胳膊陪海明威乘火车到迈阿密,转船返回哈瓦那瞭望田庄。这时,古巴恰好遭受加勒比海西部风暴的袭击。田庄里花木凋零,道路泥泞,天气特冷,像个冰箱。但海明威仍想尽早恢复写作,完成他那篇有关斗牛的文章。不久,他俩又去迈阿密。

一月初,卡斯特罗接管首都哈瓦那,巴蒂斯塔逃往国外,海明威大大地松了一口气。赫伯特·马修斯写信告诉他:他的瞭望田庄一切完好。雷纳打电话对他说,一切都好,只是食品奇缺。附近发生过一次爆炸,损坏了田庄几个玻璃窗和屋顶的一角。

海明威专心写作,想尽早写完《危险的夏天》。他"像蒸汽机一样工作"，到了四月愚人节，已写了六千三百字。五月底他宣布完成十二万字，大大超过《生活》约稿时的要求。

由于他从一月底忙到五月底，整整苦干了四个月，他的视力减退，经常头疼，更严重的是造成他思维混乱。一九六〇年六月一日，他第一次暗示，他可能失去理智。他左思右想，心里非常矛盾，几乎每周给霍茨纳打电话。

三月初，海明威又打电话告诉霍茨纳，他写的稿子比原来估计长得多，要他转告《生活》杂志，他会在四月七日合约期前完稿，并说贾利·库柏正找他商议将《过河入林》搬上银幕的事。

霍茨纳第二次接到海明威的电话时，发现他的声音紧张，精神疲惫。他对霍茨纳说，文稿的结局找不到，无法按期交稿。他已给《生活》主编汤帕逊写信说明写得那么长的原因，表示他不想写斗牛中的死亡或悲剧性结局，他要写出它的价值，使它值得出版。他要尽力写出最好的文章，它的价值远远超过三万美元。他希望延长一个月时间，再加紧写作、打字、修改，再重打一遍。如果他们坚持五月到期，他们的合同要重新谈判，他交给他们四万字，但他们要付十万美元稿酬，而不是合同上写的五万美元。这是他自西班牙内战前以来写文章的最低标准稿酬。

"他们会接受的，"霍茨纳回答，"你什么时候能写完？"

"五月底，如果我的眼睛还行的话。我不想麻烦你，但二月份以来，视力越来越糟。这里的医生说是有毛病，角膜干了，泪管也干了。正在用药剂治疗。医生说，如果不注意，我一年后就成了瞎子。"

"什么！我简直不敢相信……"

"所以，这些日子过得不快活。"

"那是古巴的药。你来纽约，我给你找个最好的医生……"

"所以，我少喝点酒。每天一两杯。只能看看大字体的《汤姆·索亚历险记》。这是部伟大的作品,但读了第九遍,开始没劲了。"

五月四日清晨,霍茨纳在睡梦中被国际电话吵醒。原来,海明威刚从电台上听说贾利·库柏在波士顿一家医院进行前列腺手术,传说是恶性肿瘤,所以他马上给霍茨纳打电话。霍茨纳对他说,肯定不是。

不过,海明威还在为《危险的夏天》烦恼。他越写越长,写了十二万字,怎么砍成四万字交给《生活》?他似乎对自己失去信心。他又打电话找霍茨纳。从六月一日至六月二十五日,一共打了十二次电话,表示他不能删节原稿。《生活》杂志曾答应替他删节,他又不放心,怕他们乱删。他自己顶着干,从早到晚整天工作,忙了二十一天,总共才删去两百七十八个字。

他又给霍茨纳打电话,请他来帮忙删稿。话音里充满倦意,嗓子沙哑。霍茨纳马上答应。

六月二十七日上午,天气闷热而潮湿,霍茨纳飞到哈瓦那。海明威亲自到机场接他,由他的司机直接开到瞭望田庄。穿过哈瓦那街道时,他们看到墙上贴满标语口号:"要古巴,不要美国佬!"海明威像往常一样,坐在车里前座上,目光望着前方,从那些标语上移开。"你看得见,"他说,"这是最后的夏天!"

他们的汽车,所到之处都深受市民的欢迎。海明威微笑着,向他们频频挥手致意。到了瞭望田庄以后,好客的玛丽早已准备好午餐,他们三人一起高兴地用餐。餐厅墙上的羚羊角,仿佛在向他们点头鞠躬。高高的天花板、精致的法国餐具和手工做的橡木家具,使霍茨纳食欲大增。海明威感谢玛丽做了美味可口的冷果汤和鲣鱼,但他吃得很少,酒杯里掺了一半冷水,酒量大不如前。他老是闭目养神,不时用手指头轻轻压压眼皮。他的胡须已经几个月没刮了。前额光秃秃的,他用后脑上的头发往前梳,将光秃的部分盖得紧紧的,令人看不出来。

吃过午餐,说干就干。海明威交给霍茨纳一份《危险的夏天》的打印稿,共六百八十八页。霍茨纳拿了稿子,走上塔楼顶端的书房。由于田庄里既没有空调,又没有电扇,天气极热,霍茨纳只好拿着手帕,不断擦擦眼睛。到了晚上,书房里显得更热,根本睡不着觉。

第二天下午,霍茨纳将第一百页中建议删去的八处,交给海明威一张单子。海明威拿了单子到他卧室去看。霍茨纳仍回塔楼工作。塔楼热乎乎的,一直不降温,所以他看得很慢,令他吃惊。他到过古巴多次,但夏天在那里顶酷热,挥汗阅稿,这还是第一回。

隔天上午,霍茨纳到海明威的卧室,跟他商议删稿的事情。他看到他面前摆着七颗不同颜色的药片,他一片一片用温水吞服。他在笔记本上整齐地写了几条不同意霍茨纳建议删去的理由,将条子交给霍茨纳,没说什么。这是以前所没有的怪现象。过去,霍茨纳多次跟他商议过《过河入林》和《老人与海》,巴黎回忆录和短篇小说,两人总谈得很投机。霍茨纳搞不懂,海明威为什么要在条子上圈圈画画,写些文句不通,甚至没有意思的"理由",然后坐在那里听他读,他自己不吭声。

霍茨纳收下他的意见,没有讨论。随后三天,他继续看稿,提出删节的建议。海明威小心地考虑以后,在笔记本上写条子表示反对。霍茨纳反复说明理由,但不强迫他。海明威内心似乎很矛盾,既想尽量保留他写的每个字,又想送个改好的稿子给《生活》杂志。

下午四五时,他们两人到游泳池游泳,池水很热,像洗热水澡。海明威慢慢地进入游泳池,他看起来瘦了。他的胸脯和双肩里没以前那么壮,上臂有些变形,肌肉萎缩。霍茨纳记得诗人和编辑欧尼斯特·华尔斯说过:"海明威选择了观众。他的报酬将是丰富的。可是他绝不会满足。他是上帝的选民。他属于他们。要长时间消耗他的精力,但在这以前,他将死去。"

到了第四天,海明威终于同意删去三页。从那以后,他逐渐吝惜地开始接受建议删去。到了第九天下午,他共删去五万四千九百一十六字。隔天,他抱怨他不能再用眼睛了。他只能看到稿子的字十分钟至十二分钟,以后一两个小时什么都看不见了。现在全稿还有五万三千八百三十字。海明威和霍茨纳商定,由霍茨纳将这份稿子带回纽约交给《生活》,再作删节。

他对霍茨纳说:"我对你说,霍茨,我虽然行动尽量开心点,可是我像生活在卡夫卡的噩梦里。我看起来像平常一样很开心,其实不然。我累得要命,感情上非常痛苦。"

"什么事最烦你?卡斯特罗?"

"那是一部分。他并不找我个人的麻烦。民众对我很好,所以也许他们绝不会麻烦我,他们会让我像往常一样住下去。可是我毕竟是个美国人。看到别的美国人给赶出去,我的国家正在受中伤,我不能待在这儿。"

海明威不能忘记以前家门口发生的事。一天半夜里,巴蒂斯塔独裁政权一支搜查队,突然到瞭望田庄搜查枪支。海明威心爱的黑狗跑到门口,想保护田庄的门户,被搜查队一个士兵用枪托活活捅死。可怜的老黑狗就这样死在它的岗位上,海明威非常气愤。

海明威像怀念已故的老朋友那样,怀念他那只被杀害的黑狗。这黑狗跟随他多年,有一只眼睛看不见了。每天清早,海明威工作时,它总是躺在打字机旁的鹿皮上;下午,海明威游泳时,它会在游泳池旁捉蜥蜴;夜晚,海明威坐在椅子上看书时,它会把脸贴在他脚上。但这一切都过去了,他再也见不到它了。

海明威担心他会失去瞭望田庄,失去他在那里的一切——他的名画、他的图书、他良好的工作环境和良好的记忆。而这一切损失将是无法估量的。

霍茨纳建议——将几幅名画从镜框里取下来卷好,放在他行李里,由他带回美国。

"不,我不能让你冒这个险。"海明威回答。

"请纽约现代艺术博物馆搞个展览,怎么样?"

"我想,值得一试。我会给他们写信。"

后来,海明威跟霍茨纳讨论了《危险的夏天》和巴黎回忆录,究竟哪一本先出版。他甚至不知道《危险的夏天》要不要出单行本。他总是犹豫不决,讨论了很久,仍没法决定。霍茨纳建议,等他回纽约再说。

霍茨纳离开以前,海明威开车带他去银行保险柜里取出一份手稿。那是一部不长的长篇小说,名叫"海上追逐",玛丽认为可将它改编成一部很好的电影,海明威想了解霍茨纳的看法。霍茨纳当晚一口气读完它,觉得玛丽的意见很对。小说描写了一九四三年搜寻一艘在墨西哥湾沉没的德国潜艇的冒险故事。不过,它似乎是海明威经常提起的他的巨著——《在海上》——的一部分,实际上是海明威的经历的小说化。它还没发表,当然肯定会发表的。霍茨纳对海明威说了他的看法,海明威听了以后说,他自己最好重读一下原稿,也许等写好巴黎回忆录以后,看看再写。

由于夏天酷热,加上过度疲劳,海明威身体显得很虚弱。霍茨纳动身回美国时,再三劝他别去送行,但海明威坚持要去。他开车送霍茨纳上机场。途中,他对霍茨纳说,他心里挺烦恼,整夜睡不着。与《生活》杂志的交易全谈妥了,他不想再说什么。霍茨纳已经帮了他不少忙。但他担心当年所得税很重,他难以维持下去。他不想向斯克莱纳出版社借钱,因为老头子去世了。一九六〇年,他只能挣四万美元,还得去西班牙补充材料,又要多花钱。

海明威显得很烦闷。他请霍茨纳找《生活》主编汤帕逊,先出版他的巴黎回忆录。书稿还附上一些好照片,一定很吸引读者。

"你要多少稿酬？

"如果有七万五千元，我就可以交四万元的税，三万五千元作为生活费。"

事实上，海明威每年从他以前的作品版权税所得的收入多达十万美元，但他买了大量股票和证券，大部分是二三十年前买的。他的所得税限制了他的收入，所以他说，他只能靠当年的收入过日子。

霍茨纳登机前，海明威给了他一本笔记本，上面写了许多有关《危险的夏天》删节笔记，他叫他在飞机上看看。后来，霍茨纳数了数，那笔记本共十五页，上面画满页数和箭号，有些删节是海明威以前同意的，或他建议删去的地方，大部分是他们两人已经删去的。海明威仔细加了说明，好像是给他自己看的。

霍茨纳飞往基韦斯特，再租一辆车开到迈阿密，转飞机回纽约。他没料到，这是他最后一次的古巴之行。

七月十三日下午，海明威偕夫人玛丽到达纽约。

从霍茨纳离开哈瓦那以后，海明威天天给他打电话，问他那个老问题：《危险的夏天》和巴黎回忆录，究竟哪一本先出版？霍茨纳不厌其烦地安慰他，最后建议他最好听听出版商的意见。他帮他们安排在纽约住处会见小斯克莱纳和哈里·布列格编辑，请现代博物馆的代表去哈瓦那看画，还预约了纽约最大医院的眼科主任，准备带海明威去看眼疾。他希望，如果能顺利地解决《生活》的稿酬问题、米罗的名画带回美国的问题和哪本书先出的问题，海明威会轻松些，在纽约住处痛痛快快地待几天。

可是，海明威并不轻松。他老是忧虑、忧虑、忧虑！最烦的还是那本《危险的夏天》，他担心他的描写对多明古恩不公正，会引起他的不满；他担心他批评斗牛英雄曼诺列特，会引起西班牙人的愤怒；他又担心他写了安东尼奥被捕的事会伤害他……

霍茨纳担心,这样下去,海明威会吃不消。他设法转移他的注意力。他告诉他,二十世纪福克斯电影公司想在他改编的《尼克·亚当斯的世界》基础上再加三个短篇小说,拍一部电影。他们想付十万美元的稿酬。海明威很生气地说:天呀!那只是我一个短篇的稿酬!《乞力曼扎罗的雪》,他们付那么多!《我的老人》也付那么多!

霍茨纳解释说,他有许多短篇小说改编成电视。他们购买版权,只想拍一部电影。况且他们所选的短篇小说比较零碎。但海明威说:"一旦你在好莱坞订了价,就很难降下来。他们要十个短篇,可以给九十万元。"

星期一上午,小斯克莱纳和他的编辑小布列格又来了。小斯克莱纳说,《危险的夏天》和巴黎回忆录都很好,他想先发表《危险的夏天》,可利用《生活》杂志吸引读者。海明威笑了,他说,这很好。

午后不久,小斯克莱纳打电话告诉海明威,说他跟编辑又商量了一下,现在决定改变过来,先出版他的巴黎回忆录。海明威答道:他打了好几封电报到西班牙要照片和其他材料。他并不想说这不是个好主意。但是,上午那么说,下午又这么说,不是很有建设性的。既然他们认为这样好,他只好随他们的便。

当晚,海明威不吃晚饭,很早就带了一大摞报刊上床了。

第二天上午,霍茨纳陪海明威去找眼科专家看眼疾。他随身带来一包病历和哈瓦那眼科医生的检查报告和记录。医生给他滴了好几种眼药水。治疗连等候,花了足足两小时。后来,护士交给海明威一个药方。海明威感觉良好。他说:"没给古巴医生的药搞坏,只要配一副新眼镜就行了。"

从此以后,海明威再没提起他的眼疾,他也没去换上新的眼镜,他看书似乎没再遇到什么麻烦。

过了一天,小斯克莱纳和小布列格来海明威家吃午餐。他们向海明威表示歉意,说他们将尽快出版《危险的夏天》。海明威心平气和地说,他将认真考虑他们的最后决定。

纽约的天气比哈瓦那好多了。海明威原先打算谈妥出书的事后,就飞往西班牙。可是杂事太多,他又花了三天才办完。他写了许多单子:有的是关于家庭琐事;有的是留给霍茨纳关于他们商议的事;其他的是留给玛丽的。他好像对一切都不放心。

为了《危险的夏天》一稿的增删和照片,海明威匆忙告别哈瓦那,前来纽约,又将急忙飞往西班牙。他把一切贵重物品都留在瞭望田庄,想在秋天或冬天再回去。他万万没料到,病魔像影子一样缠住他,将他从西班牙送回爱达荷州。他重返瞭望田庄的心愿成了南柯一梦!

他永远告别哈瓦那,那美丽的田庄、珍贵的图书和可爱的猫和狗都成了他难寻的思念!

海明威坚持要去西班牙,玛丽说服不了他。经过几次延期,到了八月初才飞往葡萄牙首都里斯本转马德里。其实,他不必马上去。

到了马德里,比尔·戴维斯接他到康秀拉山庄。海明威觉得很累,心情沉郁,休息了两天。戴维斯夫妇发觉他很憔悴,到马德里才十天,变得焦虑不安、多愁善感和胆怯怕事,常常怀疑别人居心不良。他在给玛丽的信中,抱怨他终日被噩梦困扰。过了两周,他坦率地承认,他担心拼命工作,身心全垮了。他以前爱交朋友,现在见到新脸孔就神经质,怀疑有人要害他。他原来很喜欢看斗牛,如今却埋怨西班牙斗牛界烂掉了,斗牛已没意义。他对《生活》杂志的封面特别反感,认为那画像"脸孔太可怕"。

一天,玛丽和维勒丽正在长岛参加当地慈善家举行的午餐会,忽然有人告诉他:霍茨纳来电话说海明威病重,瘫倒在马拉加斗牛场上。她们两人不敢惊动别人,立刻悄悄地赶回纽约住处。玛丽拨通了美联社长途台,他们说只听到报道,无法证实。她想打电话直接问戴维斯,但他家里没电话,他邻居也没电话,无法联系。她打电话问莱斯律师,他说听到了同样的报道。玛丽心乱如麻,决定订机票,第二天去巴黎或直飞巴塞罗那。

玛丽又打电话到康涅狄格州霍茨纳家中,他外出度假,联系不上。她在屋里来回踱步,急得像热锅上的蚂蚁,不停地抽烟,手有点颤动。

玛丽打电话给合众国际社,答复是,他们刚收到一则消息,海明威离开马拉加去马德里,这个消息是可靠的。玛丽听后放心些,顺手拿起桌上的酒,喝了一杯。不久,霍茨纳从缅因州来电话说,他的消息是从电台听来的。接着,美联社来电话,来自马拉加的最新报道:"海明威否认他发病。"玛丽激动地流下眼泪,立刻打电话取消预订的机票。维勒丽高兴地翩翩起舞。

不久,海明威的电报到了:"报道不实。正去马德里。你亲爱的PaPa。"玛丽和维勒丽会心地笑了。

玛丽赶快给他写信,说她打算去古巴走一趟。秘书维勒丽在纽约无所事事,不久将去巴黎。几天后,海明威叫维勒丽去帮他整理斗牛的照片。

后来,海明威每周给玛丽写封长信。信上笔迹奔放,上下左右纵横交错,写得密密麻麻。在一封信中,他抱怨,不论在幽雅的康秀拉山庄,或整洁的汽车旅馆,他都睡不着,噩梦像蚂蟥一样死钉住他。他觉得孤单,对斗牛失去兴趣。他身体比在纽约时差得多,休息不顶用,喝酒没味道。他很想家,希望玛丽别去古巴。玛丽捧着丈夫的信读了几遍。她想,也许丈夫太累了,写完约稿,很快会康复的。她回信嘱咐他千万保重,多注意休息和娱乐。

过了不久,海明威复信说,安东尼奥八月下旬被牛撞伤头部,造成脑震荡。他火速赶到医院,通宵陪着他,直到隔天他做了 X 光检查。海明威对朋友如此关怀备至,竟忘了自己疾病缠身!

可是,玛丽仍担心丈夫的健康。他的精神忧郁症,更叫她寝食不安。她想方设法让他开心些,打电话告诉他,《生活》杂志登了他的《危险的夏天》第一部分,读者争相购买。她去斯克莱纳书店时,经理对她说,几天工夫已卖了数百本,读者要求尽早出单行本。海明威接信后立即复信说,这使他感觉良好,但杂志封面太糟,令人惭愧。玛丽没料到丈夫这么挑剔。

海明威的幻觉没有消失,心里又烦又急,他催霍茨纳快来跟他面议电影公司改编电影的协议。霍茨纳不得不改变秋天不出国的计划,于十月初飞到马德里。

见面不久,海明威就问他,是否看过《生活》杂志登的照片。他责怪编辑部,那么多照片不选,偏偏选了一张最差劲的。他担心熟悉斗牛的人,看了照片会嘲笑他,把他当成骗子和笑柄。

霍茨纳说,照片他看过了,很好。玛丽也觉得蛮不错。海明威很生气地说:"你们等于没看。长了眼睛为什么不用?"说毕,他走过去关门,将霍茨纳拉到一旁,低声地说:"你自己当心点!注意他们每个人,特别是比尔。他一直想毁车杀人。第一次,他没干掉我,还在找机会下手。"

"噢,你说些什么?开玩笑吧?"

他抓紧霍茨纳的手臂,沉着脸严肃地说:"这样的事,我能开玩笑?你去餐馆,别坐他的车。找辆出租车。也许他会对你好。但我可是避之唯恐不及。"

第二天,比尔·戴维斯和霍茨纳在酒吧饮酒聊天。比尔说:"海明威这次来,显得很疲倦,又太敏感,天天到各地奔跑,收集斗牛的照片,夜以继日地为《生活》写稿。他又烦恼又暴躁……我不晓得他怎么啦!他老说他有肾病,脸上没一丝笑容。以前他总是说说笑笑,现在一句话也不说,整天紧张地坐着,眼睛向前看。"比尔强调,要帮海明威早日返回美国。

比尔太太安娜补充说:"他太累了,简直不能正常思考,吃也不行,睡也不行。什么事都不开心。别让他再去看斗牛了。他对我们似乎不感兴趣。霍茨纳,请帮帮他!"

第二天清早,海明威走进霍茨纳的房间,两人一起用早餐。他说,肾疼使他整夜难眠。他举起茶杯时,手有点颤抖。两人谈了将《过河入林》拍成电影的问题。海明威想听听贾利·库柏的想法。霍茨纳马上给在伦敦的贾利·库柏打电话,很快就接通了。海明威跟他通话,显得很高兴。他用右手指头压住右肾,话音亲切柔和,还笑了几回。挂完电话,他兴高采烈,精神焕发,好像恢复了以前老狮子的模样。

但是,他的心态并未恢复正常。一天,他和几个朋友漫步街头,走到加勒洪餐馆;老板早给留下雅座。起先,海明威吃得高兴。但侍者上沙拉时,他抓住侍者的袖子,大声问他叫什么名字。侍者胆怯地答道:"波兰人。"海明威当场骂了他。老板出来赔笑脸,海明威不买账,指责老板四年前成了一个高利贷者。然后,他突然站起来,往桌上扔了一大把钱,拂袖而去。

当天下午,海明威气呼呼回到住处,脱光衣服,在床上一连躺了四天。天天想飞回纽约,天天延期。他将戴维斯夫妇和霍茨纳叫到房间里,说他担心机场卡他的行李,不让他将一大堆照片带回国。他们三人异口同声地说,没问题。海明威不信,硬要将行李先过磅。戴维斯叫工人来帮忙过了磅,直接打电话问机场。机场的答复是,不超重,可放行。其实,他的行李不多,主要是几百张斗牛照片。海明威还是不信,怀疑无名鼠辈乱说,等你到了机场再卡你。霍茨纳只好赶到机场,请经理写条子并签了名,然后将条子交给海明威,海明威这时才相信,小心地将条子夹在他的护照本里。

安东尼奥意外地赶来,为海明威送行。海明威靠在床上看书,安东尼奥坐在他床边。朋友见面,无话不谈。斗牛士脸色苍白,头伤还没好。海明威在昏暗的灯光下显得老多了。他对安东尼奥说,他的肾常疼。斗牛士告诉他,他的肝不正常,两人同病相怜,互相安慰。安东尼奥感谢海明威写了《危险的夏天》,收集了精彩动人的照片。

安东尼奥走后,海明威告诉霍茨纳,斗牛士想退下来,不斗牛了。霍茨纳问他怎么说。海明威认为,大事情,别人不能替你作决定。但要急流勇退,最好是得了冠军最红时退下来,不要等走下坡路再退,那时人人都看着你,多难受!

归期到了。海明威买了当晚十一时的机票,结果飞机拖到半夜才起飞。他上飞机前,对送行的霍茨纳说,他的律师失职,他真不想回纽约,后来又说,他有许多事要做,还是回去好。他留了一瓶苏格兰威士忌在旅馆房间里,提醒霍茨纳别忘了去拿走。

比尔·戴维斯恋恋不舍地目送他多疑的朋友上了飞机。他和其他西班牙朋友一样,希望他一路顺风,回美国后早日康复,再来西班牙一游。他永远是受西班牙人民欢迎的朋友!可是,戴维斯从来没想到,这次送别竟成了他与海明威的永诀。

第十九章　魂归故土

玛丽和布朗到机场迎接海明威。玛丽一见面,看出丈夫身心交瘁,反应迟钝,完全变了模样。海明威回到纽约住处,像个陌生人,对妻子客客气气,对住房不熟悉,对电台的广播新闻无动于衷,对什么问题都不感兴趣。他不声不响地站在厨房门口,看她烧晚饭。她建议他到中央公园里去散散心,但他不肯离开一步。有时他会说:"有人在外面盯梢。"

乔治·布朗帮忙买了去芝加哥的火车票。出发前,他们在家门口装行李,准备送火车站时,有两三个穿着轻便大衣的人从附近的餐馆里出来,上了一辆黑色汽车。海明威胆怯地说:"他们已经在这里盯住我了。"

"别胡说!"乔治说,"他们两人是流动推销员。"

途中,海明威对医生说,他的肾受感染了,血压升得太高。乔治答应到太阳谷医院立即带他去检查。他点头表示同意。

回到了克茨姆,玛丽松了一口气,总算平安归来啦。

　　海明威心里老想着写作。放下行李不久,他就忙着在面向大木河谷的大窗后面,架起一张桌子,便于站着写作。他的精神好像康复了。他的记忆力也渐渐恢复,越来越记起他年轻时在巴黎更多的人和事,一句句慢慢写下来。他们的朋友贝蒂是个滑雪冠军和能干的秘书。她定期来收集海明威的手稿去复印,有时帮忙记录海明威口授的书信。

　　可是,海明威内心仍充满疑虑和不必要的恐惧。一阵暴风雨刮倒他家远处大木河边一棵树,他忧虑地说:"有人会从那里爬进来。"玛丽劝他说:"不会的。他们都是从门前的路走过来的。我们周围都是朋友,他们很友好。"但海明威不听她的,心里老是怕这怕那。

　　海明威的脸上没有笑容。无穷的忧虑使他终日闷闷不乐。他担心维勒丽到美国的旅行签证没有办延期手续。她又回到纽约上戏剧学院,作为她的经济担保人,他怕移民局会追究他的法律责任。他更担心的是他的经济收入和所得税问题。为了消除他的疑虑,玛丽特地打电话给纽约摩根信托公司副总裁劳尔德,查询海明威的收支情况。劳尔德很快就回了电话,海明威收支的结余额足够他俩再花一两年。海明威夫妇分别同时接了劳尔德的电话,玛丽还作了笔录。但海明威不相信劳尔德的话,怪他瞒了什么账,让他搞不清楚。他脸上的愁云一点也没消失。

　　十月下旬,霍茨纳接到海明威的电报,从纽约给他打电话,告诉他,关于将他的小说改编电影的事跟贾利·库柏谈得挺顺利,不久将在好莱坞签合同。海明威马上打断他的话,叫他在电话上不要用真名实姓。别再打电话了,快到克茨姆找他面谈,越快越好。电话打多了,会惹麻烦,有人会窃听。

　　霍茨纳十一月中旬乘火车到苏松那,便到车站对面的酒吧喝一杯,再开车去克茨姆。他估计海明威会像往常一样,来酒吧里接他,一起干几杯,叙叙别后的感受。

　　果然不错。海明威来了,杜克跟他来。在朦胧的夜色中,海明威不敢进酒吧,站在门外向霍茨纳招手,叫他快喝完酒到外面找他们。他说话时,不时惊慌地望望酒吧里的人。杜克倒很豪爽,轻声跟霍茨纳打招呼,好像在葬礼上见到朋友一样。霍茨纳赶快丢下酒杯,付了钱,走出酒吧,和他们一起上车。

　　一路上,海明威喋喋不休地说,联邦调查局的人在跟踪他。他解释说,他发现刚才有一辆车跟在他们后面,所以叫霍茨纳赶快离开酒吧,以防止特工们采取行动,在酒吧里把他们三人抓走。他还说,为了预防万一,他不用自己的汽车来接他,特地请杜克开车来。

　　霍茨纳给搞糊涂了,他问海明威,为什么联邦调查局的特工要跟踪他? 海明威回答,他们到处窃听电话,拆私人信件……

　　在克莱姆待了几天,霍茨纳发觉海明威变多了。海明威的亲朋好友个个找霍茨纳,表达他们的忧虑。海明威心情不好,气色很差,不肯外出打猎,也不再请朋友周五晚上来家看电视上的拳击赛。几个老朋友说什么,他总爱挑剔。霍茨纳想找他聊聊,但他在家里或霍茨纳住的旅馆里都不肯谈,怀疑两个地方都有人窃听。后来,两人到大木河边,坐在一根木头上谈心。海明威又提起了由于维勒丽签证的事,联邦调查局在跟踪他。霍茨纳说,维勒丽和海明威仅在西班牙和古巴会面过,在美国从没在一块儿,移民局不可能告他的状。海明威生气地站起来,在周围走来走去。他说,维勒丽当过他的秘书,所以他们找借口要搞他。霍茨纳越想说服他,他越生气,怪霍茨纳对他面临着的危险不闻不问。他还提醒霍茨纳,别把这些情况告诉维隆医生,因为医生是个大好人,对他关怀备至,他不想牵连他。

　　一天晚上,霍茨纳请海明威夫妇到当地新开的克里斯蒂安娜餐馆吃晚饭。这是海明威从西班牙回到克茨姆后,第一次晚上外出吃饭。

起先,他好像很开心,边喝酒边讲故事,介绍他以前在当地见到赌博的情况。说了一半,他忽然打住,说该付钱走了。可怜的玛丽刚吃了一半,不知道出了什么事。海明威用头朝柜台动一动说,那两人是联邦调查局的特工。玛丽问他怎么知道的,海明威叫她小声点,他说他一看就知道。他劝霍茨纳马上离开。

霍茨纳走出来时,遇到阿金逊夫妇也在那里吃饭,便问那两个人是谁。阿金逊说,他们是推销员,每个月来这里一回,已经五年了。

霍茨纳将阿金逊的话转告海明威。海明威冷笑地说:"他们当然是推销员啦。联邦调查局的特工善于伪装,这是人人都知道的。他们也可装扮成音乐会上的小提琴家。玛丽,我们回家喝咖啡吧!"

玛丽一直想跟霍茨纳单独谈谈,但海明威变得多疑和敏感。他看到谁和玛丽谈话,就断定是在议论他,心里很反感。玛丽觉得很难办。那天夜里从餐馆回家的路上,玛丽约霍茨纳第二天上午去超级市场买东西时,好好商量一下怎么帮海明威治病。

海明威仍然想埋头写作,但力不从心,效果极差。他花了好几个小时,继续写《流动的盛宴》,但实际上干不了多少。他不仅无法写作,而且因为失去瞭望田庄,而情绪低落。玛丽曾建议到巴黎或威尼斯租个房子,买条新船,可以到海上自由航行,但海明威毫无反应。幻觉和噩梦不断向他袭来,他越来越经常谈起毁灭自己的事,有时他站在枪架旁边,手里拿着一把枪,茫然地望着窗外远处的山峰。

霍茨纳对玛丽说,海明威需要立刻就医,请心理医生对他进行彻底的帮助。他想马上回纽约,请个他熟悉的优秀心理医生。玛丽接受了他的建议,请他尽快行动。

离开以前,霍茨纳约见了海明威的私人医生维隆。不管进行什么治疗,都必须经过海明威本人同意。维隆当天下午刚好要给海明威量血压,打算建议他去医院检查治疗。海明威天天关心自己的血压在升高,所以对维隆医生的建议大概会接受。

纽约的心理医生雷诺恩博士很快给维隆医生挂了电话,推荐了一些疗效好的新药。他建议海明威去明宁格医院,但海明威和玛丽都不同意。他们担心一旦公众知道海明威的病况,反应一定很强烈。后来,雷诺恩博士考虑了这些情况,建议去马约诊所。海明威夫妇和维隆医生一致赞成。

马约诊所位于明尼苏达州罗切斯特市,它隶属市内的圣玛丽医院,诊所的医生可以去看管他们送去住院的病人。十一月三十日,维隆医生陪同海明威到罗切斯特,当天下午住进医院。为了避免舆论的干扰,海明威住院时改名为维隆·劳德,表面上治疗高血压,实际上进行心理治疗。他住的病房宽敞明亮,但不准接电话或打电话,也不能写信。玛丽住在附近卡勒旅馆,天天去探望丈夫。

医院对海明威的治疗进行了精心的安排。著名的巴特博士负责治疗高血压,罗姆博士专管心理治疗。考虑到药物治疗可能增加海明威的忧郁情绪,他们采用了一系列电击疗法,减轻了他的烦恼,但使他的记忆力衰退了。入院一个月,总共进行了十一次电击治疗,海明威经受了心理上和肉体上的痛苦,病况有了好转。他跟医生配合得挺好。到了一月初,医生同意海明威打电话给霍茨纳。这是他住院后第一次获准与外界联系。谈什么话,没有限制。海明威告诉霍茨纳:几天以前,他能读书了。两人交谈了十五分钟,海明威谈了不少关于他的巴黎回忆录,说他出院后要继续写完,打算秋天出版。他不再提起以前那些幻觉的事了。

海明威住院保密了六周,当地报刊记者在医院和旅馆钻来钻去。一九六一年一月上旬的一天,玛丽正在咖啡馆吃午餐,突然见到她中学的同学多罗希·柯娜,她的丈夫在诊所的行政管理处工作。不久,海明威住院的消息传遍了全国各地。慰问信从四面八方寄到医院,每天十多封。有个护士下班后自愿给海明威当秘书。他在病床上口授复信内容,由她记下来。罗姆博士高兴地说,这也是一种很好的精神疗法。

更令海明威开心的事是:一月十二日他收到当选总统肯尼迪给他发来的电报,邀请他和太太出席总统就职典礼。海明威第二天回信说:"海明威太太和我感到非常荣幸……祝愿你在文化计划和一切事务方面一帆风顺。不幸的是,在我接受高血压治疗后离开这里时,我必须限制某些活动,所以不能参加总统就职典礼,但希望向总统夫妇表达我们最热烈的祝贺!"

一月二十日,海明威和玛丽一起坐在电视机前,观看了隆重而热烈的总统就职典礼。他心情很激动,又给肯尼迪总统写信说,在罗切斯特看了总统就职典礼,心里充满希望和自豪,感到很愉快。他赞扬总统夫人非常漂亮,总统将经受任何风雨的考验。在我们国家和全世界面临艰难的时代,有个英勇的人出任总统,是件好事。

罗姆博士决定:海明威的治疗已告一段落,他可以出院了。

一月二十二日,天气晴朗,北风凛冽,拉里·约翰驾机将海明威夫妇安全送回家。在医院待了五十三天,海明威暂停了写作,一回到克茨姆家里,又忙着重写和修改他的巴黎杂忆。"降了血压,又开始拼命干!"他说。每天上午,他七时起床,八时半开始工作,到下午一时结束。病愈不久,他感到很累。午餐以后,他小睡一会儿,然后去雪地上锻炼。有时,他独自出去走走,回家途中向放学的孩子们招招手。玛丽后来陪他往北沿着九十三号公路去,把汽车停好,然后步行四英里,来回各两英里,坚持锻炼了两三个星期。

同时,海明威尽量遵照医生的劝告,不喝烈性酒,每餐只喝一点红葡萄酒。他还买了一只计量杯,算算每天喝了多少。酒是少喝了,工作可没少干。但事情不好办,写作并不顺利。他怀念哈瓦那瞭望田庄里的图书馆,这是他的克茨姆新居所没有的。他请小斯克莱纳给他寄一本《钦定圣经》和《牛津英国诗集》。他想从中为他的巴黎回忆录选个书名。

小斯克莱纳给海明威寄来一封热情洋溢的信,并提醒他——毕生的格言是:什么都不怕。海明威深受感动。他回信说,他当然会尽力而为。每天早上,他在后面的卧室待了几个小时,站在窗前那张高桌子旁边,不断地翻动纸张,很少抬起头来,看一看北部群山那雄伟的景色。

二月份,华盛顿有个妇女编了一本手稿,准备献给肯尼迪总统夫妇。她请海明威写一篇并寄给他稿纸。午餐以后,海明威坐在起居室一角的书桌旁,开始写那篇献词,先用普通纸试写。玛丽已经在厨房里洗完东西,准备晚餐,以为他早该写好了。可是他还伏在书桌上仔细写着呢!一小时以后,玛丽问他:"亲爱的,我能帮点忙吗?"

"不,不,我得自己来写。"

"你知道,只要写几句就行了。"

"我知道,我知道。"可是,他仍提着笔犹豫不决,不知道写什么好。玛丽实在受不了,就找个借口,到屋外散步,绕了一大圈,回到屋里时,海明威还在书桌旁发愣。那篇献词仅三四句话,他花了一个多星期。他的脑袋似乎不听他使唤。他显得很苦恼。

三月份,他越来越沉默寡言了。有时,他目光茫然,没有生气。他常常担心他的血压升高,体重减轻和食欲不振。有一天,阿金逊来看他,他说他害怕他体重减轻是不是得了癌症。他又担心在爱达荷州住得太久要缴所得税。总之,他陷入无穷的烦恼之中。一天,他给第一个妻子哈德莱打电话,她正在亚利桑那州和丈夫过冬天,她发觉海明威的声音非常沉闷,他几乎全忘了一九二五年在巴黎从事文学创作的男男女女。她建议他去问庞德和其他人,但他感到问这些人都没有用。

海明威很少与朋友们来往了,他唯一的安慰是乔治·沙维尔斯医生的来访。医生几乎每天都来给他量血压,然后两人一起坐在沙发上聊天。医生常给他的病人开导和安慰。海明威早上默默地在他书桌旁静坐,下午则在房子四周漫无目的地闲逛,或关在房间里休息。有时,他向乔治医生诉说,他不能写作,再也写不出什么了。说罢,泪水从他两腮淌下来。

四月初,春光明媚,柳丝吐绿。山边的白雪已经消失,云雀在窗外歌唱,但海明威对这一切都视而不见,他将自己关在失望的鸟笼里。有人给他从非洲捎来他儿子帕特里克、媳妇亨妮和小孙女的照片,他有点欣慰,但不久又抱怨:"这里情况不好……田庄的情况也不好,我的感觉更不好。"他对他儿子说:"给你写这信,使我感觉好一点。"尽管百病缠身,力不从心,他依稀记得自己的亲生骨肉,思念在远方的儿媳一家。作为一个作家,尤其是知名作家,最大的痛苦,莫过于不能继续从事创作。创作是海明威的生命,失去创作能力,叫他怎么承受得了?他内心一直在思索该怎么办。

四月二十一日上午十一时左右,玛丽从二楼下来,发现海明威身穿意大利式的花格呢睡衣,站在起居室的窗口一角,手里拿着他心爱的手枪,窗台上放着两颗子弹。玛丽沉着地跟他聊天,向他建议上墨西哥去。海明威转身望着她,但对她的话没有反应。玛丽知道乔治医生常常中午来给他量血压,所以尽量拖延时间,想等医生来了,一起劝劝他。她等了好一会儿,乔治还没来。海明威手里拿着枪,从门厅下来,又回到门厅里。玛丽坐在沙发上,离他仅四英尺远。如果去抢他的枪,后果不堪设想。于是,她继续心平气和地说,她相信他绝不会做什么对她有害的事。接着,她又夸他在战争中的勇敢精神,在非洲打猎时的大胆果断,提醒他再回非洲去,那里的人们多么喜欢他,多么需要他的智慧和力量！

　　大约比平时迟到五十分钟以后，乔治医生从后门穿过厨房来了。他按玛丽的手势走向门厅里的海明威："PaPa，我想跟你聊聊。"接着，他劝他把枪交给他，然后打电话叫来约翰医生。他们一起对海明威说，他需要好好歇一歇，接着把他带回太阳谷医院去。他们让他服了镇静剂，使他从下午睡到晚上。第二天玛丽去看他，海明威想回家，但医生没答应。

　　眼下唯一的选择是重新送海明威进马约诊所。但天气不好，不能马上动身。几天以后，海明威坚持要回家拿点东西。乔治医生派大块头的安德森和护士邹妮开车陪他去。到家门口下了车，海明威比他们抢先一步进屋，穿过厨房走进起居室，冲到枪架上，抓了一把枪，将两颗子弹压进枪膛，并把枪口对准自己的喉咙。"别这样！PaPa！"安德森将他推倒，想夺海明威手中的枪。但海明威不肯松手。他又把海明威按倒在小沙发椅上，打开枪膛，叫邹妮取出子弹。玛丽下楼时，三人正喘着气。他们马上将海明威送回医院，让他睡觉。

　　四月二十五日天气转晴，乔治医生和安德森医生陪海明威乘飞机去罗切斯特市。海明威坚持要给玛丽留个条子，然后上了飞机。飞机迎着阳光向东飞去。机翼下面是辽阔的棕色平原和黑色的熔岩，但海明威不想看，他忧郁地坐着。安德森医生谈起一片新的森林区有许多野鸭可以打，海明威冷笑一下，不吭声。后来，他自言自语，说他是被迫带走的。

　　下午三时，飞机在罗切斯特机场安全降落。巴特博士带一个护理员来接机。海明威又见到他，感到高兴。巴特博士给海明威安排了一个房间，窗条坚硬，没有门闩，但入口处有双锁，二十四小时有人守卫。如同上次一样，海明威每天将接受系列的电击治疗。

　　玛丽亲眼见到海明威两次持枪的情况，心里又惊又怕。海明威一走,她马上给海明威最喜欢的妹妹厄秀拉写信,告诉她海明威坚信自己的病治不好,经多次反复劝说无效。她也给海明威儿子班比和帕特里克通报了坏消息,让他们心里有所准备。同时,她接受朋友们的劝告,留在克茨姆家里,将所有的长短枪统统锁在地下室的储藏室里。

两次持枪威胁要自杀的惊险场面,使玛丽怀疑,海明威在圣玛丽医院接受的治疗是否合适。她给搞得劳累不堪,又不能休息。五月底,她到纽约与著名的心理治疗专家商议海明威的病情。不到一周,她应海明威的要求,到了罗切斯特。圣玛丽医院热情地安排玛丽和海明威在他住处外面的酒吧共进晚餐。吃饭时,海明威烦躁不安,显得很不满,他说:"你在家里叫人办事,所以我得进监牢……你以为只要你能让我接受电击,我就高兴。"玛丽准备了许多问题去问罗姆博士,但他的回答都不能令人满意。当她听到罗姆准备叫海明威出院时,她感到很沮丧。

从电台广播和电视台新闻中,玛丽获悉一批在美国受训的雇佣军从猪湾登陆,入侵古巴。登陆地点恰好是她和海明威跟许多古巴朋友常去打野鸭的地方,她感到非常震惊,但海明威的病情够她烦的,她没空顾及别的事了。

她又飞往纽约,约见霍茨纳上次推荐的著名心理专家詹姆斯·博特尔博士。他建议海明威在罗姆的同意下,可转到康湟狄格州首府哈特福德附近的心理疗法研究院,请她先去那里看一看。她马上去了,受到热情接待,但她想,海明威绝不会同意到那儿去。

玛丽正在困惑中,忽然接到罗姆博士的紧急电话。他说,海明威感觉很好,体力已恢复,建议玛丽去陪他几天,对他很有好处。玛丽尴尬地接受了罗姆的意见,飞回罗切斯特。她想叫海明威到她在卡勒旅馆的房间去,但罗姆博士坚持要她住进医院里上锁的病房里。玛丽从没到过那种地方。她看到海明威的病房里,没有鲜花,没有电话,没有名画，没有打字机，仅有几本书、几本杂志和几封信，她感到伤心透了。他俩在单人床上友好地相处，互相安慰。但这样禁闭的环境，毕竟不能令他俩完全满意。玛丽尽了当妻子的责任陪他，却解决不了她丈夫的患病问题。

两个晚上以后，玛丽在旅馆接到罗姆的电话，约她第二天上午八时半去他的办公室，他有好消息相告。第二天上午，玛丽准时走进罗姆的办公室时，发现海明威已坐在那里，她顿时愣了一下，马上意识到医院作出了错误的决定。玛丽认为海明威的病还没治好，他的恐惧和幻觉仍没消失。也许他骗了罗姆医生，使他相信他的精神已经正常了。她丈夫急于出院，她不好当面跟医生理论，只好勉强接受。也许还有药可以治好他的病，但不能在那里讨论。面对这种情况，玛丽别无选择，只好回旅馆给乔治·布朗打电话，请他速来医院，开车送他俩回克茨姆。乔治爽快地答应了。

六月二十六日早晨，玛丽租了一辆别克，由乔治开车送他们夫妇离开圣玛丽医院，沿着六十三号国道，向西奔去。他们一行走了五天，行程一千七百八十六英里，六月三十日顺利到达克茨姆。途中，海明威的幻觉又出现了。玛丽买了几瓶酒，准备路上野餐时喝，海明威老是为这烦恼，担心汽车上有酒，他们会给警察抓走。

七月一日是星期六。清早，海明威拉着乔治·布朗到房子北边的小山上散步。后来，他们开车到太阳谷医院看望乔治·沙维尔斯医生。沙维尔斯刚好在他办公室里，他说他儿子生病住院时，收到海明威从圣玛丽医院寄来的信很高兴，他在家休息了几天，当天要坐火车回丹佛。沙维尔斯的儿子名叫弗雷兹，年仅九岁，患了心肌炎，在丹佛住院。沙维尔斯请海明威给弗雷兹写个短信，鼓励他有信心治好病。海明威马上写了一封情真意切的信给他，希望不久彼此都能回家，相互交换住院的经验，一块儿打猎谈天开玩笑……

　　海明威去看望安德森医生,但他不在办公室。下午,阿金逊来访,跟海明威在门口的阳光里聊天。当晚,海明威请玛丽和乔治·布朗到克里斯蒂娜餐馆共进晚餐。海明威话不多,但并不沉闷。谁也没料到这一餐竟是最后的晚餐！回到家里,海明威高唱着意大利民歌,与玛丽说声"晚安",才走进自己的小卧室睡觉。

　　七月二日清晨,玛丽在睡梦中被子弹声惊醒。她穿着睡衣急忙走下楼梯,只见海明威躺在血泊中。他的睡衣沾满了血迹,一把猎枪放在他血肉模糊的身旁。玛丽差点昏了过去。她简直不敢相信眼前这一切是真的……

　　中午,美国各大电视台和广播电台纷纷以最新新闻报道海明威逝世的消息。文艺界人士和广大读者都感到震惊和惋惜。

　　第二天,美国白宫、苏联政府、梵蒂冈罗马教皇相继发表声明或唁电,对小说家海明威的突然去世表示哀悼。法国、意大利和西班牙也传来类似的消息。全世界都在悼念失去一位伟大的作家,犹如悼念一位杰出的政治家。以前从来没有一位作家的逝世,在世界各国的报刊电台和电视台上引起如此广泛的反应。

　　海明威的去世,和他生平一样,充满传奇色彩。他是怎么死的,也许永远是个谜。

　　这是他的亲友们所没料到的。噩耗传来,他的三个儿子都不在身边。老大班比正在俄勒刚钓鱼;老二帕特里克在东非打猎;老三格里哥利在迈阿密一个医学院图书馆里准备考试。海明威弟弟莱斯特在佛罗里达海滨戏水,教女儿游泳,他的老大姐马士琳在底特律,妹妹厄秀拉在夏威夷,另两个妹妹玛德莱因和卡洛尔分别在密歇根的华伦湖和纽约的长岛。直到当天晚上,他们才相互通了电话,商议马上准备料理后事。

　　他们决定星期四为海明威举行葬礼,亲人从各地赶来,这是他们从一九二八年海明威父亲去世以来第一次团聚。

七月六日清晨,爱达荷州的锯齿山顶上还留着薄薄的残雪。山下的太阳谷麦浪滚滚,大木河沿着落矶山的走势蜿蜒而去。七月中的山区已有几分凉意。六时前,太阳喷薄而出,朵朵白云缓缓向东飘过太阳谷。大木河下流的草地一片翠绿。晌午,凉意渐渐消失。阳光照耀着一排汽车长龙。它们正越过州警察设立的警戒线,驶入坟地。

坟场坐落在克茨姆市北部美丽的山坡下面,周围是绿色的山峰。海明威的坟地在他生前打猎的好友泰勒·威廉斯的旁边,显得很平常,那是他家属花钱买的。不过,海明威生前喜欢宽敞,所以他的坟地就买大一些。坟地左右有两棵松树,对面就是他生前喜欢打猎的锯齿山脉和流经山脚下的大木河。绵延起伏的小山峰与翠绿的草原环绕着四周,仿佛海明威仍活在大自然的美景中。

葬礼于上午十时开始。坟场外聚集着一些小镇上好奇的人们。首先到场的是抬棺材的人和当地的朋友。进入坟场的人,都必须拿着一个普通的白色信封,上面写着海明威的住址,信封里有一张准予参加在墓地举行的葬礼的便函。信封提前一天送到亲友手里。举行葬礼前,在坟场入口处每人都要查对一下。

海明威太太玛丽在儿子的领路下走进坟地。她身穿朴素的黑裙,头戴宽边的黑帽,在胸前画个十字,然后坐下。接着来的是牧师罗伯特·华尔德迈。他背后跟着两个圣童。

牧师开始用拉丁文宣布葬礼开始,接着用英文朗读《圣经》。

坟地四周聚集了一大批记者和摄影师。他们跑前跑后,忙着拍下葬礼悲怆的一幕。

送葬的人一动不动地站着。人群中鸦雀无声。忽然,靠近棺材顶端有个圣童跌了一跤,人们转身望望,牧师停了一会儿,又继续念下去。葬礼主持人绕过人群,弯腰将昏倒的圣童拉上来,让他默默地走开。

  用白花扎成的大十字架歪歪斜斜地放在坟地的上端。那圣童跌倒时碰了一下，但没人再动它，直到葬礼结束。最后，棺材上盖着一块铜牌，徐徐放入墓穴，再撒上一把把泥土。来自大地的海明威又回归了大地。

  安息吧，海明威！

  安息吧，老狮子！

第二十章　永不消失的辉煌

克茨姆—纽约—哈瓦那 1961 年 7 月海明威去世以来

海明威匆匆地走了。美国文坛一代巨星陨落了,但他的光辉并没有消失。

玛丽虽然估计总有一天要与她丈夫永别的,但没料到这一天来得这么快,这么突然。她告诉新闻界,这是一次意外事故。她不是有意撒谎,她太不愿意丈夫这么撒手离去。作为他的第四任妻子,也是最后一个妻子,她与他相伴二十年。二十年风雨二十年夫妻情,她怎么能相信他这么快就走了!

过了几个月,她终于面对现实,理解海明威为什么步他父亲的后尘,用子弹为自己的一生画上句号。

人去楼空了。一阵孤独感掠过玛丽的心头。幸好维勒丽及时赶到克茨姆,一面与她为伴,一面帮忙整理海明威的遗稿。望着墙上丈夫的遗像,玛丽逐渐从悲痛中振作起来。

葬礼才过了几天,玛丽接到古巴外交部长的电话,说古巴政府希望将瞭望田庄办成海明威博物馆,不知跟谁联系?

"跟我!"玛丽用西班牙文回答,"我是我丈夫一切财产的合法继承人。"

对方又问,能否由他们寄一份合同请玛丽签字,将瞭望田庄变成古巴政府的财产?

玛丽指出,她和海明威离开瞭望田庄时,每次都打算回去,并在那里住下去。他们留下无数资料和个人物品,这些对古巴政府或人民没有意义,但对她却十分重要,尤其是在银行保险箱里存放了一些海明威的手稿……她拿不准是否将田庄献给古巴政府,她要求准许她回哈瓦那收拾个人的资料,再作决定。

对方同意给她时间考虑。

放下电话,玛丽立即打电话找几个好朋友商量。他们都劝她利用这个机会,赶快去将海明威的手稿拿回来。但当时美国已禁止人民去古巴旅行。玛丽又打电话到华盛顿找威利·华尔顿,请他找总统或有关官员,让她和维勒丽去哈瓦那跑一趟。几小时后,威利答复。美国移民局将给她出国和回国的出入境许可证。维勒丽持爱尔兰护照,所以不需要办什么手续。

玛丽和维勒丽到达哈瓦那机场时,受到她朴实的司机和可爱的管家的热烈欢迎。他们含着泪拥抱她。第二天,海明威原来的秘书来看她,带来了图书室的锁匙。打开资料一看,除了一些杂七杂八的信件和海明威手写的短篇小说的笔记外,有个大信封,上面打的字是:"等我死后再打开。海明威,1958 年 5 月 24 日。"信封内有封短信,说他希望他写的信在他生前不要发表。

瞭望田庄除了外面墙上一些白色招贴画以外,在古巴革命期间并没受到太多干扰,仍保持着幽雅宁静的气氛,工作人员对玛丽非常热情好客。那橘黄的、红的和紫的藤爬上墙壁,在屋顶上缠绕在一起。花果飘香,绿叶满枝。所有仆人都向她致意。村镇里的朋友和园丁举行了小型的仪式,欢迎她回家,对海明威的去世表示同情和惋惜。

原先寄存在波士顿第一国家银行哈瓦那分行的海明威手稿已经移到古巴国家银行保管,胡安驱车带玛丽去领回,总共达三十磅至四十磅,仍完整无损。政府的银行职员把它包扎好,用红蜡加封。玛丽在几份表格上签了字,就把手稿带回家中,手续非常简便。

海明威在瞭望田庄待了二十二年,书房和卧室里堆着大量报刊、印刷品和信件,单书房里书架下十二个大抽屉就装得满满的。玛丽在维勒丽和朋友们的帮助下认真整理,从纸堆中找出有用的东西。她从墙上收下法国超现实主义画家安德烈·马松、瑞士抽象派画家保罗·克利和西班牙立体派画家胡安·格里斯等名人的五幅名画。那是她生日时海明威送给她的礼物。她想带回美国。但留下罗伯特·多明戈的斗牛画和较宝贵的画。起先,她给古巴文化委员会打电话,有的官员说名画不许出口,后来她找了胡塞·赫列拉,他积极支持革命,成了卡斯特罗军队中医疗部门的负责人。赫列拉给卡斯特罗的顾问打电话说,海明威太太有个问题急需解决。半小时以后,顾问回电话说,卡斯特罗第二天下午要到田庄看望玛丽。

隔天,卡斯特罗乘着吉普车来到瞭望田庄,只有一辆普通汽车陪着。玛丽按照西班牙古老的传统仪式,将家里的人集中起来,在门口排成两行,夹道欢迎卡斯特罗来访。

卡斯特罗走进客厅,直往海明威的座椅走过去,自己坐下,玛丽低声说,那是她丈夫最爱坐的椅子。他站起来笑笑,用手摸摸那椅子。

玛丽说,有几幅画是她丈夫送给她的,文化委员会不让她带出境,她感到不带这些画,她不能回去。

"为什么你不跟我们待在古巴?"

"哎,待在这里将是很有趣的。但我那边家里有许多事要做,在这儿无法处理。"

喝了古巴浓咖啡以后,玛丽陪卡斯特罗到各个房间走了一圈。他对墙上挂着的野禽头很感兴趣。他仔细看了海明威的卧室,登上塔楼顶层,眺望哈瓦那远处的山谷。

"我想,海明威先生很喜欢这个景色。"

"对。他每天都要看一次。"

卡斯特罗走到前门时说:"我一定帮你解决名画携带出境的问题。"到了外面,他看到一栋小屋,玛丽介绍说是他们的"宾馆",卡斯特罗表示,一定保留宾馆的原状,欢迎玛丽回来,随时可以用。

两天以后,卡斯特罗的顾问打电话给玛丽,叫她第二天上午八点将装名画的箱子和其他行李送到哈瓦那码头。原来,那里有一艘捕虾船航行于哈瓦那和佛罗里达之间。这是最后一艘美国船了,古巴政府破例地准许她将行李和名画,直接运往佛罗里达州。玛丽心上的一块石头总算掉下了。

一天,仆人问起海明威心爱的游艇"彼拉"怎么办?玛丽建议他开到墨西哥湾,让它沉没,反正没有机油,开不回美国。她还叫仆人将所有捕鱼工具拿去用或卖给别人。后来,她听说,古巴政府一度将"彼拉"拖去当货轮用,最后送回瞭望田庄,放在草地上展览。

处理了重要的事情后,玛丽便去银行取款,作为一份海明威的礼物,分别送给长期帮他们干活的工作人员。他们拿到奖金后都很激动,紧握着玛丽的手,连声道谢。文化委员会的官员赶到田庄告诉玛丽,所有雇员全部留任,由他们按月付工资。将来,工作不需要他们时,文化委员会负责另行安排他们别的工作。

八月底,玛丽和维勒丽回到迈阿密,领了行李,飞往芝加哥,再转火车回克茨姆。不久,她愉快地将瞭望田庄献给古巴人民。

海明威生前的生活和工作又引起了学术界的重视。普林斯顿大学的卡洛斯·贝克教授想编写海明威传和海明威书信选,玛丽同意了,热情地提供了大量资料。卡洛斯·贝克的《海明威的生平故事》于一九六九年问世,不久获普利策奖传记奖。他编的《海明威书信选》也于一九八一年出版。海明威一生写了六七千封信,编者从中选了两千多封,从青年时代至去世时止,为期五十年。该书为学术界提供了许多珍贵的资料。

感恩节后不久,玛丽生病住院。她在病床上想起海明威生前对她的恩爱和关怀,怀念他俩一起度过的美好时光……她希望自己早日康复,抓紧整理海明威的文稿,尽早出版。海明威常在手稿上涂涂改改,画龙绘凤,字迹潦草,尤其是临终前写的字,连她也要辨认良久,才能弄清它的意思。

一九六二年四月底,肯尼迪总统在白宫举行星期日晚宴,招待历年诺贝尔奖金的获得者,他邀请玛丽参加。据说宴会后,将请人朗诵一篇海明威的短篇小说。玛丽高兴地去了。

不久,玛丽返回家中。她常往返于克茨姆和纽约两地。生活够忙碌的,但很愉快。

海明威曾经希望他的巴黎杂忆能继《危险的夏天》之后出单行本。玛丽找出手稿,第一部分是五年前她在古巴替他打字的,只有几章,海明威担心没写好。玛丽重读了一遍,感到不错。斯克莱纳出版社的责任编辑哈里·布列格也觉得很好。他们两人合作,进行了一些删节后定了稿。一九六三年十月,玛丽飞往巴黎,追寻海明威先前的足迹,核对他稿上提到的街名,发现街名拼写错两个地方,其他都对。书名最后定为"流动的盛宴"。"流动的盛宴"这一书名,第一次出现在海明威的小说《过河入林》里。小说主人公坎特威尔对雷娜妲说:"如你所想的,幸福,是个流动的盛宴。"海明威于一九五七年在巴黎里茨旅馆地下室意外地找到他一九二八年丢在那里的一箱手稿材料,高兴地带回古巴。《流动的盛宴》主要是一九五七年至一九六〇年间在哈瓦那和爱达荷州的克茨姆两地写就的。完稿以后,海明威又携稿重返巴黎,追寻昔日的旧梦,核实重要的细节。书中回忆了他一九二一年至一九二六年在巴黎的艰苦而愉快的生活。当时他勤奋写作,广交朋友,虽然住房简陋,生活朴素,但妻子恩爱相伴,朋友热诚鼓励,使他以顽强的毅力和非凡的才智走上文坛。

《流动的盛宴》出版一个月以前,《生活》杂志发表了全书二十章中的十二章,受到读者的喜爱。全书第一版印了八万五千册,从一九六四年五月至十二月一直成为畅销书,其中有九个星期名列榜首。评论界从书中重新了解了海明威的创业生涯,赞赏他以优美的散文和生动的场景间接地塑造了他自己的形象,但不赞成他对他先前的朋友和对手那刻薄甚至粗暴的态度。书中对小说《了不起的盖茨比》的作者菲兹杰拉德的描写,也许是最精彩的。同时,海明威的书中表现了自己乐观自信的精神,夸奖他第一个妻子哈德莱,将他在巴黎的艰难创业视为他一生中的最佳时期。

一九六七年夏天,底特律市威纳州立大学的威廉·怀特教授编了一本海明威一九二〇年以来的新闻报道集。斯克莱纳出版社将书稿的内容寄给玛丽过目。玛丽看到怀特所选的新闻报道还不到海明威所写的新闻报道的三分之一,尤其是漏掉海明威在纽约《午报》上发表的七篇有关中国抗日战争的报道,便建议补进去。怀特接受了她的意见,将那七篇全补上,全书共七十七篇。由斯克莱纳出版社当年出版,连续六周名列非小说畅销书单,读者反应不错。

第二年年初,著名的 ABC 电视导演、制片人和作家莱斯特·库柏找海明威的律师阿尔弗列德·莱斯,要求以海明威有关西班牙的作品为基础,拍一部电视纪录片《海明威笔下的西班牙》。三月中,贾利·库柏夫妇与玛丽在马德里签了协议。随后三个星期,他们三人按照海明威在《丧钟为谁而鸣》和《死在午后》中所描写的城镇、山川、森林和道路走了一趟。七月初,他们到了潘普洛纳市。传统的奔牛节开幕那天,市长特地请玛丽为竖立在市斗牛场大门口的海明威大理石半身雕像揭幕剪彩。

同年十月二十一日,《海明威笔下的西班牙》电视片正式由纽约多家电视台播放。那美丽的景色,诗化的意境和朴实的叙述,深受观众的欢迎。

玛丽又重读了海明威有关比米尼岛、古巴和在墨西哥湾追寻沉没的德国潜艇的手稿,感到很有意思。斯克莱纳先生赞成出版,但需要删节。他们还租用了军舰去有关海域核对航海图,最后定了稿,取名《湾流中的岛屿》,一九七○年十月正式出版。这部长篇小说包括三个部分——比美尼、古巴和在海上,大约写于一九四六年至一九四七年之间和一九五○年至一九五一年之间,但从来没写完。海明威生前一直将它放在银行保险箱里,但第一部分和第二部分曾摘录刊于《绅士》和《世界主义者》两种杂志。后来出单行本时,玛丽在扉页上写了简短的说明,强调全书都是海明威写的,她和小斯克莱纳作了些删节,改正了些标点和拼写疏漏之处,没有增加什么。小说问世后,初版十万册,三个月内售完,名列畅销书单达半年之久,被《每月读书俱乐部》选为佳作。读者很喜欢。但评论界反应冷淡,认为小说结构松散,人物缺乏活力,基调沉闷,表现了人与世界搏斗中的孤独感和失落感。作者想写一部反映第二次世界大战的小说,但并不成功。它不能与《永别了,武器》相提并论。

自从海明威生前好友霍茨纳的回忆录《"老爸"海明威》(1966)和卡洛斯·贝克的《海明威的生平故事》(1969)发表以来,美国读者对海明威的兴趣与日俱增,很爱读他的遗作,想进一步了解这位传奇式的人物和他的作品。有人将《流动的盛宴》当作小说来读,觉得它描绘了海明威一生中最刻苦奋斗的时期,没有那些艰难的日子,也许就没有今日的辉煌。他们又将《湾流中的岛屿》看成他个人的自传,认为它反映了作者后期最压抑的生活,人们从中不难预料他可悲的结局。

继《湾流中的岛屿》之后,斯克莱纳出版社又陆续推出几本海明威的遗著和编著。一九七二年出了菲力普·扬编辑的《尼克·亚当斯的故事》,书中收入海明威的二十四篇短篇小说,按年代顺序排列,其中八篇是以前未发表的。全书以主人公尼克·亚当斯为核心,将其他故事连在一起。这个读者熟悉的人物最初出现在海明威第一部作品《在我们的时代》,令人想起他刚步入文坛的情景。它在某种意义上揭示了海明威写作的成长过程,表现了他对生活的敏感性和观察力,提供了他初期一些优秀的短篇小说。所以,此书虽不是出自海明威的手编的,仍很有价值。一九七四年五月,海明威二十多年来的作品第一次重新结集出版,取名《海明威毕生文学作品选》。小斯克莱纳亲自写了一篇全面介绍海明威生平和作品的序言。书中收入海明威的短篇小说,长篇小说的部分精彩篇章和《老人与海》的全文。

与此同时,从一九七二年开始,玛丽同意将所有已发表的、未发表的海明威手稿和照片陆续交给波士顿肯尼迪图书馆保存。该馆随后于一九八〇年成立海明威藏书室和海明威基金会。举行仪式时,莱斯律师代替玛丽出席。该室每周五对外开放,接待国内外来访的专家、学者和读者,后来改为每周七天天天对外开放,很受欢迎。

同年,美国学者和教授发起成立海明威学会(The Hemingway Society),当时会员仅一百四十人,今天已发展到一千五百多人,吸收了不少外国学者。

海明威在橡树园的诞生地,几经易手,成了别人的财产。一九九三年十一月,芝加哥和橡树园各界人士踊跃捐款,将他的故居赎回并加以装修,正式恢复原貌,准备接待国内外学者和游客。同时,橡树园还新建了内容丰富的海明威博物馆。他的诞生地成了博物馆的一部分。海明威在基韦斯特的故居保存比较完好，现在也成了海明威博物馆。海明威生前亲手种植的花木长得很茂盛；他饲养过的几种可爱的猫传宗接代，仍活跃在他以前的书房楼下和蓝色的游泳池旁，迎接来自五大洲络绎不绝的宾客。他在古巴的瞭望田庄也成了吸引世界各地学者的博物馆，收藏了海明威私人物品两万五千件。

卡洛斯·贝克教授说过，他在英国访问时，常常听说，每个电梯服务员和出租车司机都知道狄更斯。"在美国，"他说，"你可以跟任何一个电梯服务员或出租车司机谈论海明威，因为他们都读过一点海明威的小说。"据说，宾夕法尼亚州立大学对刚入学的几千名新生进行过一次调查，请他们列出中学读过的作家和作品中在大学阶段喜欢研究哪一个？结果，莎士比亚名列第一，海明威荣居第二。斯克莱纳出版社接受海明威的律师莱斯的建议，大量再版了海明威二十多种的作品平装本，销路极好，使海明威更加深入读者心中。

海明威曾在遗嘱里委托玛丽整理他的文稿，这是件极其复杂而艰巨的工作，玛丽忠实地完成了丈夫生前的嘱咐，不辞劳苦地与出版社合作，将海明威的遗稿整理出来。两部很长的手稿特别难处理，一部是《伊甸园》，另一部叫《危险的夏天》，作者在世时都没写完。经过反复的核对，这两本书于一九八五年和一九八六年相继问世。两书分别略加删节，不增加什么，仍保持原样。但《伊甸园》引起学界的激烈争论，有人批评斯克莱纳出版社的编辑把海明威的手稿删去太多了。

玛丽失去了海明威以后，一直在怀念着他，她没有再结婚。她到澳大利亚、苏联、法国、西班牙、意大利和肯尼亚等地旅行。每到一处，她都受到热烈的欢迎，她知道这与她丈夫的影响是分不开的。她重操旧业，成了一个自由专栏作家。一九七六年，她发表自传《怎么回事》，介绍了她自己青少年时代的艰辛，详细地回顾了她和海明威共同生活的日子，引起了读者的浓厚兴趣。

一九八六年十一月,玛丽平静地离开了人间。她比海明威多活了近二十年,对他一片忠心。她将他的遗稿整理发表,让它们流传给美国国内外一代又一代的读者,做了一件意义深远的工作。按照她生前的意愿,她安葬在克茨姆公墓里海明威的坟旁。两人终于在青松翠柏的怀抱里永远长眠在一起。

海明威生平创作年表

　　1899 年 7 月 21 日　　生于伊利诺斯州的橡树园。父亲是克拉伦斯·海明威医生,母亲格拉斯·海明威,全家六个孩子,他排行老二,有个姐姐马士琳。

　　1913 至 1916 年　　在橡树园河林中学时被聘为校刊《书板》和文艺刊物《秋千》的记者和编辑。写了不少报道诗歌和故事。

　　1917 年　　高中毕业后不升入大学,由他叔叔泰勒推荐到堪萨斯市《星》报当记者,为期七个月。

　　1918 年 5 月　　志愿到意大利当红十字会救护队司机。7 月 8 日被奥军炮弹炸成重伤住院,后转入米兰市美国医院。

　　1919 年 1 月　　乘船回国。从纽约转火车到芝加哥,由父亲和姐姐到车站接他回家中养伤。伤好后试写短篇小说,常遭退稿。

　　1920 年 1 月　　经朋友介绍到加拿大《多伦多之星》当记者。秋天到芝加哥《合作共同体》杂志当记者,巧遇哈德莱·理查孙。两人一见钟情。

　　1921 年 9 月　　与哈德莱正式结婚。12 月夫妇持作家安德森的介绍信同赴巴黎。

1922年　为《多伦多之星》写欧洲见闻,开始发表诗和短篇小说。

1923年　《三个短篇小说和十首诗》在巴黎出版。夏天访问西班牙。9月陪妻子回多伦多分娩。10月10日儿子班比出生。年底,《在我们的时代》问世。

1924年1月　返回巴黎,任《跨大西洋》杂志编辑。

1925年　结识在巴黎工作的美国女记者葆琳。重访西班牙。

1926年　《太阳照常升起》和《春潮》在纽约出版。12月8日与哈德莱正式离婚。

1927年5月10日　与葆琳在巴黎举行婚礼。10月,《没有女人的男人》出版。

1928年　陪葆琳回基韦斯特。4月与他父母在当地会面。6月次子帕特里克出生。12月6日,海明威父亲在家中开枪自杀。

1929年9月　《永别了,武器》问世,获公众好评。全家去巴黎。

1930年1月　全家回基韦斯特定居。

1931年　全家去西班牙旅行,9月底回纽约。11月12日三子格里哥利诞生。

1932年　《死在午后》出版。

1933年　《胜者无所得》问世。8月去西班牙和巴黎。11月下旬到东非狩猎旅行。《永别了,武器》拍成电影。

1934年2月　结束东非之行,4月回基韦斯特。

1935年5月　发表《非洲的青山》。

1936年　赴西班牙采访内战情况。12月在基韦斯特结识女记者玛莎·盖尔虹。

1937年　与荷兰名导演伊文思合拍纪录片《西班牙大地》。与玛莎战地热恋。6月,在纽约召开的美国作家第二届代表大会上发表演说《法西斯主义是个骗局》。10月《有钱人和没钱人》出版。

1938年　为报刊撰写有关西班牙的文章数篇,呼吁罗斯福总统干预西班牙内战局势。10月,《第五纵队与首批四十九个短篇小说》问世。

1939年　《悼在西班牙牺牲的美国人》发表。玛莎到哈瓦那相会。9月,玛莎去芬兰采访二次大战情况。

1940年10月　《丧钟为谁而鸣》出版。11月4日与葆琳离婚。11月21日与玛莎在夏安市正式结婚。

1941年3月　与玛莎经香港来华访问。曾到广东韶关地区国民党第七战区前线参观,后到重庆会见了蒋介石夫妇和军政要员,秘密会见了中共驻重庆代表周恩来,回国后,在纽约《午报》(P.M.)发表6篇有关中国抗日战争的报道。

1942年　《丧钟为谁而鸣》拍成电影,由英格丽·褒曼和贾利·库柏主演。编辑出版了历代优秀战争小说选《男人们在打仗》并写序言。

1943年　待在哈瓦那,但写作不多。常开游艇去海上巡逻,追寻德国潜艇,未曾遇到敌人。

1944年　作为一位战地记者赴英国,5月中在伦敦结识玛丽·威尔斯。7月中,到诺曼底随巴顿将军师团挺进巴黎,深入德国和比利时前线采访。

1945年3月　回纽约。11月21日与玛莎正式离婚。《杀人者》改编成电影。

1946年3月14日　与玛丽在哈瓦那结婚。开始写《伊甸园》。

1947年　待在古巴写作。获美国政府颁发的铜星勋章。《麦康伯短暂而幸福的一生》拍成电影。

1948年10月　初与玛丽重访意大利。

1949 年 11 月　又访欧洲。《我的老人》拍成电影。

1950 年 9 月　《过河入林》出版。《有钱人和没钱人》拍成电影。

1951 年 6 月 28 日　母亲格拉斯去世。10 月 1 日葆琳在洛杉矶病故,年仅 56 岁。

1952 年　《老人与海》问世。《乞力曼扎罗的雪》拍成电影。

1953 年　《老人与海》获 1952 年普利策文学奖。6 月再访西班牙和巴黎。

1954 年　年初和玛丽到肯尼亚和乌干达狩猎。1 月下旬连续两次飞机失事,受了重伤。10 月荣获诺贝尔文学奖。

1956 年 4 月底　与摄制组去秘鲁拍《老人与海》电影外景。9 月去巴黎和西班牙。

1957 年　写回忆录《流动的盛宴》。《太阳照常升起》拍成电影。《永别了,武器》第二次拍成电影。

1958 年　在哈瓦那写作。《老人与海》拍成电影。

1959 年 4 月　访西班牙。7 月亲友在当地设宴为他隆重祝贺 60 岁寿辰。

1960 年　写完《危险的夏天》。8 月飞西班牙,病况严重。10 月回纽约,转回克茨姆家中。经医生诊断,立刻住进马约诊所治疗。

1961 年 6 月 30 日　出院回家。

1961 年 7 月 2 日　清晨开枪自杀。

参考书目

Baker, Carlos. *Ernest Hemingway: A Life Story*, New York: Charles Scribner's Sons, 1968. Avon Books, 1969.

——*Hemingway: The Writer as Artist*, Princeton, 1952.

Brian, Denis. *The True Gen*, New York: Grove, 1988.

Burgess, Anthony. *Ernest Hemingway and His World*, London: Thames and Hudson, 1978.

Cappel, Constance. *Hemingway in Michigan*, 1979.

Cooper, Stephen. *The Politics of Ernest Hemingway*, An Arbor: UMI, 1987.

Dearborn, Mary. *Ernest Hemingway: A Biography*, Oxford University Press, 2017.

Fenton, Charles. *The Apprenticeship of Ernest Hemingway: The Early Years*, New York: Farrar, 1954.

Fuentes, Norberto. *Hemingway in Cuba*, New York: Lyle Stuart, 1984.

——*Ernest Hemingway Rediscovered*, 1988.

Gellhorn, Martha. *Travel with Myself and Another*, London: Allen Lane, 1978.

Griffin, Peter. *Along with Youth: Hemingway, the Early Years*, New York: Oxford University Press, 1985.

——*Less Than a Treason: Hemingway in Paris*, New York: Oxford University Press, 1990.

Hemingway, Grace Hall. *Heritage for My Children*, Autolyeus Press, 1974.

Hemingway, Gregory. *Papa: A Personal Memoir*, Boston: Houghton Mifflin, 1976.

Hemingway, Marcelline. *At the Hemingways*, Boston: Little, Brown, 1962.

Hemingway Leicester. *My Brother, Ernest Hemingway*, New York: World, 1962.

Hemingway, Mary Welsh. *How It Was*, New York: Ballatine. Books, 1951, 1963, 1976.

Hotchner, A.E. *Hemingway and His World* , New York: Vendome, 1989.

——*Papa Hemingway: A Personal Memoir*, New York: Random, 1966.

Kert, Bernice. *The Hemingway Women*, New York: W. W. Norton, 1983.

Lewis, Robert. *Hemingway on Love*, Austin: University of Texas Press, 1965.

Lynn, Kenneth. *Hemingway*, New York: Simon and Schuster,

1987.

McCarffrey, John K. M. ed. *Ernest Hemingway: The Man and His Work*, Cleveland: World, 1950.

Mellow, James. *Hemingway: A Life Without Consequences*, New York: Houghton Mifflin, 1992.

Meyers, Jeffrey. ed., *Hemingway: The Critical Heritage*, Routledge, 1982.

——*Hemingway: A Biography*, New York: Harpers & Row, 1985.

Nagel, James, ed. *Ernest Hemingway: The Writer in Context*, Madison: University of Wisconsin Press, 1984.

Reynolds, Michael. *The Young Hemingway*, Cambridge, MA: Basil Blackwell, 1986.

——*Hemingway: The Paris Years*, Cambridge, MA: Basil Blackwell, 1989.

——*Hemingway: The American Homecoming*, Cambridge: MA: Basil Blackwell, 1992.

——*Hemingway: The 1930s*, New York: Norton, 1997.

——*Hemingway: The Final Years*, New York: Norton, 1999.

Ross Lillian. *Portrait of Hemingway: The Celebrated Profile*, New York: Simon & Schuster, 1961.

Rovit, Earl. and Gerry Brenner, *Ernest Hemingway*, New York: Twayne, 1963.

Sanford, Marcelline. Hemingway, *At the Hemingways: A Family Portrait*, Boston: Little Brown, 1962.

Wagner Martin, Linda Welshimer, ed. *Ernest Hemingway:*

Five Decades of Criticism, East Lansing: Michigan State University Press, 1974.

——*Ernest Hemingway*: *A Literary Life*, Palcrave, Macmillan, 2010.

Waldhorn, Arthur. *A Reader's Guide to Ernest Hemingway*, New York: Farrar, 1972.

White, Williams. *By—Line*: *Ernest Hemingway*, New York: Scribner's, 1967.

Whitlow, Roger. *Cassandra Daughters*: The Women in Hemingway, Westpcrt Connecticat, Greenwood, 1984.

Young, Philip. *Ernest Hemingway*: *A Reconsideration*, University Park: Pennsylvania State University Press, 1966.

董衡巽编选:《海明威研究》,中国社会科学出版社,1980.

杨仁敬:《海明威在中国》,厦门大学出版社,1990,(修订版)2016.

杨仁敬:《海明威学术史研究》,译林出版社,2014.

图书在版编目(CIP)数据

海明威的一生/杨仁敬著.—厦门:厦门大学出版社,2021.1
ISBN 978-7-5615-7736-3

Ⅰ.①海… Ⅱ.①杨… Ⅲ.①海明威(Hemingway,Ernest 1899—1961)—传记 Ⅳ.①K837.125.6

中国版本图书馆 CIP 数据核字(2019)第 291375 号

出 版 人	郑文礼
责任编辑	王鹭鹏
出版发行	厦门大学出版社
社　　址	厦门市软件园二期望海路 39 号
邮政编码	361008
总　　机	0592-2181111　0592-2181406(传真)
营销中心	0592-2184458　0592-2181365
网　　址	http://www.xmupress.com
邮　　箱	xmup@xmupress.com
印　　刷	唐山富达印刷有限公司
开本	889 mm×1 194 mm　1/32
印张	9
插页	1
字数	228 千字
版次	2021 年 1 月第 1 版
印次	2021 年 1 月第 1 次印刷
定价	60.00 元

厦门大学出版社
微信二维码

厦门大学出版社
微博二维码

本书如有印装质量问题请直接寄承印厂调换

阅读笔记

阅读笔记

阅读笔记

阅读笔记